国家示范性高等职业院校成果教材·汽车电子技术系列

汽车电子控制原理与技术应用

张亚琛　主编

清华大学出版社
北京

内 容 简 介

本书综合了汽车电子控制方面的基础知识,包括程序设计基础知识、微控制器的原理与编程方法,通过精心设计的汽车电子控制模型实验制作环节,可加深学生对控制作用的认识,提高学生的动手能力和综合分析应用能力。

本书分为4篇共10章。第1篇介绍了汽车电子控制技术的组成、现状及发展方向。第2篇介绍了汽车电子控制系统的编程语言基础。第3篇介绍了汽车微控制器,主要是飞思卡尔 MC9S12DG128B 微控制器的结构及特点、MC9S12DG128B 单片机实验箱及开发软件环境、MC9S12DG128B 微控制器的输入/输出接口模块、中断系统及时钟、增强型定时器模块、A/D 转换模块等。第4篇设计了一些汽车电子控制模型实验,属于综合应用实践环节。

本书主要适用于高职高专院校的现代汽车检测诊断技术、汽车电子技术、汽车运用工程、现代汽车技术服务与营销等专业,并可用作在职人员的培训教材或广大工程技术人员的参考书。

图书在版编目(CIP)数据

汽车电子控制原理与技术应用/张亚琛主编. —北京:清华大学出版社,2017(2022.1重印)
(国家示范性高等职业院校成果教材. 汽车电子技术系列)
ISBN 978-7-302-47741-9

Ⅰ. ①汽… Ⅱ. ①张… Ⅲ. ①汽车-电子控制-高等职业教育-教材 Ⅳ. ①U463.602.7

中国版本图书馆 CIP 数据核字(2017)第 167557 号

责任编辑:许 龙 刘远星
封面设计:常雪影
责任校对:王淑云
责任印制:杨 艳

出版发行:清华大学出版社
        网 址:http://www.tup.com.cn,http://www.wqbook.com
        地 址:北京清华大学学研大厦 A 座   邮 编:100084
        社 总 机:010-62770175   邮 购:010-62786544
        投稿与读者服务:010-62776969,c-service@tup.tsinghua.edu.cn
        质量反馈:010-62772015,zhiliang@tup.tsinghua.edu.cn
印 装 者:三河市少明印务有限公司
经 销:全国新华书店
开 本:185mm×260mm   印 张:14   字 数:341 千字
版 次:2017 年 8 月第 1 版   印 次:2022 年 1 月第 3 次印刷
定 价:39.80 元

产品编号:041133-02

前言

随着汽车技术电子化、自动化和智能化的程度越来越高,以及电动汽车技术的发展和大力推广,汽车电子控制技术在汽车各部分的应用也是越来越普遍。

国内汽车电子的检测、诊断、维修和运用的技术水平也在迅速提高,要求相关专业的高职学生必须具备电子、计算机和控制方面的基础知识和测试、维护、诊断方面的综合运用能力。为了适应这类专业学生的知识和能力的要求,迫切需要能够将这些基础知识与汽车电子控制专业技术联系起来的、充分体现高职特色的教材。

汽车电子控制的核心技术主要集中在 ECU 的硬件和软件方面。本书在软件方面介绍了最经典的 C 语言基础知识和编程方法;在硬件方面以 Freescal 公司生产的 16 位 S12 系列微控制器 MC9S12DG128B 为例,介绍了 S12 系列微控制器的结构和工作原理,详述了 S12 内部各功能模块的结构、原理和使用方法。最后结合汽车中的应用场景,开发综合应用实验,构成了汽车电子控制技术的完整的介绍。配套开发工具是用深圳职业技术学院自主开发的 MC9S12DG128B 单片机实验箱,结合书中所提供的实例源程序,给读者提供了一套理论与实际相结合的学习汽车电子控制原理与技术应用的多媒体教材。

通过对本书的学习,读者可掌握 C 语言程序设计的基本知识,了解 S12 系列 MCU 的原理及应用,学会使用 C 语言进行汽车电子控制系统程序设计和应用开发。

第 1 章介绍了汽车电子控制技术的组成、现状及发展方向。

第 2~4 章介绍了 C 语言程序设计的基本知识。

第 5 章介绍了 MC9S12DG128B 微控制器的结构及特点、MC9S12DG128B 单片机实验箱及开发软件环境。

第 6 章详细介绍了 MC9S12DG128B 微控制器的输入/输出接口模块。

第 7 章介绍了 MC9S12DG128B 微控制器的中断系统及时钟。

第 8 章介绍了 MC9S12DG128B 微控制器的增强型定时器模块。

第 9 章介绍了 MC9S12DG128B 微控制器的 A/D 转换模块。

第 10 章设计了一些汽车电子控制模型实验,属于整周教学实践环节。

本书主要适用于高职高专院校的现代汽车检测诊断技术、汽车电子技术、汽车运用工程、现代汽车技术服务与营销等专业,并可用作在职人员的培训教材或广大工程技术人员的参考书。

参加本书编写的人员有邱浩(第 2~4 章)、朱小春(第 1、5、10 章),其余各章由张亚琛编写。本书由张亚琛主编并统稿。在本书的编写过程中,参考了较多的同类专著、教材和有关文献资料，在此对有关作者表示感谢。出版过程中邱浩老师不幸逝世，希以此书出版堪以告慰。

　　由于编者水平有限，书中的错误和不当之处在所难免，敬请读者批评指正。

编　者

2017 年 1 月

目录

第1篇　汽车电子控制技术概述

第2篇　汽车电子控制系统的编程基础

第 3 篇　汽车微控制器及应用

第4篇　汽车电子控制应用基础

第1篇 汽车电子控制技术概述

第一篇

第1章 汽车电子控制技术概论

近年来,为了改善和提高汽车的使用性能,特别是为了增大动力、节省燃料和减少尾气排放对环境的污染,在汽车的各大总成和主要设备中,都采用微型计算机(微机)进行控制,这就把原来的纯机械系统(装置)变成了现在人们常说的电子控制系统或电子控制装置。当前汽车电子控制技术的应用可分为四大类,即发动机总成的电子控制、底盘的电子控制、车身系统的电子控制和信息通信系统。

1.1 汽车电子控制系统的基本组成

汽车电子控制系统(见图 1-1)包括发动机总成的电子控制系统、底盘的电子控制系统、车身系统的电子控制系统和信息通信系统,每个控制系统都由三大部分组成:一是信号的输入部分,主要包括一些传感器、放大电路以及开关器件等;二是电子控制单元(electronic control unit,ECU),也就是平时所说的汽车电脑(ECU 的核心是微控制器),负责对输入信号进行分析处理计算以及发出相应的操作命令;三是信号输出部分,包括输出驱动电路、各类继电器、电动机、电磁阀等执行器件,用于将 ECU 发出的命令转变为相应的操作。另外,汽车电子控制系统很多部件不能使用蓄电池供电,而是使用专用的稳定电源(一般是 5V),所以还需要专门的电源电路。

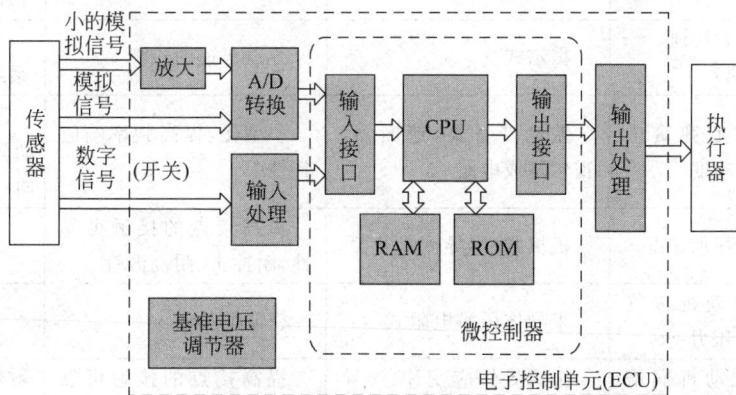

图 1-1 汽车电子控制系统的基本组成

1.1.1　传感器

传感器是将某种变化的物理量(绝大部分是非电量)转化成 ECU 或微控制器能够识别的电信号。在汽车上,传感器用来感受运行过程中诸如温度、压力、转速、位置、空气流量、气体浓度等物理量的状态及变化情况,并送到控制器或仪表。传感器提供的状态信息,是汽车电子控制的基本依据。

车用传感器大致分为两类:一类是用于控制汽车运行状态的传感器;另一类是让驾驶员了解某些状态(如冷却水温度、润滑油压力、燃油量等)的传感器,如表 1-1 所示。

表 1-1　车用传感器的种类及用途

种　　类	测定项目	传感元件	性能要求	用　　途
旋转角度(转角)传感器	曲轴角度	磁脉冲式、光电式、霍尔式	小型化,提高分辨能力	电控燃油喷射
	节气门开度	线性可变电阻型	提高接点的接触可靠性、延长寿命	
	转向角	光电式	小型化,提高分辨能力	四轮转向、动力转向
	车高	光电式	耐环境,低成本化	悬架系统
	角速度,方位	振动陀螺仪,光纤陀螺仪,地磁,排气流量陀螺仪	耐高温特性,降低与其他转轴的灵敏度,低成本化,零件集成化,消除残留磁性,提高耐高温特性	导向系统
	发动机转速	脉冲信号式、光电式、电磁式	小型化,耐噪声性	发动机的控制、自动防抱死装置、牵引车控制、自动门锁、主动悬架、驱动防盗门锁定、导向(航)等
	车速	电磁感应式、光电式、磁阻元件式	耐振动性,耐噪声性,耐高温性	
	车轮转速(轮速)	霍尔式	零点车速的检测	制动防抱死系统
加速度传感器	重心弹簧上的加速度	差动变量器,遮断器,霍尔集成电路	小型化,提高频率响应特性	牵引力控制、制动防抱死、四轮转向、悬架及导向系
	碰撞加速度	机械式、半导体式开关	提高接点的接触可靠性、耐冲击、耐高温性	安全气囊
压力传感器	发动机进气歧管压力	半导体压敏电阻式	密度的校正	电控燃油喷射等
	发动机润滑油压力	金属导体应变片,半导体电阻应变片	提高接点的接触可靠性、耐高温、耐高压性	
	制动液压力	半导体电阻应变片	耐高温性、耐高压性	制动防抱死、牵引力控制等

种　　　类	测定项目	传 感 元 件	性 能 要 求	用　　途
空气流量传感器	发动机吸入空气量	叶片式,热线式,卡门涡旋式,热膜式	提高接点的接触可靠性,耐振动,耐污,耐噪声性,耐吸气脉动性,耐振动	电控燃油喷射装置等
液位传感器	燃油,润滑油,冷却液	浮子,电位计式,静电容量式	提高接点的接触可靠性,低成本化、耐噪声性	
温度传感器	发动机冷却液温度	热敏电阻	提高灵敏度,小型化	
	发动机进气温度	铂电阻		
	触媒温度	热电偶,热敏电阻	提高放大器性能	

1.1.2　电子控制器

电子控制单元(ECU)即汽车的微机控制系统,是整个汽车电子控制系统的核心部件。ECU 主要是一块结构复杂的电路板,电路由输入接口、微控制器和输出接口等组成。其中,微控制器(microcontrol unit,MU)主要包括中央处理器(central processing unit,CPU)、存储器、输入和输出通道、地址总线和数据总线等。

1. 输入接口

从传感器输出的信号按照传感器的种类具有不同的形式。输入接口是把传感器输出的模拟信号转换成由微控制器能进行运算的数字电路信号。

(1) A/D 转换器。由于微控制器只能处理数字(D)信号,所以输出模拟量(A)的传感器信号需要通过 A/D(即模/数)转换器转换为数字信号。例如,从空气流量计来的空气流量信号,由于要求高分辨度和高精度,通常使用 11 位精度的 A/D 转换器。这是把空气流量计的模拟输出最高电压值量子化,第 4ms 进行抽样输出二进制数码。

(2) 数字输入存储器。微机处理的数值,不可能把来自传感器的数字信号保持不变地输入。由于汽车用微控制器依靠位于 ECU 内部稳定的 +5V 电源进行工作,所以不同形式的输入信号必要时需进行滤波。

2. 微控制器

微控制器是 ECU 的心脏部分。一般来说,汽车用微控制器的结构功能与人们常说的"单片机"相当。它包括中央处理器(CPU)、存储器、输入接口和输出接口、地址总线和数据总线等。关于微控制器的结构原理在后面还要详细介绍。

3. 输出接口

输出接口的作用是将输出信号进行功率放大后,驱动被控的执行器工作。微控制器的输出通常是微弱电流,不可能直接驱动执行器。因此,输出接口能把微控制器输出的微弱电信号通过大功率晶体管进行功率放大,以供给较大电流的执行器电路。另一方面,为了避免外部器件对 ECU 产生干扰,往往需要利用隔离元件(可以传递信号但彼此无电路联系的耦合元件)将 ECU 与外部执行器件隔开。

1.1.3　执行器

执行器是 ECU 动作命令的执行者,主要是各类机械式继电器、直流电动机、步进电动机、电磁阀或控制阀等执行器件。其中,继电器和开关电路主要用于控制开关信号,如数-字信息显示、点火线圈初级的通断、空调的启停等。而直流电动机和步进电动机则多用于驱动与之相连的执行机构,从而控制执行机构动作,如电动油泵的转速控制、怠速转速的步进电动机控制等。电磁阀或控制阀类执行器件在汽车中用得非常多,如电喷发动机的喷油器、控制怠速通道进气量的旋转滑阀、ABS 制动压力调节器的电磁阀、驱动车轮防滑转系统(ASR)的电磁阀、自动变速器中控制换挡的电磁阀等。

1.2　汽车电子控制技术的应用

汽车早在 100 多年前就已经出现,汽车电子控制技术的出现至今不到 50 年时间。

汽车电子控制的核心技术主要集中在 ECU 的硬件和软件方面。在硬件方面,微控制器已经从 8 位、16 位发展到 32 位,集成的内容越来越多,功能越来越强。如 A/D 转换及D/A 转换、串行通信接口、定时、计数和脉冲调制功能、局域网络控制器(CAN)以及多种功能的输出驱动接口等。

在软件方面,编程语言除了传统的汇编语言和 C 语言以外,还引入了其他面向对象的编程语言。同时,由于软件规模不断扩大,更采用了专门的、面向对象的"嵌入式"系统(embedded system)软件,包括安装嵌入式操作系统和应用程序。这不仅便于软、硬件资源的管理,还适合软件的开发、移植和大规模应用。

目前,传统汽车上常见的电子控制系统及其作用如表 1-2 所示。

表 1-2　燃油汽车电子控制系统及其作用

电子控制系统		作　用
发动机电子控制系统	汽油机燃油喷射系统	精确、有效地控制混合气的空燃比,使其在各种工况下都能达到或接近于理想空燃比(14.7∶1),从而实现提高功率、降低油耗、减少排污的目的
	汽油机进气控制系统	在发动机不同负荷和转速下,由 ECU 控制真空电磁阀或有关装置,以控制动力阀或涡流阀的开、闭或气门升程,从而改善进气效率,提高发动机输出转矩或功率
	汽油机点火控制系统	控制发动机在不同转速、进气量、温度等条件下,获得最佳点火提前角并进行点火,以输出最大功率和转矩,并将油耗和排污减小到最低程度
	汽油机排放控制系统	将曲轴箱中的废气和排气管排出的一部分废气,以及燃油箱中部分燃油蒸气送到进气支管,同新鲜混合气混合后再进行燃烧(再循环),以控制发动机有害气体的生成和减少有害气体的排放
	发动机怠速控制系统	由发动机 ECU 控制怠速控制阀,使发动机的怠速在不同工况下能自动调整,并处于最佳怠速转速下运转,既保证发动机不熄火又有效地降低油耗

续表

电子控制系统		作　用
底盘电子控制系统	电控自动变速器	减少频繁换挡,减少换挡冲击,增强变速与汽车性能的匹配,提高行驶平顺性和乘坐舒适性
	电控制动防抱死系统(ABS)	确保在紧急制动和易打滑路面与踩制动时的方向稳定性、操纵可靠性和制动时的安全性(能缩短制动距离)
	电控驱动防滑/牵引力控制系统(ASR/TCS)	减少驱动轮空转,增大牵引力,提高加速性和操纵稳定性
	电控动力转向系统(PPS/EPS)	借助于发动机的动力或电源的电力,将其转换成液压动能和机械能,驱动转向轮偏转,以实现转向助力,从而使转向轻便,减轻驾驶员劳动强度;或使转向手感增强,提高汽车高速行驶的安全性
	电控四轮转向系统(4WS)	提高汽车转向的机动灵活性和高速行驶的操纵稳定性
	电控巡行(航)系统(CCS)	将汽车控制在经济车速下行驶,既减少油耗,增加燃油的行驶里程,又无须频繁加油,提高舒适性和行驶安全性
	电控悬架系统	缓和并衰减由路面对车身的冲击和振动,传递作用在车轮与车架之间的各种力和力矩,以提高汽车行驶的平顺性和乘员乘坐的舒适性
车身电子控制系统	安全气囊	减轻二次碰撞所造成的乘员伤害或避免死亡,提高汽车行驶的安全性
	自动安全带	
	电控门锁	提高汽车使用的方便性和行驶安全性,防止乘员从车内甩出等
	电子防盗	防止车辆和物品被盗,提高停车时的安全性
	电动座椅	提高其操作的方便性和乘员乘坐的舒适性
	电动门窗	
	电动车顶(天窗)	
	自动空调器	根据需要制冷(制热),具有随时通风换气功能,提高舒适性和车内空气的净化度

　　随着新能源汽车技术的日趋成熟,汽车电子控制技术也将水涨船高,向更高水平发展。未来的汽车电子控制技术不仅要进一步改善汽车自身性能,而且需要满足人、车和环境的综合协调要求。另外,随着智能化交通技术的迅速发展,不仅汽车是一个复杂的系统,而且汽车还将成为智能交通大系统中的一个成员。基于全球定位系统的汽车导航技术、移动电话和互联网将在汽车上得到普及。基于人工智能的无人驾驶技术不久也将成为重要的发展方向。

第 2 篇　汽车电子控制系统的编程基础

第 2 篇

汽车电子控制系统的硬件基础

第2章 程序设计概述

汽车电子控制器和所有的微控制器一样都是按照预先安排的一系列指令进行工作的。指令就是人指挥计算机进行各种操作的命令。执行一条指令,涉及 CPU、各种存储器、寄存器和接口等一系列部件的协调动作。这些动作步骤或顺序,就称为时序。要让汽车电子控制器实现预定的控制功能,就必须按照一定规则设计一系列的指令。这些指令的集合就称为程序。本章就介绍程序设计的概念,重点介绍 C 语言程序的编程基础。

2.1 程序与程序设计的语言

2.1.1 程序的基本概念

程序是完成问题求解过程的步骤的列表。要使计算机能按照人预定的想法去工作,就必须把计算机完成工作的具体步骤用计算机能够认识的语言(指令)逐条编写出来,计算机执行这个语句序列以后,就能完成指定的工作。所以,计算机程序是用计算机语言表示问题求解过程的语句序列。

计算机程序主要包含数据结构和算法两个方面的内容。数据结构描述数据元素及数据元素之间的关系,算法描述这些数据处理的步骤。计算机程序有以下特质:

(1) 目的性——程序有明确的目的,程序运行完成时将实现预定的功能。

(2) 分步性——程序由计算机可执行(或自动处理)的一系列语句组成。

(3) 有序性——程序的执行步骤是有序的,不可随意改变程序步骤的执行顺序。

(4) 有限性——程序所包含的语句序列被执行时在有限的时间内可以结束。

(5) 操作性——通过程序中各步骤(语句)的操作,实现程序的最终目的。

程序设计语言是编写实现计算机程序的基础工具,是软件开发技术的重要组成部分和研究对象,其中渗透了大量的软件实现的技术和方法,是今后学习的重要内容之一。

2.1.2 程序设计语言的发展与分类

伴随着软件开发技术的发展,程序设计语言的发展大致经历了 4 代,可以分成面向机器的语言、汇编语言、面向过程的高级语言和非过程化的高级语言 4 类。

1. 机器语言

在计算机诞生初期,程序设计是直接使用机器的指令系统来实现的。机器语言即机器的指令系统,用二进制码表示。它与机器硬件系统直接相关。机器语言程序可以直接被计算机执行,所以执行速度快。但机器语言存在着难识别、不易记、难阅读、难理解、易错且不易查找等问题,要求程序员熟悉计算机的硬件系统各部件及其工作方式。

2. 汇编语言

汇编语言是将计算机指令采用具有一定意义的助记符号表示的程序设计语言。这些助记符号通常与指令一一对应。所以它与计算机硬件系统密切相关,是面向机器的。汇编语言程序需要经过汇编程序的翻译,将符号指令译成机器指令后才能被机器执行,这一翻译过程称为汇编。汇编语言改善了机器语言难识别、不易记、难阅读、难理解、易错且不易查找等不足。

3. 面向过程的高级语言

20世纪50年代人们就开始研究开发更易进行程序设计的语言。1957年,由巴克斯领导的 IBM 公司研究开发组开发出了第一个高级语言 Fortran 语言。Fortran 语言是针对科学计算而开发的高级语言,以后经历了多代的更新发展,至今仍在科学计算领域广泛使用。从20世纪60年代开始,人们研究开发了许多高级程序设计语言,从早期的面向过程的高级语言,如 Cobol、C、Pascal、Basic 等,到现在广泛使用的面向对象的高级语言,如 C++、VisualBasic、Java、Delphi 等。至今高级程序设计语言的研究开发仍是一个非常活跃的领域。

高级语言是用接近于自然语言的,经过专门设计的表达方式表达程序的程序设计语言。高级语言的特点是直观,好理解,便于记忆,大大改善了错误难以查找、不易维护的状况。它屏蔽了程序设计中与硬件相关的细节,实现了程序设计对机器硬件的独立性,使程序设计转向求解问题过程本身。高级语言把硬件系统的差别交给"翻译"系统去自动处理,所设计的程序相对低级语言具有更好的可移植性。

面向过程的高级语言的功能是围绕着问题求解的过程描述而设计的。语言主要通过变量的定义、语句和流程控制结构来表达问题求解的过程(程序)。使用这类程序设计语言进行程序设计时不仅要回答做什么,还要细致地告诉计算机怎么做的过程,其程序的执行是按照程序设计中所规定的流程来执行的。如 Fortran、Cobol、C、Pascal、Basic 等都属于这一类。

高级语言设计的程序必须经过"翻译"以后才能被机器执行。"翻译"的方法有两种:一种是解释;一种是编译。解释是把源程序翻译一句执行一句的过程;而编译是把源程序翻译成机器指令形式的目标程序的过程,再用链接程序把目标程序链接成可执行程序后才能执行。

4. 非过程化的高级语言

非过程化高级语言称为第四代语言。在面向过程的语言中,问题求解不但要考虑做什么,还要考虑怎样做。这使得程序员要把精力放在计算机具体执行操作的过程上,程序设计复杂细致,效率不高。非过程化高级语言把求解问题的重点放在做什么上,只需向计算机说明做什么,而如何去做是由计算机自己生成和安排执行的。这类语言有以下几种典型代表:

(1) SQL(结构化查询语言)。用于数据库查寻的程序设计,只要告诉计算机到数据库查找满足条件的信息即可,不需要说明怎样去查找的过程。

(2) 描述型语言。描述问题是什么,给出问题的描述,执行的步骤按语句对问题描述的逻辑来执行,如用于逻辑推理问题求解的 Prolog 语言等。

(3) 面向对象的程序设计语言。以对象为基础,把问题的求解视为对象之间相互作用的结果。对象是一个封装了对象特征(属性,即数据)和行为(方法,即操作过程)的抽象体,如"学生"这个对象的属性有学号、姓名、性别、年龄、电话等,行为有注册、查寻课程考试成绩等。对象可以通过继承来拥有其父类对象的属性和行为,提高了程序代码的重用性。对象在继承的过程中可以具有不同的数据类型或不同的行为,这称为对象的多态性。多态性提供了程序设计的灵活性、可扩展性。当对象被实例化(即各属性被明确为具体的数据)后,通过对象之间相互发送消息的方式来使程序得到执行,产生需要的结果。C++、VisualBasic、Java、Delphi 等语言都是面向对象的程序设计语言,这一类程序设计语言是目前程序设计的主流语言。

5. 高级语言的分类

高级语言可以有多种分类方式,常用的有按照设计要求、应用范围、描述问题等方式。其中按描述问题的方式分类是最常用的分类方法,其分类及特征如表 2-1 所示。

表 2-1　按描述问题的方式分类

语言类型	特　　征	典 型 语 言
命令型语言	求解步骤用命令方式给出,按操作步骤执行	Fortran、Pascal、Basic、C
函数型语言	求解过程由函数块构成,通过调用函数块执行	Lisp、ML
描述型语言	描述问题是什么,按问题描述的逻辑来执行	Prolog、Gpss
面向对象语言	以对象为基础,通过事件或消息驱动方式来执行	C++、Java、Delphi、C#

2.1.3　高级语言的基本元素

1. 符号系统

每一种高级语言都有自己的符号系统,分为基本符号和标识符两类。基本符号规定了语言所使用的基本字母、数字和特殊符号。高级语言的基本符号一般有以下几种。

(1) 字母:26 个英文字母。有些语言区分大、小写,如 C 语言;有些语言不区分大、小写,如 Basic 语言。

(2) 数字:0~9 十个数字符号。

(3) 特殊字符:＋、－、＊、/、%、=、,、;、＞、＜、(、)、"、"等,各种语言所使用的特殊符号多少并不相同,各符号所表达的意思通常是遵循自然语言的语意的,如"＋"表示加,"－"表示减,"＞"表示大于。

需要注意的是,单字符的特殊符号往往不够用,一般语言都有自己的多字符基本符号,如在C语言中有++、--、+=、-=等多字符基本符号。

标识符是用来标识程序中实体的符号,此符号代表实体的名字。如程序中的常量、变量、过程、函数、语句等都是实体。一般语言规定标识符由字母和数字构成的字符串表示,必须以字母开头。根据语言的不同,标识符所允许的字符串的长度有所不同,长的允许达到128个字符,短的只允许8个字符。如X、Y表示变量,Fun1表示一个函数的名等。使用标识符时最好见名知意,如StudentName表示学生名这个变量。需要注意的是,有些标识符已被语言系统本身使用,在程序中不能再作他用。这些被系统使用了的标识符称为系统关键字。

2. 数据类型

数据类型是具有同种性质的数据的集合。它是计算机科学中的核心概念之一。在计算机程序设计语言中数据类型表明了数据的三个方面,即数据的取值范围、数据存储的存储单元的大小和数据运算操作方式。一般在语言中,数据类型分为以下2类:

(1) 基本数据类型。由语言系统直接提供使用,一般有字符型、整型、实数型、逻辑型等。例如在C语言中,一般整型数的取值范围为 $-2^{16} \sim 2^{16}-1$,用2个字节存储。整型数可以进行加法、减法、乘法、除法、求余数等运算。实数类型也有加法、减法、乘法、除法运算,但所用的运算命令与整型数的运算命令不同。

(2) 非基本数据类型。由语言系统提供构造方法,用户根据实际情况在基本数据类型的基础上构造出的数据类型。一般语言都提供构造数组、结构等类型方法。例如在C语言中,数组的定义方法为

```
int a [10];
```

它表示定义了一个名为a,由10个整型数构成的数组。它用一块20个字节的连续存储空间来存储。

3. 常量与变量

程序中的数据以常量或变量的形式出现。常量是在程序中不能发生变化的量,如3.14这个具体的数在程序中是不会变的。常量也可以用标识符表示,该标识符称为符号常量。

变量是在程序执行过程中可以发生变化的量。变量是程序中的基本实体,用一个标识符表示。一个变量与一个存储单元相对应,在程序中代表了该存储单元中存放的数据,此数据称为变量的值。变量在程序的执行过程中之所以会发生变化是此存储单元中存放的数据发生了变化。例如,X是一个变量,开始时它的值是1,在以后的处理中它可能被修改为2或其他数值,即X变量的存储单元中的数据变成了2或其他数据。

变量分为局部变量和全局变量两类。局部变量是只允许在某个局部(或模块)使用的变量,全局变量是允许在整个程序的多个模块中使用的变量。

4. 表达式

表达式是由运算符连接起来的一个字符串,表达对有关参加运算的实体(如变量、常量、

函数等)实施的运算。每个表达式都有一个确定的值。一般一种语言至少会提供以下三种表达式形式。

(1) 算术表达式。实施加、减、乘、除、求余数等算术运算的表达式。例如：

$$2 * (X + Y) - 3.14159 * sin(2.0 * Z)/4$$

是一个 C 语言算术表达式。

(2) 关系表达式。由关系运算符($>$、$\geqslant$、$<$、$\leqslant$、$=$、$\neq$)连接表达的表达式,其值是一个逻辑值。例如,X$>$=5 是一个 C 语言关系表达式,它表示自然语言中的 5$\leqslant$X。

(3) 逻辑表达式。由逻辑运算符(与、或、非)连接表达的表达式,其值是一个逻辑值。例如：

$$(X >= 5) \&\& (X <= 10)$$

是一个 C 语言逻辑表达式。它表示自然语言中的 5$\leqslant$X$\leqslant$10。

从以上表达式的形式可见,它们与人们熟悉的自然语言的表达方式没有多大的区别。需要注意的是,表达式的书写格式为横向在一行上书写,没有竖式表达式。表达式中各运算符有运算的优先性,这一点与以往所熟悉的优先性基本没有区别。

5. 语句

语句一般可以由语句定义符、基本元素(如变量、常量、函数等)、表达式和分隔符号来构成。例如：

```
x = 5 + y;
```

是 C 语言的赋值语句,语意为将 5+y 的值赋给 x,";"是语句分隔符。

```
printf("% d",x);
```

是 C 语言的输出语句,语意为将变量 x 的值输出到屏幕上,printf()是函数。

```
10  LET  x = 5 + y
```

是 Basic 语言的赋值语句,10 是行号,LET 是语句定义符,语意为将 5+y 的值赋给 x。该语句之后没有分隔符,因为 Basic 语言规定一行只写一条语句。

```
20  PRINT  x
```

是 Basic 语言的输出语句,20 是行号,PRINT 是语句定义符,语意与 C 语言的输出语句相同。

6. 控制结构

控制结构规定了程序中语句的执行顺序。在程序设计语言中至少提供顺序结构、选择结构和循环结构三种基本控制结构。这些控制结构一般通过语句来提供。

7. 程序

由若干个语句按语法规定以列表的形式构成,不同语言的程序的外在表现不同。以下是两个具有同样功能的 C 语言和 Basic 语言书写的程序。

```
C 语言程序                          Basic 语言程序
main( )                             10 INPUT"x,y",x,y
  {                                 20 LET SUM = x + y
    int x,y,sum;                    30 PRINT SUM
    scanf("%d,%d",&x,&y);           40 END
    sum = x + y;
    printf("%d",sum);
}
```

8. 扩展结构

为了使程序在结构上更加清晰,避免程序段的重复书写,提高程序的重复使用,可以把具有某些特定功能的程序段独立出来,这样的程序段称为子程序(过程或函数)。这些程序段自身不能单独运行,而是必须通过在某个程序中被调用的方式来执行。调用程序称为主程序,被调用程序称为子程序。

这样的子程序段(过程或函数)可以作为程序的一个单元在程序中使用,这使得这些程序段可以被反复重用,提高了编程的效率,简化、清晰程序结构。

9. 注释

注释是程序的非有效部分,仅供在阅读理解程序时使用。不同的语言,注释的表示方法不同。例如:

```
x = 5 + y;              / * 将 5 + y 的值赋给 x * /
```

这里用"/ *"和"* /"是 C 语言规定的注释起、止符,括起来的部分是注释的内容。

```
x = 5 + y;              //将 5 + y 的值赋给 x
```

这是 C++ 语言的注释表示形式,"//"是注释的起始符。

不同的程序设计语言所提供的程序设计语法元素及表达方式是不同的,这里所介绍的程序设计语言基本元素在绝大多数程序设计语言中都有,其基本语义是相同的,只是表现形式有所不同。掌握这一点,对于快速掌握一种程序设计语言是非常有好处的。

2.1.4 C 语言的发展及特点

1. C 语言发展概况

C 语言是一种应用广泛并受到用户欢迎的计算机程序设计语言。它既有高级语言的特点,又具有汇编语言的特点。它可以作为系统软件的设计语言,编写计算机系统软件程序,也可以作为应用软件设计语言,编写不依赖计算机硬件的应用软件程序。因此,它的应用范围广泛。

C 语言的开发与 UNIX 操作系统的开发密切相关。20 世纪 60 年代末,美国贝尔实验室为了开发 UNIX 操作系统,希望能研制开发一种具有汇编语言特点的高级语言。1970 年,在英国剑桥大学的 Matin Richards 开发的 BCPL(B combined programming language) 语言的基础上,Ken Thompson 将 BCPL 进行了修改,并为它起了一个有趣的名字——"B

语言"(意思是将 CPL 语言煮干,提炼出它的精华)。并且他用 B 语言写了第一个 UNIX 操作系统。1973 年,贝尔实验室的 D. M. Ritchie 在 B 语言的基础上进一步简化,最终设计出了一种新的语言,他取了 BCPL 的第二个字母作为这种语言的名字,即 C 语言。他用 C 语言写成了第一个在 PDP-11 计算机上实现的 UNIX 操作系统。为了使 UNIX 操作系统推广,1977 年 D. M. Ritchie 发表了不依赖于具体机器系统的 C 语言编译文本《可移植的 C 语言编译程序》,即著名的 ANSI C。1978 年由美国电话电报公司(AT&T)贝尔实验室正式发表了 C 语言。同时由 B. W. Kernighan 和 D. M. Ritchie 合著了著名的 *The C Programming Language* 一书。随着 UNIX 操作系统的广泛使用,C 语言也迅速得到推广。

1983 年,美国国家标准协会(American National Standards Institute,ANSI)根据 C 语言问世以来的各种版本,对 C 语言进行了扩充和规范,公布了 ANSI C。随着微型计算机的日益普及,为了适应 C 语言在微型计算机上的使用,在 1987 年美国 ANSI 又公布了新修订的 87 ANSI C。1999 年,国际标准化组织(ISO)在 87 ANSI C 语言的基础上,修订公布了新的 ISO C 99。

目前,在微型计算机上常使用的 C 语言集成开发环境有微软公司开发的 MicrosoftVisual C++和 Microsoft C,Borland 公司开发的 Borland C++和 Turbo C 等。

2. C 语言的特点

事实证明,C 语言是一种实用且极具生命力的程序设计语言。它的特点可归结为以下几点:

(1) 简洁紧凑、灵活方便。C 语言一共只有 32 个关键字,9 种控制语句,输入/输出通过函数来实现。这使得其语言成分和编译系统简洁紧凑。函数是 C 语言的主要结构成分,函数可以在程序中被定义,完成独立的任务,可独立地被编译成可执行目标程序,供共享调用。这使得程序编写灵活方便,可重用性高,编写效率高。

(2) 运算符丰富,包含的范围广泛。C 语言的运算符有 34 个。它把赋值、括号、强制类型转换等都作为运算符处理,从而使 C 语言的运算类型极其丰富,表达式类型多样化,灵活使用各种运算符可以实现在其他高级语言中难以实现的运算。

(3) 数据类型丰富。C 语言的数据类型有整型、实型、字符型、数组类型、指针类型、结构体类型、共用体类型、枚举类型等,能用来实现各种复杂的数据结构(如栈、队、链表、树等)及其操作运算。尤其是引入了指针概念,使程序更加灵活、多样、执行效率高。

(4) C 语言是结构式语言。它具有结构化的流程控制语句(如 if-else 语句、switch 语句、while 语句、do-while 语句、for 语句等),支持模块内的结构化编程;它通过函数、预编译支持模块划分,实现程序的各个部分除了必要的信息交流外彼此独立。这种结构化方式可使程序层次清晰,便于调试、使用以及维护。

(5) C 语言语法限制不太严格,程序编写自由度大。C 语言编写中区分大、小写字母,主要用小写字母编写。虽然 C 语言也是强类型语言,但是它的语法比较灵活,书写没有严格的规定,允许程序编写者有较大的自由度。

(6) C 语言允许直接访问物理地址,可以直接对硬件进行操作。C 语言可以像汇编语言一样对位、字节、地址、寄存器等进行操作,而这三者是计算机最基本的工作单元。因此它既具有高级语言的功能,又具有低级语言的许多功能。这使得它很适合用来编写系统软件

（UNIX 操作系统的 90％代码是用 C 语言写成的）。

（7）C 语言程序生成代码质量高，程序执行效率高。一般它只比汇编程序生成的目标代码效率低 10％～20％。

（8）C 语言适用范围大，可移植性好。C 语言配有图形库函数，具有强大的图形功能，支持多种显示器和驱动器。另外，C 语言适合用于多种操作系统，如 Windows、DOS、UNIX、Linux 等；也适合用于多种机型，从微机、小型机到大型机都可以使用。

C 语言优点很多，但其缺点也很明显。如运算优先级过多，比较复杂，并且不同的编译系统也有所不同；数值运算能力方面不如其他高级语言。在精度把握上需要程序员作专门处理；语法限制不太严格，书写自由度大，这导致有时书写与语义不一致；对变量的类型约束不严格，影响程序的安全性，对数组下标越界不作检查等。从应用的角度，C 语言比其他高级语言较难掌握。

C++语言是在 C 语言的基础上发展起来的。它改进了 C 语言的许多缺点和不足，特别是在数据的封装性、指针的使用上得到了显著的改进，使得数据的安全性得到增强；另外，增加了面向对象的程序设计功能。

2.1.5　C 语言字符集、标识符与关键字

1. C 语言字符集

C 语言所使用的字符集包括英文字母、阿拉伯数字和一些特殊字符。具体归纳如下。

（1）英文字母：大、小写各 26 个字母，共计 52 个。

（2）阿拉伯数字：0～9 十个数字符号。

（3）下划线：_。

（4）特殊字符：

```
+   -   *   /   %   ++  --
=   ==  !=  >   >=  <   <=
&&  ||  !   &   |   ^   ~   <<  >>
(   )   [   ]   {   }   \
#   ?   ;   .   ,   :   '   "
```

（5）空白字符：空格符、换行符、制表符、回车符等。

2. C 语言标识符构成

标识符是用来标识程序中的实体的符号，此符号称为所代表实体的名。C 语言规定，标识符由英文字母、下划线和数字符号排列构成（英文字母大、小写含义不同，必须以字母或下划线开头）。

符合 C 语言标识符构成规定的合法标识符，如 Abc、a23、x、X、Student_1、_123、ABC32xyt_w2；不符合 C 语言标识符构成规定的非法标识符，如 M. N、12xy、York. M. c、＄std、axy/12b、8_stu 等。

需要注意的是不同的 C 语言编译系统，对标识符字符串的长度规定有所不同，长的允许达到 128 个字符，短的只允许 8 个字符。例如，早期微机上使用的 DOS 版 MS C 规定程

序中标识符长度不超过 8 个字符,即只有前 8 个字符被认为是有意义的,超过 8 个字符以外的字符不作识别。如 Teacher_1 与 Teacher_2 这两个标识符在该系统看来是相同的标识符。现在常用的 Windows 版 Microsoft C、Turbo C 2.0 系统,对于标识符的长度规定是不超过 32 个字符。另外,使用标识符时最好见名知义,如 StudentName 表示学生名这个变量。

3. C 语言的关键字

关键字是被语言系统预定义了具有特定含义的标识符。关键字不能作为程序中的实体名使用,用户只能按语言规定的使用方式使用。ANSI C 使用的关键字有 32 个,它们是:

auto	break	case	char	const	continue	default	do
double	else	enum	extern	float	for	goto	if
int	long	register	return	short	signed	sizeof	static
struct	switch	typedef	union	unsigned	void	volatile	while

2.2　C 语言程序的基本结构

在学习用 C 语言进行程序设计之前,下面通过一个简单的 C 语言程序例子,初步了解 C 语言程序构成的基本结构模式。

【例 2.1】　输出"Hello, The C World!"。

```
#include<stdio.h>      /*以"#"号开头的预处理命令*/
main( )                /*主函数*/
{
    printf("Hello, The C World!\n");
}
```

该程序的作用就是在屏幕上输出一行信息:"Hello, The C World!"。

include 称为文件包含命令,扩展名为.h 的文件也称为头文件或首部文件。main 是主函数的函数名,表示这是一个主函数。每一个 C 源程序都必须有,且只能有一个主函数(main 函数)。函数调用语句 printf 函数的功能是把要输出的内容送到显示器去显示。printf 函数是一个由系统定义的标准函数,它由 stdio.h 头文件来定义。

从上面的例子可以看到,一个 C 语言程序的基本结构特点。

预处理命令在源程序中都放在函数之外,而且一般都放在源文件的前面,它们称为预处理部分。所谓预处理是指在进行编译的第一遍扫描(词法扫描和语法分析)之前所做的工作。预处理是 C 语言的一个重要功能,它由预处理程序负责完成。当对一个源文件进行编译时,系统将自动引用预处理程序对源程序中的预处理部分作处理,处理完毕自动进入对源程序的编译。

C 语言程序以函数的形式表现。C 语言的函数有两类,一类是标准函数,如本程序中的输出函数 printf()(这类函数是事先开发好的,以函数库的形式作为 C 语言系统的一部分);另一类是由用户或他人设计的非标准函数,如这里程序中名为 main 的函数(main()称为主函数)。C 语言规定,一个完整的 C 语言程序必须要有且只能有一个主函数。

C 语言程序的执行是从主函数开始,在主函数结束。其他函数可以单独编辑、编译,但不能直接单独执行,必须通过调用的形式来执行。本例中 printf("Hello, The C World! \n")就是调用由 C 语言标准函数库提供的格式输出函数。

紧接 main 之后的一对圆括号"( )"是函数的标志,圆括号内可以包含函数的参数。main()之后由一对花括号"{}"括起来的部分称为函数体,函数体是实现程序处理过程的具体部分。"{"表示程序处理过程的开始,"}"表示程序处理过程的结束。C 语言规定,函数体用一对花括号括起来,允许函数体是空的,即

```
main( )
{
}
```

是一个合法的 C 语言程序,该程序什么也不做。

例 2.1 中 printf("Hello, The C World! \n")之后的分号";"是语句的结束符。C 语言规定,一条语句可以写在多行上,一行也可以写多条语句,语句以分号";"作结束符。

程序中的"/ * … * /"是程序的注释部分。被"/ *"和"* /"括起来的部分是注释内容。它是供阅读程序的人看的,对程序编译和运行没有作用。注释通常用来说明一段程序代码或语句或变量的作用,它通常出现在相关代码行之后。

【例 2.2】 求正弦的值。

```
# include "stdio. h"
# include "math. h"
main()
{
  double x,s;                    /* 定义两个实数变量,以被后面程序使用 */
  printf("input number:\n");
  scanf(" % lf",&x);             /* 从键盘获得一个实数 x * /
  s = sin(x);                    /* 求 x 的正弦,并把它赋给变量 s * /
  printf("sine of % lf is % lf\n",x,s); /* 显示程序运算结果 * /
}
```

程序的功能是从键盘输入一个数 x,求 x 的正弦值,然后输出结果。在 main()之前的两行称为预处理命令。预处理命令还有其他几种,这里的 include 称为文件包含命令,其意义是把引号""或尖括号<>内指定的文件包含到本程序中来,成为本程序的一部分。被包含的文件通常是由系统提供的,其扩展名为. h,因此也称为头文件或首部文件。C 语言的头文件中包括了各个标准库函数的函数原型。因此,凡是在程序中调用一个库函数时,都必须包含该函数原型所在的头文件。在本例中,使用了三个库函数:输入函数 scanf、正弦函数 sin、输出函数 printf。sin 函数是数学函数,其头文件为 math. h 文件,因此在程序的主函数前用 include 命令包含了 math. h。scanf 和 printf 是标准输入函数和输出函数,其头文件为 stdio. h,在主函数前也用 include 命令包含了 stdio. h 文件。

本例中使用了两个变量 x、s,用来表示输入的自变量和 sin 函数值。由于 sin 函数要求这两个量必须是双精度浮点型,故用类型说明符 double 来说明这两个变量。说明部分后的四行为执行部分或称为执行语句部分,用以完成程序的功能。执行部分的第一行是输出语

句,调用 printf 函数在显示器上输出提示字符串,请操作人员输入自变量 x 的值。第二行是输入语句,调用 scanf 函数,接收键盘上输入的数并存入变量 x 中。第三行是调用 sin 函数并把函数值送到变量 s 中。第四行是用 printf 函数输出变量 s 的值,即 x 的正弦值。程序结束。

scanf 和 printf 这两个函数分别称为格式输入函数和格式输出函数。其意义是按指定的格式输入输出值。因此,这两个函数在括号中的参数表都由以下两部分组成:格式控制串和参数表。格式控制串是一个字符串,必须用双引号括起来,它表示了输入/输出量的数据类型(各种类型的格式表示法可参阅第 3 章)。在 printf 函数中还可以在格式控制串内出现非格式控制字符,这时在显示屏幕上将原文照印。参数表中给出了输入或输出的量。当有多个量时,用逗号间隔。例如:

```
printf("sine of %lf is %lf\n",x,s);
```

其中,%lf 为格式字符,表示按双精度浮点数处理。%lf 在格式串中两次出现,对应了 x 和 s 两个变量。其余字符为非格式字符,则照原样输出在屏幕上。

【例 2.3】　要求输入两个整数,输出其中的大数。

```
int max(int a,int b);              /* 函数说明 */
main()                             /* 主函数 */
{
  int x,y,z;                       /* 变量说明 */
  printf("input two numbers:\n");
  scanf("%d%d",&x,&y);             /* 输入 x,y 值 */
  z=max(x,y);                      /* 调用 max 函数 */
  printf("maxnum=%d",z);           /* 输出结果 */
}
int max(int a,int b)               /* 定义 max 函数 */
{
  if(a>b)return a;
   else return b;                  /* 把结果返回主调函数 */
}
```

上例中程序的功能是由用户输入两个整数,程序执行后输出其中较大的数。本程序由两个函数组成,即主函数和 max 函数。函数之间是并列关系。可从主函数中调用其他函数。max 函数的功能是比较两个数,然后把较大的数返回给主函数。max 函数是一个用户自定义函数。因此在主函数中要给出说明(程序第三行)。可见,在程序的说明部分中,不仅可以有变量说明,还可以有函数说明。在程序的每行后用/* 和 */括起来的内容为注释部分,程序不执行注释部分。

上例中程序的执行过程是,首先在屏幕上显示提示串,请用户输入两个数,回车后由 scanf 函数语句接收这两个数送入变量 x 和 y 中,然后调用 max 函数,并把 x 和 y 的值传送给 max 函数的参数 a 和 b。在 max 函数中比较 a 和 b 的大小,把大者返回给主函数的变量 z,最后在屏幕上输出 z 的值。

从整体结构上看,一个 C 语言程序通常由程序说明和函数两大部分组成。说明部分通常可以包括编译预处理内容、符号常量和变量的定义、函数的声明等内容。这里 #include <stdio.h>是头文件包含预处理命令,作用是告诉编译、链接系统有关标准输入、输出函数

printf()的信息。函数部分通常由若干个函数构成。组成程序的多个函数可以由用户自己或他人编写，函数编写的具体位置没有明确的限制，这些函数可以存放在一个或多个源程序文件中。

这里总结一下 C 语言源程序的结构特点：

（1）一个 C 语言源程序可以由一个或多个源文件组成。

（2）每个源文件可由一个或多个函数组成。

（3）一个源程序不论由多少个文件组成，都有一个且只能有一个 main 函数，即主函数。

（4）源程序中可以有预处理命令（include 命令仅为其中的一种），预处理命令通常应放在源文件或源程序的最前面。

（5）每一个说明、每一个语句都必须以分号结尾。但预处理命令、函数头和花括号"}"之后不能加分号。

（6）标识符、关键字之间必须至少加一个空格以示间隔。若已有明显的间隔符，也可不再加空格来间隔。

为了便于阅读、理解、维护 C 语言源程序，书写程序时应遵循如下规则：

（1）一个说明或一个语句占一行。

（2）{}对齐。用{}括起来的部分，通常表示程序的某一层次结构。{}一般与该结构语句的第一个字母对齐，并单独占一行。

（3）使用 TAB 缩进。低一层次的语句或说明可比高一层次的语句或说明缩进若干格后书写。有足够的注释和有合适的空行，以便看起来更加清晰，增加程序的可读性。

在编程时应力求遵循这些规则，以养成良好的编程风格。

第**3**章　C语言基本数据类型与表达式

　　计算机中的数据包括数值、字符、图形、图像等,不同形式的数据在计算机中被划分成不同的数据类型,采用不同的存储方式,所能进行的运算也不同。C语言中将计算机中的数据分为基本数据类型、构造数据类型、指针类型、空类型四大类。

　　本章主要介绍C语言中的基本数据类型,以及基本数据类型中不同数据类型的常量表示形式、变量的定义方法、不同数据类型可以进行的运算、表达式的概念、类型之间的转换。

● 3.1　C语言的数据类型概述

　　计算机中的数据是一个比较广泛的概念,它既包含数值数据,又包括字符、声音、图像等。所谓数据类型是按被说明量的性质、表示形式、占据存储空间的多少、构造特点来划分的。数据的数据类型决定了数据存储占用内存空间的大小、数据的取值范围、数据可进行的运算操作。在C语言中,数据类型可分为基本数据类型、构造数据类型、指针类型、空类型,如图3-1所示。

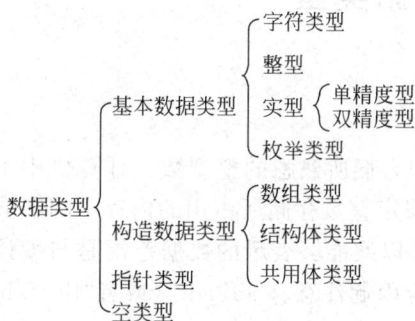

图 3-1　数据类型

1. 基本数据类型

　　基本数据类型最主要的特点是,其值不可以再分解为其他类型。也就是说,基本数据类型是自我说明的。

2. 构造数据类型

构造数据类型是根据已定义的一个或多个数据类型用构造的方法来定义的。也就是说，一个构造数据类型的值可以分解成若干个"成员"或"元素"。每个"成员"都是一个基本数据类型或又是一个构造数据类型。

3. 指针类型

指针是一种特殊的且具有重要作用的数据类型，其值用来表示某个量在内存储器中的地址。虽然指针变量的取值类似于整型量，但是这是两个类型完全不同的量，因此不能混为一谈。

4. 空类型

在调用函数值时，通常应向调用者返回一个函数值。这个返回的函数值是具有一定的数据类型的，应在函数定义及函数说明中给以说明。例如，在例 2.3 中给出的 max 函数定义中，函数头为"int max(int a,int b);"，其中"int"类型说明符表示该函数的返回值为整型量。又如在例 2.2 中使用了库函数 sin，由于系统规定其函数返回值为双精度浮点型，因此在赋值语句 s＝sin（x）;中,s 也必须是双精度浮点型，以便与 sin 函数的返回值一致。所以在说明部分，把 s 说明为双精度浮点型。但是，也有一类函数，调用后并不需要向调用者返回函数值，这种函数可以定义为"空类型"，其类型说明符为 void。

对于基本数据类型量，按其取值是否可改变又分为常量和变量两种。在程序执行过程中，其值不发生改变的量称为常量，取值可变的量称为变量。它们可与数据类型结合起来分类，例如可分为整型常量、整型变量、浮点常量、浮点变量、字符常量、字符变量、枚举常量、枚举变量。在程序中，常量是可以不经说明而直接引用的，而变量则必须先说明后使用。

3.2　C 语言的数据类型

3.2.1　整数类型

整数类型（简称整型）即人们所熟悉的整型数。计算机中不可能表示出所有的整数，而且 C 语言标准也没有具体规定整数存储所占用的内存空间字节数，不同的 C 语言系统有所不同。基本数据类型的大小以及能够表示的数据范围是与编译器和硬件平台有关的，在使用 C 语言进行程序设计时应引起注意。"cfloat"（或者"float. h"）头文件往往定义了基本数据类型能够表示的数据的最大值和最小值（也可以使用 sizeof 来获得类型的大小（字节数））。然而，很多平台使用了一些数据类型的标准大小，如 int 通常占用 16 位，char 占用 8 位，float 占用 32 位，double 通常占用 64 位。

根据存储表示时是否区分正负整数和所用存储空间的大小不同，C 语言标准将整数类型又分为有符号（区分正负数）和无符号（非负整数）两类，每一类又有基本型、短整型、长整型几种。有符号用关键字 signed 表示，为默认类型（即省略不写时就认为是有符号类型）；无符号用关键字 unsigned 表示。基本型用关键字 int 表示，短整型用关键字 short［int］表示,长整型用关键字 long [int]表示。[ ]括起来的内容表示可以省略不写。C 语言支持的整型数据如表 3-1 所示。

表 3-1　C 语言支持的整型数据

关　键　字	储存所占位数/字节数	取　值　范　围
short[int]	16/2	－32 768~32 767
int	16/2	－32 768~32 767
long [int]	32/4	－2 147 483 648~2 147 483 647
unsigned short [int]	16/2	0~65 535
unsigned[int]	32/4	0~65 535
unsigned long [int]	32/4	0~4 294 967 295

　　一个整数在内存中存放的表示形式取决于对它规定的类型。如十进制数 13,如果规定为基本型(int),它用 16 位二进制码表示,其中最高位(最左边的一位)为符号位,其他 15 位为数值位;如果规定为无符号长整型(unsigned long),它用 32 位二进制码表示,没有符号位,32 位都是数值位。整型量包括整型常量、整型变量,其中整型常量就是整常数。在 C 语言中,使用的整型常数有八进制、十六进制和十进制三种。

1. 整型常量

　　(1) 十进制整型常数没有前缀,其数码为 0~9。以下各数是合法的十进制整型常数:

237　　 －568　　 65535　　 1627

以下各数不是合法的十进制整型常数:

023(不能有前导 0)　23D(含有非十进制数码)

　　(2) 八进制整型常数必须以 0 开头,即以 0 作为八进制数的前缀。数码取值为 0~7。八进制数通常是无符号数。

以下各数是合法的八进制整型常数:

015(十进制为 13)　 0101(十进制为 65)　 0177777(十进制为 65535)

以下各数不是合法的八进制整型常数:

256(无前缀 0)　 03A2(包含了非八进制数码)　 －0127(出现了负号)

　　(3) 十六进制整常数的前缀为 0X 或 0x。其数码取值为 0~9、A~F 或 a~f。

以下各数是合法的十六进制整型常数:

0X41(十进制为 65)　　　 0XA0(十进制为 160)　　　 0XFFFF (十进制为 65535)

以下各数不是合法的十六进制整型常数:

5A (无前缀 0X)　　 0X3H(含有非十六进制数码)

　　在程序中是根据前缀来区分各种进制数的。因此在书写常数时,不要把前缀弄错而造成结果不正确。

2. 整型变量

变量说明的一般形式为

类型说明符　 变量名标识符,变量名标识符,… ;

例如：

int a,b,c; (a、b、c 为整型变量)
short x,y; (x、y 为短整型变量)
unsigned p,q; (p、q 为无符号整型变量)

在书写变量说明时，应注意以下几点：

(1) 允许在一个类型说明符后，说明多个相同类型的变量。各变量名之间用逗号间隔。类型说明符与变量名之间至少用一个空格间隔。

(2) 最后一个变量名之后必须以"；"号结尾。

(3) 变量说明必须放在变量使用之前，一般放在函数体的开头部分。

【例 3.1】

```
void main()                      /* 将 main 说明为返回 void,即不返回任何类型的值 */
{
    int x,y;                     /* x、y 被定义为 int 型 */
    short a,b,c,d;               /* a、b、c、d 被定义为 short 型 */
    x = 5;                       /* 5 赋给 x */
    y = 6;                       /* 6 赋给 y */
    a = 7;                       /* 7 赋给 a */
    b = 8;                       /* 8 赋给 b */
    c = x + a;                   /* x + a 结果赋给 c */
    d = y + b;                   /* y + b 结果赋给 d */
    printf("c = x + a = %d,d = y + b = %d\n",c,d);
                                 /* 显示程序运行结果 */
}
```

从上述程序中可以看到：x、y 是基本整型变量，a、b 是短整型变量。它们之间允许进行运算，运算结果为基本整型。但 c、d 被定义为短整型，因此最后结果为短整型。本例说明，不同类型的量可以参与运算并相互赋值。其中的类型转换是由编译系统自动完成的。

3.2.2　实数类型

实数类型(又称浮点型)即人们所熟悉的实数型(带有小数点的数)。如数 1 是整型数，数 1.0 是实型数。由于实数是稠密的，计算机不可能表示出所有的实型数。根据表示范围和精确度的要求不同，实数类型可分为两种，即单精度型，用关键字 float 表示；双精度型，用关键字 double 表示。

C 语言标准没有具体规定以上单精度型数据、双精度型数据存储所占用的内存空间字节数。大多数微机版 C 语言系统规定：对单精度型(float)实数，在内存中用 4 个字节的 32 位二进制码表示；双精度型(double)实数，在内存中用 8 个字节的 64 位二进制码表示。C 语言的实数类型数据如表 3-2 所示。

表 3-2　C 语言支持的实型数据

关键字	存储所占位数/字节数	取值范围	有效数字
float	32/4	约 $\pm 3.4 \times (10^{-38} \sim 10^{38})$	7
double	64/8	约 $\pm 1.7 \times (10^{-308} \sim 10^{308})$	16

1. 实数常量

在 C 语言中,实数只采用十进制。它有两种形式:十进制数形式和指数形式。

(1) 十进制数形式。由数码 0～9 和小数点组成,例如,0.0、.25、5.789、0.13、5.0、300.、−267.8230 等均为合法的实数。

(2) 指数形式。由十进制数加阶码标志"e"或"E"以及阶码(只能为整数,可以带符号)组成。其一般形式为 aEn (a 为十进制数,n 为十进制整数),其值为 $a \times 10^n$。例如:2.1E5 (等于 2.1×10^5)、3.7E-2 (等于 3.7×10^{-2})、0.5E7 (等于 0.5×10^7)、−2.8E−2 (等于−2.8×10^{-2})。

以下不是合法的实数:345 (无小数点)、E7 (阶码标志 E 之前无数字)、−5 (无阶码标志)、53.−E3 (负号位置不对)、2.7E (无阶码)。

【例 3.2】

```
void main()                                      /* void 指明 main 不返回任何值 */
{
    printf(" % f\n % f\n % f\n ",356.0,356.,356e0);   /* 利用 printf 显示结果 */
}
```

2. 实数变量

实型变量分为两类:单精度型和双精度型,其类型说明符为 float(单精度说明符)和 double(双精度说明符)。

实型变量说明的格式和书写规则与整型相同。例如:

```
float x,y; (x、y 为单精度实型量)
double a,b,c; (a、b、c 为双精度实型量)
```

实型常数不分单、双精度,都按双精度 double 型处理。

【例 3.3】

```
void main()
{
  float a;
  double b;
  a = 12345.123456;
  b = 12345.12345678901;
  printf(" % f\n % f\n",a,b);
}
```

从本例可以看出,由于 a 是单精度浮点型,有效位数只有 7 位。而整数已占五位,故小数 2 位之后均为无效数字。b 是双精度型,有效位为 16 位。但 C 语言规定小数后最多保留 6 位,其余部分四舍五入。

3.2.3　字符类型

字符类型即是 ASCII(American standard code for information interchange,美国标准

信息交换码)码表规定的符号或字符数据。标准 ASCII 码表(见附录 C)规定了 128 个符号或字符,前 32(0~31)个为控制字符,是无显示符号字符;32~127 是有显示符号字符,包括了 0~9 十个数字字符、英文大小写字母 52 个字符以及一些常用的符号。

字符类型用关键字 char 表示。对于字符型数据,在计算机内存中用字符对应的 ASCII 值的 8 位二进制码表示,即字符型数据在内存中所占位数为 8 位(即 1 个字节),其最高位为 0。

需要指出的是,有些计算机系统将标准 ASCII 码扩充到 256 个,即扩充了从 128~255 的字符或符号,如 IBM 系列计算机。为了使字符型数据运算处理与整型数据运算处理方法一致,C 语言系统规定字符型(char)也有有符号(signed)与无符号(unsigned)两种。不同的 C 语言系统默认是有符号还是无符号读者需要注意(默认情况下字符型是有符号)。

字符类型量包括字符常量和字符变量。

1. 字符常量

字符常量有以下两种表示方式:

(1)用单引号括起来一个字符的表示方法,如'A'、'a'、'1'、'?'等。在 C 语言中,字符常量有以下特点:

① 字符常量只能用单引号括起来,不能用双引号或其他括号。

② 字符常量只能是单个字符,不能是字符串。

③ 字符可以是字符集中任意字符。但字符集中的数字不能参与数值运算。如'5'和 5 是不同的。'5'是字符常量,不能参与运算。

(2)用转义字符表示。所谓转义字符,即所见到的字面意义与所表示的意义不同的字符。转义字符用反斜杠(\)开头引导加一个字符或一组数字表示。如\n 表示"换行"符,不是表示字符 n;\101(八进制 ASCII 码)代表字符 A。转义字符主要用于不可显示字符和一些已用于他用的特殊字符。常用转义字符及其含义如表 3-3 所示。

表 3-3　常用的转义字符及其含义

转义字符	转义字符的含义	ASCII 代码
\n	回车换行	10
\t	横向跳到下一制表位置	9
\b	退格	8
\r	回车	13
\f	走纸换页	12
\\	反斜线符"\"	92
\'	单引号符	39
\"	双引号符	34
\0	空字符	0
\ddd	1~3 位八进制数代表的字符	
\xhh	1~2 位十六进制数代表的字符	

广义地讲,C 语言字符集中的任何一个字符均可用转义字符来表示。表 3-3 中的\ddd 和\xhh 正是为此而提出的。ddd 和 xhh 分别为八进制和十六进制的 ASCII 代码。如\101

表示字母 A ,\102 表示字母 B,\134 表示反斜线,\X0A 表示换行等。

【例 3.4】 转义字符的使用。

```
void main()                     /*此程序练习转义字符的使用*/
{
    putchar('A');               /*输出字符A*/
    putchar(65);                /*输出字符A*/
    putchar('\101');            /*输出字符A*/
    putchar('\x41');            /*输出字符A*/
    putchar('\n');              /*回车换行*/
    putchar('?');               /*输出字符?*/
}
```

2.字符变量

字符变量的取值是字符常量,即单个字符。字符变量的类型说明符是 char。字符变量类型说明的格式和书写规则都与整型变量相同,例如:char a,b;。

每个字符变量被分配一个字节的内存空间,因此只能存放一个字符。字符值是以 ASCII 码的形式存放在变量的内存单元之中的。如 x 的十进制 ASCII 码是 120,y 的十进制 ASCII 码是 121。对字符变量 a、b 赋予'x'和'y'值:a='x';b='y';实际上是在 a、b 两个单元内存放 120 和 121 的二进制代码:a: $\boxed{01111000}$,b: $\boxed{01111001}$。所以也可以把它们看成是整型量。C 语言允许对整型变量赋以字符值,也允许对字符变量赋以整型值。在输出时,允许把字符变量按整型量输出,也允许把整型量按字符量输出。整型量为 2 字节量,字符量为单字节量,当整型量按字符型量处理时,只有低 8 位字节参与处理。

【例 3.5】

```
main()
{
    char a,b;                   /*定义a、b为字符变量*/
    a = 65;                     /*a赋值65*/
    b = 97;                     /*b赋值97*/
    printf("%c,%c\n%d,%d\n",a,b,a,b);
}
```

本程序中说明 a、b 为字符型,但在赋值语句中赋以整型值。从结果看,a、b 值的输出形式取决于 printf 函数格式串中的格式符。当格式符为"c"时,对应输出的变量值为字符;当格式符为"d"时,对应输出的变量值为整数。

【例 3.6】

```
void main()
{
    char a,b,c,d;
    a = 'A';
    b = 'a';                    /* a、b被说明为字符变量并赋予字符值*/
    c = a + 32;                 /*把大写字母换成小写字母*/
    d = b - 32;                 /*把小写字母换成大写字母*/
    printf("%c,%c\n%c,%c\n",a,b,c,d);/*以字符型和整型输出*/
}
```

本例中,a、b 被说明为字符变量并赋予字符值,C 语言允许字符变量参与数值运算,即用字符的 ASCII 码参与运算。由于大小写字母的 ASCII 码相差 32,因此运算后把小写字母换成大写字母。然后分别以整型和字符型输出。

3.2.4　字符串常量

字符串常量是由一对双引号括起的字符序列。例如,"CHINA""C program:""$12.5"等都是合法的字符串常量。字符串常量和字符常量是不同的量。它们之间主要有以下区别:

(1) 字符常量由单引号括起来,字符串常量由双引号括起来。

(2) 字符常量只能是单个字符,字符串常量则可以含一个或多个字符。

(3) 可以把一个字符常量赋予一个字符变量,但不能把一个字符串常量赋予一个字符变量。在 C 语言中没有相应的字符串变量。但是可以用一个字符数组来存放一个字符串常量。在数组一节内予以介绍。

(4) 字符常量占一个字节的内存空间。字符串常量所占的内存字节数等于字符串中字节数加 1。增加的一个字节中存放字符"\0"(ASCII 码为 0),这是字符串结束的标志。例如,字符串"C program"在内存中所占的字节为 C program\0。字符常量'a'和字符串常量"a"虽然都只有一个字符,但是在内存中的情况是不同的。

'a'在内存中占一个字节,可表示为 a。

"a"在内存中占二个字节,可表示为 a\0。

3.2.5　符号常量

在 C 语言中,可以用一个标识符来表示一个常量,称之为符号常量。符号常量在使用之前必须先定义,其一般形式为

#define 标识符 常量

其中#define 也是一条预处理命令(预处理命令都以#开头),称为宏定义命令,其功能是把该标识符定义为其后的常量值。一经定义,以后在程序中所有出现该标识符的地方均代之以该常量值。习惯上符号常量的标识符用大写字母,变量标识符用小写字母,以示区别。

【例 3.7】

```
#define PI 3.14159              /*由宏定义命令定义 PI 为 3.14159*/
void main()
{
  float s,r;                    /*s、r 定义为实数*/
  r = 5;                        /*5 赋值给 r*/
  s = PI*r*r;                   /*PI*r*r 的结果赋给 s*/
  printf("s = %f\n",s);
}
```

本程序在主函数之前由宏定义命令定义 PI 为 3.141 59,在程序中即以该值代替 PI。

s＝PI * r * r 等效于 s＝3.141 59 * r * r。应该注意的是,符号常量不是变量,它所代表的值在整个作用域内不能再改变。也就是说,在程序中不能再用赋值语句对它重新赋值。

3.2.6　数组

数组在程序设计中,为了处理方便,把具有相同类型的若干变量按有序的形式组织起来。这些按序排列的同类数据元素的集合称为数组。在 C 语言中,数组属于构造数据类型。一个数组可以分解为多个数组元素,这些数组元素可以是基本数据类型或是构造数据类型。因此按数组元素的类型不同,数组又可分为数值数组、字符数组、指针数组、结构数组等各种类别。

在 C 语言中使用数组必须先进行类型说明。数组说明的一般形式为

类型说明符 数组名[常量表达式],…;

其中,类型说明符是任一种基本数据类型或构造数据类型。数组名是用户定义的数组标识符。方括号中的常量表达式表示数据元素的个数,也称为数组的长度。例如:

int a[10];说明整型数组 a 有 10 个元素。

float b[10],c[20];说明实型数组 b 有 10 个元素,实型数组 c 有 20 个元素。

char ch[20];说明字符数组 ch 有 20 个元素。

对于数组类型说明应注意以下几点:

(1) 数组的类型实际上是指数组元素的取值类型。对于同一个数组,其所有元素的数据类型都是相同的。

(2) 数组名的书写规则应符合标识符的书写规定。

(3) 数组名不能与其他变量名相同,例如:

```
void main()
{
    int a;
    float a[10];
    ⋮
}
```

是错误的。

(4) 方括号中常量表达式表示数组元素的个数,如 a[5]表示数组 a 有 5 个元素。但是其下标从 0 开始计算。因此 5 个元素分别为 a[0]、a[1]、a[2]、a[3]、a[4]。

(5) 不能在方括号中用变量来表示元素的个数,但是可以是符号常量或常量表达式。例如:

```
#define FD 5
void main()
{
    int a[3 + 2],b[7 + FD];
    ⋮
}
```

是合法的。但是下述说明方式是错误的:

```
void main()
{
    int n = 5;
    int a[n];
    ⋮
}
```

(6) 允许在同一个类型说明中,说明多个数组和多个变量。例如:

```
int a,b,c,d,k1[10],k2[20];
```

1. 数组元素的表示方法

数组元素是组成数组的基本单元。数组元素也是一种变量,其标识方法为数组名后跟一个下标(下标表示了元素在数组中的顺序号)。数组元素的一般形式为数组名[下标],其中的下标只能为整型常量或整型表达式。如为小数时,C 编译将自动取整。例如,a[5]、a[i+j]、a[i++]都是合法的数组元素。必须先定义数组,才能使用数组元素。

数组赋值的方法除了用赋值语句对数组元素逐个赋值外,还可采用初始化赋值和动态赋值的方法。数组初始化赋值是指在数组说明时给数组元素赋予初值。数组初始化是在编译阶段进行的。这样将缩短运行时间,提高效率。

初始化赋值的一般形式为

static 类型说明符 数组名[常量表达式] = {值,值,…,值};

其中 static 表示是静态存储类型,C 语言规定只有静态存储数组和外部存储数组才可作初始化赋值。在{ }中的各数据值即为各元素的初值,各值之间用逗号间隔。例如:"static int a[10]={ 0,1,2,3,4,5,6,7,8,9 };"相当于"a[0]=0;a[1]=1;…;a[9]=9;"。

动态赋值可以在程序执行过程中对数组作动态赋值,如用循环语句配合 scanf 函数逐个对数组元素赋值。

C 语言允许构造一维数组、二维数组甚至多维数组。例如 int a[3][4];说明了一个三行四列的数组,数组名为 a,其数组元素的类型为整型。该数组的数组元素共有 3×4 个,即

```
a[0][0],a[0][1],a[0][2],a[0][3]
a[1][0],a[1][1],a[1][2],a[1][3]
a[2][0],a[2][1],a[2][2],a[2][3]
```

C 语言对数组的初始化赋值还有以下几点规定:

(1) 可以只给部分元素赋初值。当{ }中值的个数少于元素个数时,只给前面部分元素赋值。例如:"static int a[10]={0,1,2,3,4};"表示只给 a[0]~a[4]5 个元素赋值,而后 5 个元素自动赋 0 值。

(2) 只能给元素逐个赋值,不能给数组整体赋值。例如给十个元素全部赋 1 值,只能写为"static int a[10]={1,1,1,1,1,1,1,1,1,1};",而不能写为"static int a[10]=1;"。

(3) 如不给可初始化的数组赋初值,则全部元素均为 0 值。

(4) 如给全部元素赋值,则在数组说明中,可以不给出数组元素的个数。例如:"static int a[5]={1,2,3,4,5};"可写为"static int a[]={1,2,3,4,5};"。

2. 字符数组

用来存放字符量的数组称为字符数组。字符数组类型说明的形式与前面介绍的数值数组相同。例如 char c[10];，由于字符型和整型通用，也可以定义为 int c[10]（但这时每个数组元素占 2 个字节的内存单元）。字符数组也可以是二维数组或多维数组，例如：

```
char c[5][10];
```

即为二维字符数组。字符数组也允许在类型说明时作初始化赋值。例如：

```
static char c[11] = {'0','1','2','3','4','5','6','7','8','9'};
```

赋值后各元素的值为数组 c 中 c[0]、c[1]、c[2]、c[3]、c[4]、c[5]、c[6]、c[7]、c[8]、c[9]、c[10]。其中 c[10]未赋值，由系统自动赋予 0 值。当对全体元素赋初值时也可以省去长度说明。例如：static char c[]={'0','1','2','3','4','5','6','7','8','9'};，这时数组 c 的长度自动定为 10。

C 语言允许用字符串的方式对数组作初始化赋值。例如：

```
static char c[] = {'C',' ','p','r','o','g','r','a','m'};
```

可写为

```
static char c[] = {"C program"};
```

或去掉{}写为

```
sratic char c[] = "C program";
```

用字符串方式赋值比用字符逐个赋值要多占一个字节，用于存放字符串结束标志'\0'。上面的数组 c 在内存中的实际存放情况为 C program\0。'\0'是由 C 编译系统自动加上的。由于采用了'\0'标志，所以在用字符串赋初值时一般无须指定数组的长度，而由系统自行处理。在采用字符串方式后，字符数组的输入输出将变得简单方便。除了上述用字符串赋初值的办法外，还可用 printf 函数和 scanf 函数一次性输出输入一个字符数组中的字符串，而不必使用循环语句逐个地输入输出每个字符。

【例 3.8】

```
void main()
{
    static char c[] = "C program";
    printf("% s\n",c);
}
```

注意在本例的 printf 函数中，使用的格式字符串为"％s"，表示输出的是一个字符串。而在输出列表中给出数组名即可。不能写为"printf("％s",c[]);"。

【例 3.9】

```
void main()
{
    char st[15];
    printf("input string:\n");
    scanf("% s",st);
```

```
    printf("%s\n",st);
}
```

本例中由于定义数组长度为 15,因此输入的字符串长度必须小于 15,以留出一个字节用于存放字符串结束标志'\0'。应该说明的是,对一个字符数组,如果不作初始化赋值,则必须说明数组长度。还应该特别注意的是,当用 scanf 函数输入字符串时,字符串中不能含有空格,否则将以空格作为串的结束符。例如运行例 3.9,当输入的字符串中含有空格时,运行情况为 input string:this is a book,从输出结果可以看出空格以后的字符都未能输出。为了避免这种情况,可多设几个字符数组分段存放含空格的串。程序可改写如下:

【例 3.10】

```
void main()
{
    char st1[6],st2[6],st3[6],st4[6];
    printf("input string:\n");
    scanf("%s%s%s%s",st1,st2,st3,st4);
    printf("%s %s %s %s\n",st1,st2,st3,st4);
}
```

本程序分别设了四个数组,输入的一行字符的空格分段分别装入四个数组。然后分别输出这四个数组中的字符串。在前面介绍过,scanf 的各输入项必须以地址方式出现,如 &a、&b 等。但在例 3.10 中是以数组名方式出现的,这是为什么呢？ 这是由于在 C 语言中规定,数组名就代表了该数组的首地址。整个数组是以首地址开头的一块连续的内存单元。如有字符数组 char c[10],设数组 c 的首地址为 2000,也就是说 c[0]单元地址为 2000,则数组名 c 就代表这个首地址。因此,在 c 前面不能再加地址运算符 &。如写作"scanf("%s",&c);"则是错误的。在执行函数 printf("%s",c)时,按数组名 c 找到首地址,然后逐个输出数组中各个字符直到遇到字符串终止标志'\0'为止。

总结:

(1) 数组是程序设计中最常用的数据结构。数组可分为数值数组(整数组、实数组)、字符数组以及指针数组、结构数组等。

(2) 数组可以是一维的、二维的或多维的。

(3) 数组类型说明由类型说明符、数组名、数组长度(数组元素个数)三部分组成。数组的类型是指数组元素取值的类型。

(4) 对数组的赋值可以用数组初始化赋值、输入函数动态赋值和赋值语句赋值三种方法实现。对数值数组不能用赋值语句整体赋值、输入或输出,而必须用循环语句逐个对数组元素进行操作。

3.2.7　变量的类型转换

变量的数据类型是可以转换的。转换的方法有两种:一种是自动转换;另一种是强制转换。

1. 自动转换

自动转换发生在不同数据类型的量混合运算时,由编译系统自动完成。自动转换遵循以下规则：

（1）若参与运算量的类型不同，则首先转换成同一类型，然后进行运算。

（2）转换按数据长度增加的方向进行，以保证精度不降低。如 int 型和 long 型运算时，先把 int 量转成 long 型后再进行运算。

（3）所有的浮点运算都是以双精度进行的，即使仅含 float 单精度量运算的表达式，也要先转换成 double 型，再作运算。

（4）char 型和 short 型参与运算时，必须先转换成 int 型。

（5）在赋值运算中，赋值号两边量的数据类型不同时，赋值号右边量的类型将转换为左边量的类型。如果右边量的数据类型长度比左边量长时，将丢失一部分数据，这样会降低精度，丢失的部分按四舍五入向前舍入。如果右边量的数据类型长度比左边量短时，将扩展一部分数据。例如：

① 实型赋予整型，舍去小数部分。

② 整型赋予实型，数值不变，但将以浮点形式存放，即增加小数部分（小数部分的值为 0）。

③ 字符型赋予整型，由于字符型为 1 个字节，而整型为 2 个字节，故将字符的 ASCII 码值放到整型量的低 8 位中，高 8 位为 0。

④ 整型赋予字符型，只把低 8 位赋予字符量。

⑤ int 类型数据赋给 long 型变量时，要进行符号位扩展。如数据为负数时，则 long 型变量的低 7 位与原数据相同，高 16 位补 1，其他位补 0。

⑥ unsigned 类型数据赋给 long 型变量时，只需在高位补 0 即可。

图 3-2 表示了数据类型自动转换的规则。

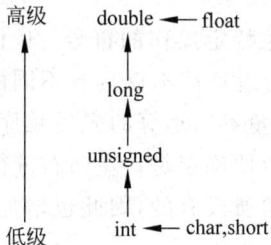

图 3-2　数据类型转换规则示意图

【例 3.11】

```
void main()
{
    float PI = 3.14159;              /* PI 赋值 3.14159 */
    int s,r = 5;                     /* 定义整型变量 s、r.r 赋值 5 */
    s = r * r * PI;                  /* r * r * PI 的结果赋值给 s */
    printf("s = % d\n",s);           /* 显示程序运行结果 */
}
```

本例程序中，PI 为实型；s、r 为整型。在执行 s＝r＊r＊PI 语句时，r 和 PI 都转换成 double 型计算，结果也为 double 型。但由于 s 为整型，故赋值结果仍为整型，舍去了小数部分。

2. 强制转换

强制转换是通过类型转换运算来实现的，其一般形式为

(类型说明符)(表达式)

强制转换的功能是把表达式的运算结果强制转换成类型说明符所表示的类型。例如：(float) a 把 a 转换为实型。(int)(x＋y)把 x＋y 的结果转换为整型。在使用强制转换时应注意以下问题：

(1) 类型说明符和表达式都必须加括号(单个变量可以不加括号)，如把(int)(x＋y)写成(int)x＋y 则是把 x 转换成 int 型之后再与 y 相加。

(2) 无论是强制转换或是自动转换，都只是为了本次运算的需要而对变量的数据长度进行的临时性转换，而不改变数据说明时对该变量定义的类型。

【例 3.12】

```
main()
{
  float f = 5.75;                          /* f 赋值 5.75 */
  printf("(int)f = % d,f = % f\n",(int)f,f);  /* 将实数 f 的值强制转换成整数值 */
}
```

本例表明，f 虽强制转为 int 型，但只在运算中起作用，是临时的，而 f 本身的类型并不改变。因此，(int)f 的值为 5(删去了小数)，而 f 的值仍为 5.75。

3.3　C 语言的运算符与表达式

运算符是实现参加运算的对象特定操作的符号。C 语言中提供了丰富的运算符，这是 C 语言的重要特点之一。C 语言的运算符不仅具有不同的优先级，而且还有一个特点就是它的结合性。在表达式中，各运算量参与运算的先后顺序不仅要遵守运算符优先级别的规定，还要受运算符结合性的制约，以便确定是自左向右进行运算还是自右向左进行运算。这种结合性是其他高级语言的运算符所没有的，因此也增加了 C 语言的复杂性。C 语言的运算符可归纳成以下几类。

(1) 算术运算符　＋(加)、－(减)、*(乘)、/(除)、%(求余或称模运算)、＋＋(自增)、－－(自减)

(2) 关系运算符　＞(大于)、＞＝(大于等于)、＜(小于)、＜＝(小于等于)、＝＝(等于)、!＝(不等于)

(3) 逻辑运算符　&&(与)、||(或)、!(非)

(4) 位操作运算符　&(位与)、|(位或)、~(位非)、^(位异或)、＜＜(左移)、＞＞(右移)

(5) 赋值运算符　＝(简单赋值)、＋＝、－＝、*＝、/＝、%＝(复合赋值)、&＝、|＝、^＝、＞＞＝、＜＜＝(复合位运算赋值)等

(6) 条件运算符　?：

(7) 逗号运算符　,

(8) 指针运算符　*(取内容)、&(取地址)

(9) 求字节数运算符　sizeof

（10）特殊运算符　括号()、下标[ ]、成员→等

在 C 语言中,运算符的运算优先级共分为 15 级(见附录 B),其中 1 级最高,15 级最低。在表达式中,优先级较高的先于优先级较低的进行运算。而在一个运算量两侧的运算符优先级相同时,则按运算符的结合性所规定的结合方向处理。C 语言中各运算符的结合性分为两种,即左结合性(自左至右)和右结合性(自右至左)。例如算术运算符的结合性是自左至右,即先左后右。如有表达式 x−y+z 则 y 应首先与"−"号结合,执行 x−y 运算,然后执行+z 的运算。这种自左至右的结合方向就称为"左结合性",而自右至左的结合方向称为"右结合性"。最典型的右结合性运算符是赋值运算符。如 x=y=z,由于"="的右结合性,应先执行 y=z 再执行 x=(y=z)运算。C 语言运算符中有不少为右结合性,应注意区别,以避免理解错误。

3.3.1　算术运算符与算术表达式

1. 算术运算符

C 语言的算术运算符有 7 种,即+(加)、−(减)、*(乘)、/(除)、%(求余)、++(自增)、−−(自减)。前五种运算符均为双目运算符,即应有两个对象参加运算。如 a+b、x−8、a*x、y/x、m%n 等。优先性是 *、/、%高于+、−, *、/、%为同级运算,+、−为同级运算,结合方向为自左向右。但是要注意以下几点:

（1）+、−、*、/的运算对象可以是整型数据和实型数据,但两个整型数相除/的结果是整型数,小数部分被自动舍去。如 3/2 的结果为 1,2/3 的结果为 0。整型数据与实型数据相运算,其结果为 double 型数据。如 2.0/3 的结果为 0.666 667。

（2）%运算要求两个运算对象都要为整型数据。如 9%4 的结果为 1。

（3）字符型数据可以和数值型数据混合运算。因为字符型数据在计算机内部存储的是一个字节的整数,即它的 ASCII 码。

（4）|、− 分别作为取正、取负运算时为单目运算,并且结合方向为自右向左。

++(自增)、−−(自减)这两个运算符均为单目运算,其优先级高于算术运算符,结合方向从右向左。

自增运算符"++"表达式为

++i(前++)和 i++(后++)

的作用都是 i=i+1,但++i 是先运算 i=i+1 后,将使用 i 的新值去参加其他运算;而 i++是先使用 i 的原值参加其他运算后,再运算 i=i+1。

自减运算符"−−"表达式为

−−i(前 −−)和 i−−(后 −−)

的作用都是 i=i−1,−−i 是先运算 i=i−1 后,再使用 i 的新值去参加其他运算;而 i−−是先使用 i 的原值参加其他运算后,再运算 i=i−1。

假设 i=3;j=i++;此相当于 j=i;i=i+1;运算完后 j 的值为 3,i 的值为 4。同样假设 i=3;j=++i;相当于 i=i+1;j=i;运算完后 i 的值为 4,j 的值也为 4。

注意:"++"或"−−"运算只能针对变量。

【例 3.13】

```
# include < stdio. h >
main( )
{
    int a = 8,b = 8,c = 8,d = 8,e = 8,f = 8;
    printf(" % d\n",++a);                /* a 赋值为 a + 1 后输出 */
    printf(" % d\n", -- b);              /* b 赋值为 b - 1 后输出 */
    printf(" % d\n",c++);                /* 输出 c,然后 c 赋值为 c + 1 */
    printf(" % d\n",d -- );              /* 输出 d,然后 d 赋值为 d - 1 */
    printf(" % d\n", - e++);             /* 输出 - e,然后 e 赋值为 e + 1 */
    printf(" % d\n", - f -- );           /* 输出 - f,然后 f 赋值为 f - 1 */
}
```

　　a 的初值为 8,第 2 行 a 加 1 后输出为 9;b 的初值为 8,第 3 行减 1 后输出为 7;c 的初值为 8,第 4 行输出 c 为 8 之后再加 1(为 9);d 的初值为 8,第 5 行输出 d 为 8 之后再减 1(为 7);e 的初值为 8,第 6 行输出 -8 之后再加 1(为 9);f 的初值为 8,第 7 行输出 -8 之后再减 1(为 7)。

2. 算术表达式

　　用算术运算符和括号将运算对象(也称操作数)连接起来并且符合 C 语法规则的表达式,称为算术表达式。例如,x−y、a * b/2、x+y * z−(a+b/c)/d 等都是算术表达式。一个表达式的结果是一个值,其计算是按照运算符的优先性进行。

3.3.2　关系运算符与关系表达式

　　关系运算就是比较运算,即将两个数据进行比较,判定两个数据是否符合给定的关系。

1. 关系运算符

　　C 语言的关系运算符有<(小于)、<=(小于等于)、>(大于)、>=(大于等于)、==(等于)、!=(不等于)6 个,这些运算符及其含义与人们所熟悉的数学中的表示基本一致。
　　关系运算符都是双目运算符。关系成立,则关系运算的值为 1(逻辑真);关系不成立,则关系运算的值为 0(逻辑假)。

【例 3.14】

```
main()
{
    printf("5<8: % d\n", 5<8) ;          /* 5<8:1 */
    printf("5>=8: % d\n", 5>=8);         /* 5>=8:0 */
    printf("5==8: % d\n", 5==8);         /* 5==8:0 */
    printf("5 !=8: % d\n", 5 !=8);       /* 5 !=8:1 */
}
```

2. 关系表达式

　　关系表达式是由关系运算符连接起来的表达式。除上面简单的直接比较两个数之外,还可以在关系运算符的两边出现更为复杂的表达式。

【例 3.15】

```
main()
{
    int i = 2,j = 2;
    int a = 1,b = 2,c = 3,d;
    printf("a + 3 < b + c: % d\n", a + 3 < b + c);              /* 比较两个算术表达式的值 */
    printf("'a' + 1 < = 112: % d\n", 'a' + 1 < = 112);
                                  /* 比较字母 a 的 ASCII 值加上变量 i 的值是否小于等于 112 */
    printf("i++> = -- j: % d\n", i++> = -- j);
                                  /* 比较变量 i 的值是否大于等于变量 j 减 1 之后的值 */
    printf("a!= b> = 3: % d\n",a!= b> = 3);
                                  /* 先计算 b> = 3,再把结果和 a 进行比较。 */
    printf("a + 2 > b + c: % d\n",a + 2 > b + c);
                                  /* 首先计算 a + 2,然后计算 b + c,最后把两个结果进行比较 */
    printf("d = a > b: % d\n",d = a + b);
                                  /* 先计算 a > b,再把结果赋值给 d */
    printf("a > b < c: % d\n",a > b < c);
                                  /* 先计算 a > b,值是 0,再比较 0 和 c 的大小 */
}
```

从上面的关系表达式可见,在计算关系表达式的值时,有运算符的优先级问题。C 语言的关系运算符的优先级规定如下:

(1) "<"、"<="、">"和">="是同一级;"=="和"!="是同一级,且前者优先级高于后者。

(2) 关系运算符的优先级低于算术运算符。

(3) 关系运算符的优先级高于赋值运算符。

(4) 关系运算符的结合方向为从左到右。

3.3.3 逻辑运算符与逻辑表达式

逻辑运算是对能够判断真假的对象进行逻辑或(简称或)、逻辑与(简称与)、逻辑非(简称非)的运算,其运算结果是逻辑值:"真"或"假"。习惯上"真"用数 1 表示,"假"用数 0 表示。

C 语言没有逻辑类型数据,参加逻辑运算的表达式的真假是根据表达式的值是否为 0 进行确定,即表达式值非 0 为真,表达式值是 0 为假。运算结果的值是真为 1,假为 0。由此可见,C 语言的逻辑运算用数值代表逻辑值是符合逻辑运算的习惯的。

1. 逻辑运算符

C 语言使用三个逻辑运算符:!(逻辑非)、&&(逻辑与)、||(逻辑或)。逻辑非"!"是一元运算符。操作对象表达式的值非 0,运算结果为 0;操作对象表达式的值为 0,运算结果为 1。逻辑与"&&"是双目运算,其运算是只有当参加逻辑与运算的两个表达式的值均为非 0(逻辑真)时,结果才为真。逻辑或"||"也是双目运算,其运算是当参加运算的两个表达式的值只要有一个为非 0(逻辑真),结果就为 1。

【例 3.16】

```
main()
{
    printf("!5:%d\n",!5);              /*值:0,因为!5为假*/
    printf("5&&8:%d\n",5&&8);          /*值:1,因为5和8都为真。*/
    printf("5||8:%d\n",5||8);          /*值:1,因为5为真*/
}
```

2. 逻辑表达式

用逻辑运算符将表达式连接起来就构成了逻辑表达式。一个逻辑表达式表示了一个判断条件。

【例 3.17】

```
main()
{
    printf("!(5<8):%d\n",!(5<8));                    /*值:0,因为!(5<8)为假*/
    printf("(5<8)&&(5<0):%d\n",(5<8)&&(5<0));        /*值:0,因为5<0为假*/
    printf("(5>8)||(5<0):%d\n",(5>8)||(5<0));
                                /*值:0,因为5>8为假,5<0的值也是假*/
    printf("!5+3&&8>3:%d\n",!5+3&&8>3);
                    /*值:1,!的优先级高于算术运算符和关系运算符以及高于&&和||*/
}
```

C 语言逻辑运算符的优先级规定如下:

(1) 逻辑运算符的优先级顺序为:! 高于 &&,&& 高于||。

(2) ! 高于算术运算符。&&,||低于关系运算符。例如,逻辑表达式!5+3&&8>3 的计算顺序为:①计算!5;②计算!5+3;③计算 8>3;④计算!5+3&&8>3。

(3) 逻辑运算符的结合方向为从左向右。例如,x||y||z 等价于(x||y)||z。

C 语言的逻辑表达式在计算时应注意以下几点:

(1) C 语言系统将 0 作为假,而一切非 0 值都为真。所以当一个关系表达式或者逻辑表达式为假时,它的值为 0,否则为 1。

(2) 在计算由多个 && 连接的逻辑表达式时,若遇到左边的操作数为假,则停止计算。因为根据前面的操作数已经可以判断此表达式为假。例如,变量 a、b 的初始值分别为 0 和 1,当计算表达式(3>5)&&(a=3)&&(b=5)时,虽然有赋值表达式 a=3 和 b=5,但是表达式计算之后 a、b 的值仍然为 0 和 1,而不是 3 和 5。因为在计算表达式时,根据 3>5 的值为 0,已经可以判断表达式的结果为假,a=3 和 b=5 根本没有执行。

(3) 在计算由多个||连接的逻辑表达式时,若遇到左边的表达式值为真(非 0),则停止计算。因为根据前面的值已经可以判断此表达式为真。例如,变量 a、b 的初始值分别为 0 和 1,当计算表达式(5>3)||(a=3)||(b=5)时,虽然有赋值表达式 a=3 和 b=5,但是 a、b 的值仍然为 0 和 1,而不是 3 和 5。因为在计算表达式时,根据 5>3 已经可以判断表达式的结果为真,a=3 和 b=5 根本没有执行。

(4) 使用时要注意一般的数学表达式与 C 语言的表达式在形式和意义上的差异。例如,数学表达式"1≤a≤10"的意义是 $a \geqslant 1$ 并且 $a \leqslant 10$,转换为 C 语言逻辑表达式应为

"a>=0&&a<=10"。在编程时要正确使用逻辑表达式和关系表达式来表达不等式关系，否则容易出错。

3.3.4　位操作运算符

前面介绍的各种运算都是以字节作为最基本位进行的。但在很多系统程序中常要求在位(bit)一级进行运算或处理。C 语言提供了位运算的功能，这使得 C 语言也能像汇编语言一样用来编写系统程序。

C 语言提供了 6 种位运算符：&(按位与)、|(按位或)、^(按位异或)、~(取反)、<<(左移)、>>(右移)。

(1) 按位与运算符"&"是双目运算符。其功能是参与运算的两数各对应的二进位相与。只有对应的两个二进位均为 1 时，结果位才为 1，否则为 0。参与运算的数以补码方式出现，关于补码的运算详见附录 A。按位与运算通常用来对某些位清零或保留某些位。例如把 a 的高 4 位清零，保留低 4 位，可作 a&0x0F 运算(0x0F 的二进制数为 00001111)。

(2) 按位或运算符"|"是双目运算符。其功能是参与运算的两数各对应的二进位相或。只要对应的两个二进位有一个为 1 时，结果位就为 1。参与运算的两个数均以补码方式出现。

(3) 按位异或运算符"^"是双目运算符。其功能是参与运算的两数各对应的二进位相异或，当两对应的二进位相异时，结果为 1。参与运算的数仍以补码方式出现。

(4) 求反运算符"~"为单目运算符，具有右结合性。其功能是对参与运算的数的各二进位按位求反。

(5) 左移运算符"<<"是双目运算符。其功能是把"<<"左边的运算数的各二进位全部左移若干位，由"<<"右边的数指定移动的位数，高位丢弃，低位补 0。

(6) 右移运算符">>"是双目运算符。其功能是把">>"左边的运算数的各二进位全部右移若干位，">>"右边的数指定移动的位数。应该说明的是，对于有符号数，在右移时符号位将随同移动。当为正数时最高位补 0，而为负数时符号位为 1，最高位是补 0 或补 1 取决于编译系统的规定。

【例 3.18】

```
main()
{
    char a = 0x09,b = 0x05,c = 0xFE,d = 0x7F,e = 0xBF;
    printf("a&b = % d\n",a&b);      /* 0x09 的二进制补码为 00001001,0x05 的二进制补码为
00000101 ,按位与结果为 00000001 (1 的二进制补码),可见 0x09&0x05 = 1 */
    printf("a|b = % d\n",a|b);      /* 00001001|00000101 = 00001101(十进制为 13) */
    printf("a^b = % d\n",a^b);      /* 00001001 ^ 00000101 = 00001100 (十进制为 12) */
    printf("~a = % d\n",~a);        /* ~(00001001) = 11110110(十进制为 - 10) */
    printf("c << 1 = % d\n",c << 1);
                                    /* c = 11111110,左移 1 位后为 11111100(十进制为 - 4) */
    printf("d >> 1 = % d\n",d >> 1);
                                    /* d = 01111111,右移 1 位后为 00111111(十进制为 63) */
    printf("e >> 1 = % d\n",e >> 1);
                                    /* e = 10111111,右移 1 位后为 11011111(十进制为 - 33) */
}
```

3.3.5　赋值运算符与赋值表达式

1. 赋值运算符与赋值表达式

赋值运算符为"＝",其表达式的形式为

变量 = 表达式

它的作用是先计算赋值运算符右边表达式的值,再将该值赋给左边的变量。赋值表达式的值就是赋值号左边变量的值(表达式值的类型与左边变量的类型一致)。赋值运算符具有右结合性。

【例 3.19】

```
main()
{
    int a, b;
    a = 5;              /* 把 5 赋给变量 a,表达式的值是 5 */
    b = (a + 3) * 9.0;  /* 将赋值号右边算术表达式计算的结果 72.0 赋给变量 b,表达式的值是整
                           数 72 */
    printf(" % d\n",b);
}
```

赋值表达式右边的表达式可以是一个赋值表达式,如 x＝y＝a＋3 是合法的,它等价于表达式 x＝(y＝a＋3)。其作用是将 a＋3 的值赋给 y,再将 y 的值赋给 x。

赋值运算符的优先性仅高于逗号","运算符,低于其他运算符,它的结合方向是从右向左顺序结合。需要注意的是,连续的赋值表达式除最右边的表达式外,其他各赋值号左边必须是一个变量,不能是其他表达式。例如 x＝y＝w＝a＊3,其语意是将 a＊3 表达式的值依次赋给 w、y 和 x,如果表达式是 x＝y＋2＝w＝a＋3,系统将报错。

2. 复合赋值运算符

复合赋值运算符是由赋值号"＝"前加一个其他运算符来构成的。例如,在"＝"前加一个"＋",构成了复合赋值运算符"＋＝"。C 语言提供的复合赋值运算符有 10 个,它们是＋＝、－＝、＊＝、/＝、％＝(与算术运算符组合)、&＝、^＝、|＝(与逻辑运算符组合)、<<＝、>>＝(与位移运算符组合)。

复合赋值运算符的功能是将运算符右边的表达式的值与运算符左边的变量进行"＝"号前运算符的运算后赋给左边的变量。复合赋值运算表达式的一般格式为

变量 复合赋值运算符 表达式

复合赋值运算符的优先性和结合方向与赋值运算符一致,其表达式的值与数据类型与运算符左边变量一致。

【例 3.20】

```
main()
{
    char x = 5,y = 1 ;
```

　　x += x-= x*x ;/* 先计算 x-= x*x,有 x= x-x*x,即 5-25= -20.再进行 x += x 计算,这时 x
的值已修改成 -20,所以表达式 x += x 的值为 x= -20+(-20),即 -40 */
　　y^= y << = 1 ;/* 先计算 y << = 1, y= 00000001,左移 1 位后为 00000010.再计算 y^= y,
00000010^00000010= 00000000(十进制为 0),最后表达式的值为 0 */
　　printf("x= %d\ny= %d\n",x,y) ;
}

复合赋值符这种写法对初学者可能不习惯,但十分有利于编译处理,能提高编译效率并
产生质量较高的目标代码。

3.3.6　条件运算符

条件运算符为"?:"是 C 语言中唯一的一个三目运算符,其表达式由三个操作数组成。
条件运算语法格式为

表达式1?　表达式 2:　　表达式 3

表达式的作用与计算顺序为：先计算表达式 1 的值,当值非 0(表示为真)时,求解表达
式 2,且整个条件表达式的值为表达式 2 的值；当表达式 1 的值为 0(表示为假)时,求解表
达式 3,且整个条件表达式的值为表达式 3 的值。条件表达式通常用于赋值语句之中。例
如,表达式 max=(a>b)? a:b。当 a>b 时,表达式 a>b 为真,max 的值就是 a；当 a≤b
时,表达式 a>b 为假,max 的值就是 b。

使用条件表达式时,还应注意以下几点：
(1) 条件运算符的运算优先级低于关系运算符和算术运算符,但高于赋值运算符。因
此 max=(a>b)? a:b 可以去掉括号而写为 max=a>b? a:b。
(2) 条件运算符"?"和":"是一对运算符,不能分开单独使用。
(3) 条件运算符的结合方向是自右至左。

3.3.7　逗号运算符和求字节数运算符

1. 逗号运算符

逗号运算符为",",其表达式就是用逗号把若干个表达式连接起来组成的一个式子。语
法格式为

表达式 1,表达式 2,…,表达式 n

其运算过程为：分别求表达式 1、表达式 2、…、表达式 n 的值,并以最后一个表达式 n
的值作为整个逗号表达式的值。逗号运算符的优先级是最低的,结合方向为从左向右。

例如,a=1,b=2,c=3,x=a+b,y=b*c 是一个逗号表达式,其值就是最右边的 y=
b*c 的值,即 6。程序中使用逗号表达式,通常是要分别求逗号表达式内各表达式的值,并
不一定要求整个逗号表达式的值。逗号表达式常用于变量的定义列表、函数的参数列表
等中。

2. 求字节数运算符

求字节数运算符为"sizeof",其功能是求一个变量或某种数据类型占用存储空间的字节

数,结果为整型数。其表达式的语法格式有两种:

> sizeof 变量名　或　sizeof(类型名或变量名)

【例 3. 21】

```
main()
{
    char a;
    float b;
    printf("sizeof a = % d\n",sizeof a );          /* sizeof a 的值为 1 */
    printf("sizeof(b) = % d\n", sizeof(b));         /* sizeof(b)的值为 4 */
    printf("sizeof(float) = % d\n", sizeof(float)); /* sizeof(float)的值为 4 */
}
```

3.3.8　指针运算符

指针是 C 语言中广泛使用的一种数据类型。运用指针编程是 C 语言最主要的风格之一。利用指针变量可以表示各种数据结构;能很方便地使用数组和字符串;并能像汇编语言一样处理内存地址,从而编出精练而高效的程序。指针极大地丰富了 C 语言的功能。

在计算机中,所有的数据都是存放在存储器中的。一般把存储器中的一个字节称为一个内存单元,不同的数据类型所占用的内存单元数不等,如整型量占 2 个单元,字符量占 1 个单元等。为了正确地访问这些内存单元,必须为每个内存单元编上号。根据一个内存单元的编号即可准确地找到该内存单元。内存单元的编号也称为地址。既然根据内存单元的编号或地址就可以找到所需的内存单元,所以通常也把这个地址称为指针。内存单元的指针和内存单元的内容是两个不同的概念。假设有如下变量定义:

```
char  ch;
int   i,j;
float x;
```

则给变量 ch 分配 1 个字节的存储空间,给变量 i、j 各分配 2 个字节的存储空间,给变量 x 分配 4 个字节的存储空间,空间分配情况如图 3-3 所示。图中变量 ch 的地址是 1000,变量 i 的地址是 1001,变量 j 的地址是 1003,变量 x 的地址是 1005。

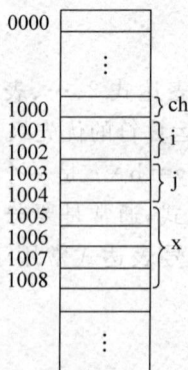

图 3-3　存储空间分配示意图

在前面的 C 程序中,对数据的使用都是直接通过变量名来使用人们所需要的数据的,这种方法称为直接访问变量。事实上,每一个变量名都与内存中的一个存储单元相对应,具体变量的存储单元在内存的什么地方(即变量的地址),变量名是如何建立与存储单元之间的对应关系的,这些细节由 C 语言的编译系统来完成,编程人员不需要考虑。但地址是一个变量的重要信息,知道了一个变量的地址,就可以按照地址所指明的内存位置访问该变量。这就如同知道了某人居住的房间号(地址)一样,可以按照房间号找到所要找的人。所以,地址就好比一个指针一样,指向了一个变量的存储单元在内存中的具体位置。

所谓指针即是地址。一个变量的地址也就是指向该变量的指针。由于定义变量后,程序经过编译、链接之后,进入内存进行运行时,我们并不知道操作系统如何为这个程序分配它运行所需要的存储空间,以及相关变量的具体存放位置(地址)。为了能够获得变量的地址和通过地址访问变量,C 语言引进了指针的概念和指针变量,提供了取地址符和指针运算符。

1. 指针变量的定义与初始化

通过定义存放地址的指针变量,将变量的地址存放于指针变量中,然后通过指针变量访问指针所指的变量(存储单元),这种访问方式称为间接访问。

指针变量仍遵循先定义后使用的原则。指针变量定义的方法与前面所介绍的变量定义方法相似,其定义语法格式为

类型标识符　*变量名,[*变量名,…];

例如:

```
int * pl, * p2;              /*定义两个指向整型变量的指针变量*/
char * chp;                  /*定义一个指向字符变量的指针变量*/
float * px, * py;            /*定义两个指向 float 型变量的指针变量*/
double * pz ;                /*定义一个指向 double 型变量的指针变量*/
```

指针变量中存放的是地址。定义格式中“*”是定义指针变量的标志符号,标明其后的变量名是指针变量。如上面的定义中,p1 是指针变量,而不要认为 * p1 是指针变量。类型标识符用来说明指针变量中存放的是哪种类型变量的地址。虽然在不加特别说明的情况下,指针变量本身的存储单元都是 2 个字节,但是随指针变量的类型标识符不同,其中存放的地址含义是不同的。因为不同类型变量的存储单元的大小不同,而存储单元的地址只是首字节的地址,所以要准确访问一个变量的存储单元,必须既知道变量的地址,又要知道存储单元的大小。因此,指针变量定义时类型标识符不可缺少,一个指针变量只能指向同类型的变量,如 px 只能指向浮点变量,不能时而指向一个浮点变量,时而指向一个字符变量。

2. 取地址运算符与指针运算符

(1) 取地址运算。获取一个变量的地址的运算符为“&”,其语法格式是

& 变量名

例如,有如下定义:

```
int x,y;                              /* 定义 x、y 两个整型变量 */
```

&x,&y 分别表示变量 x、y 的地址。

（2）指针运算（指向运算）。指针运算符为"＊"，其作用是获得指针（地址）所指（在）存储单元中的值，即指针所指向的对象，其语法格式是

＊指针（变量）

例如，上面已有 &x,&y 分别表示变量 x、y 的地址，即 &x,&y 是分别指向变量 x、y 的指针。＊(&x)是指针 &x 所指向的存储单元中的值，即变量 x；＊(&y)是指针 &y 所指向的存储单元中的值，即变量 y。

通过指针变量取地址运算和指针运算，可以方便地实现变量的间接访问。两种运算优先级相同，结合方向是自右向左。

【例 3.22】

```
main()
{
    int x = 20, * p = &x;              /* 定义变量 x,指针变量 p,并初始化 */
    printf("x = % d\n",x) ;            /* 输出变量 x */
    printf ("* p = % d", * p);         /* 输出指针 p 所指向的对象,即变量 x */
}
```

注意：两种运算符各自的操作对象是不同的，使用时不可混淆。变量 x、指针变量 p、x 的地址 &x 和 ＊p 所代表的对象之间的关系如图 3-4 所示。

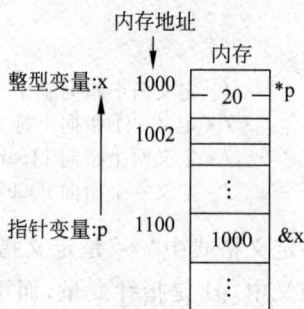

图 3-4 x、p、&x、＊p 之间的关系示意图

第 **4** 章 程序的控制结构

从程序流程的角度来看,程序可以分为三种基本结构,即顺序结构、分支结构、循环结构。这三种基本结构可以组成所有的各种复杂程序。C 语言提供了多种语句来实现这些程序结构。本章介绍 C 语言中实现各种控制结构的语句的语法、流程及相应的程序设计。

4.1 C 程序的语句

4.1.1 C 程序的语句类型

C 程序的执行部分是由语句组成的。程序的功能也是由执行语句实现的。C 程序语句可分为以下五类,下面分别予以介绍。

1. 表达式语句

表达式语句由表达式加上分号";"组成。其语法格式为

表达式;

执行表达式语句就是计算表达式的值。例如:

```
x = 2 * y;                  /*计算表达式 2 * y 的值赋给 x */
i++;                        /*将变量 i 加 1 后再赋给变量 i */
```

2. 函数调用语句

函数调用语句由函数名、实际参数加上分号";"组成。其语法格式为

函数名(实际参数表);

执行函数调用语句就是调用函数体并把实际参数赋予函数定义中的形式参数,然后执行被调函数体中的语句。例如:

```
printf("hello!");           /*调用输出函数,向屏幕输出"hello!" */
scanf("%d",&k);             /*调用输入函数,将键盘输入的数据存放到变量 k 中 */
```

```
printf("%d,%d,%d",i,j,k); /*调用输出函数,向屏幕输出变量 i、j、k 的值*/
```

调用函数不仅可以调用由系统提供的库函数,也可以调用用户编写的函数。事实上,系统在调用函数时需要知道有关函数的许多信息,如函数放在什么地方的信息,这正是调用库函数时要在程序中包含相应的头文件的原因。例如,在程序中使用标准的输入/输出函数时,要在程序的开始写上#include<stdio.h>,它的意思是告诉系统有关标准输入/输出函数的调用信息在包含头文件 stdio.h 中。再如,使用数学函数要写上#include<math.h>。

3. 流程控制语句

流程控制语句用于实现程序的各种逻辑结构,控制程序的执行流程。C 语言有 9 种流程控制语句,可分成以下 3 类:

(1) 条件判断语句。用于实现选择结构,有 if 语句、switch 语句。

(2) 循环控制语句。用于实现循环结构,有 do while 语句、while 语句和 for 语句。

(3) 跳转语句。用于实现跳转,有 break 语句、goto 语句、continue 语句和 return 语句。

4. 复合语句

把多个语句用一对花括号"{ }"括起来组成的一个程序块称为复合语句。其作用是告诉系统花括号所括起来部分是一个执行单位,如同一条语句。例如:

```
{
    b=3;
    a=b+2;
    printf("%d",a);
}
```

这是一条复合语句。此复合语句由三条简单语句组成,但应把它们当作一条语句处理。复合语句内的各条语句都必须以分号";"结尾,在括号"}"外不用再加分号。

5. 空语句

只有一个分号组成的语句称为空语句。其一般形式为

;

空语句是什么也不执行的语句,通常在循环语句中构成空循环。

C 语言在程序的书写格式上没有太严格的限制,一条语句可以写在多行,一行也可以书写多条语句。但这并不意味着程序想怎么写就怎么写,还是要本着便于阅读理解的原则去书写。

4.1.2　数据输入与输出语句

在 C 语言中,所有的数据输入/输出都是由库函数完成的,因此都是函数语句。本小节将介绍 putchar 函数和 getchar 函数、printf 函数和 scanf 函数,它们称为格式输入与输出函数,其关键字最末一个字母 f 即为"格式"(format)之意。putchar 函数是字符输出函数,其功能是在显示器上输出单个字符。getchar 函数的功能是从键盘上输入一个字符。printf

函数的功能是按用户指定的格式把指定的数据显示到显示器屏幕上。scanf 函数称为格式输入函数,即按用户指定的格式从键盘上把数据输入到指定的变量之中。在前面的例题中已多次使用这些函数。

1. 字符数据的输入／输出函数

(1) 字符输出函数。

函数原型：int putchar(int)。

函数功能：向标准输出设备(显示器)输出由参数指定的字符,并返回字符的 ASCII 编码值。参数可以是字符常量、变量或整型数。例如：

```
putchar('A');                /* 输出大写字母 A */
putchar(x);                  /* 输出字符变量 x 的值 */
putchar('\101');             /* \101 是字符 A 的转义表示,所以也是输出字符 A */
putchar(65);                 /* 因为 65 是字符 A 的 ASCII 码,所以也是输出字符 A */
putchar('\n');               /* 换行 */
```

对于控制字符的输出,表示要实现一个屏幕控制功能,屏幕上没有字符显示。

(2) 字符输入函数。

函数原型：int getchar(void)。

函数功能：要求从标准输入设备(键盘)输入一个字符。它每被调用一次,就从标准输入设备上读取一个字符。返回值是该字符的 ASCII 编码值,可以赋给字符变量或整型变量。

【例 4.1】 输入单个字符。

```
#include < stdio.h>
main( )
{
    char ch;
    ch = getchar();
    putchar(ch);
}
```

此程序首先定义字符变量 ch,然后通过调用 getchar 函数输入一个字符,并赋值给字符变量 ch,最后通过调用 putchar 函数输出该字符。当执行"ch=getchar();"时,系统会处于等待用户从键盘输入一个字符的状态,输入字符并回车后,系统才继续往下执行。

在使用 getchar 函数时要注意回车键的使用：执行 getchar()输入字符后要回车,否则程序无法继续执行;"回车"本身也是一个字符,因此在输入数据时要注意回车符的使用,特别是连续输入两个字符时。

getchar 函数只能接收单个字符,输入数字也按字符处理。输入多于一个字符时,只接收第一个字符。由于 getchar 函数的返回值为输入字符的 ASCII 编码值,所以 getchar 函数的返回值也可以赋给一个整型变量。另外,getchar 函数的返回值也可以不赋值给任何变量,而直接作为表达式的一部分。形如 putchar(getchar())嵌套式函数调用以后会经常见到。

2. 格式化输入／输出函数

(1) 格式化输出函数 printf( )。printf( )函数使用的一般形式为

```
printf("格式控制字符串",输出项列表);
```

函数功能:按格式控制字符串规定的格式,向标准输出设备(显示器)输出在输出项列表中列出的各项的值。

输出项列表中各项是表达式,各项之间用逗号","分隔。各项的表达式会先计算表达式的值,再输出。

格式控制字符串用来描述输出数据的格式,必须用双引号括起。它由普通字符、转义字符和格式说明三部分组成。普通字符在输出时按原样输出,主要用于输出提示信息。转义字符指明对屏幕的控制操作,如\n 表示光标换行,\t 表示光标到下一个水平制表等。格式说明的一般形式为

%[修饰符]格式字符

其中,"%"为一个输出项的格式描述引导符;方括号中的"修饰符"为可选部分;格式字符规定了对应输出项值的输出类型及形式,不可缺少。格式控制字符串中可以描述多个输出项的格式,输出项列表中的每个输出项按顺序对应一个"%"引导格式说明。格式字符及意义如表 4-1 所示。例如:

```
printf("i=%d,j=%o,%c\n",i,j,65);
```

其中,格式字符"i=%d,j=%o,%c\n"中,"i=""""j="均为普通字符,原样输出;"\n"为转义字符,表示在输出完规定的各项后,将光标换行到下一行;%d 表示将对应的输出项 i 的值按十进制整数输出;%o 表示将对应的输出项 j 的值按八进制整数输出;%c 表示将对应的输出项 65 的值按字符输出,即输出一个字符 A。

表 4-1　printf 格式字符及意义

格式字符	意　　义
d	以十进制形式输出带符号整数
o	以八进制形式输出无符号整数
x(或 X)	以十六进制形式输出无符号整数
u	以十进制形式输出无符号整数
f	以小数形式输出单、双精度实数
e(或 E)	以指数形式输出单、双精度实数
g(或 G)	以%f 或%e 中较短的输出宽度输出单、双精度实数
c	输出单个字符
s	输出字符串

修饰符形式为

[标志][输出最小宽度][.精度][长度]

其中方括号[]中的项为可选项。各项的意义介绍如下。

① 标志:标志字符为一、+、#、空格 4 种,其意义如表 4-2 所示。

表 4-2　标志字符及意义

标志	意　　义
一	结果左对齐,右边填空格
＋	输出符号(正号或负号)
空格	输出值为正时冠以空格,为负时冠以负号
＃	对 c、s、d、u 类无影响;对 o 类,在输出时加前缀 o;对 x 类,在输出时加前缀 Ox;对 e、g、f 类,当结果有小数时才给出小数点

②　输出最小宽度:用十进制整数来表示输出的最少位数。若实际位数多于定义的宽度,则按实际位数输出;若实际位数少于定义的宽度,则补以空格或 0。

③　精度:精度格式符以"."开头,后跟十进制整数。本项的意义是如果输出数字,则表示小数的位数;如果输出的是字符,则表示输出字符的个数;若实际位数大于所定义的精度数,则截去超过的部分。

④　长度:长度格式符为 h、l 两种,h 表示按短整型量输出,l 表示按长整型量输出。

【例 4.2】

```
# include < stdio.h >
main( )
{
    int a = 15;
    unsigned long b = 3000000000;
    float c = 123.1234567;
    char d = 'p';
    printf("a = %d, %5d, %o, %x\n",a,a,a,a);  /* 分别以十进制、八进制、十六进制输出 a */
    printf("b = %d, %u\n",b,b);               /* 分别以带符号整数和无符号整数形式输出 b */
    printf("c = %f, %3.4f, %e\n",c,c,c);      /* 分别以小数和指数形式输出 c */
    printf("d = %c, %8c\n",d,d);              /* 以指定宽度输出 d */
}
```

本例中首先以四种格式输出整型变量 a 的值,其中"%5d"要求输出宽度为 5,而 a 值为 15 只有两位故补三个空格。接着输出无符号长整型数 3000000000,它超过了格式"%d"的表示范围,所以实际输出为负数,以"%u"格式则可以输出原值。然后以三种格式输出实型量 c 的值,"%3.4f"指定输出宽度至少为 3,精度为 4,由于实际长度超过 3,故应该按实际位数输出,小数位数超过 4 位部分被截去。最后输出字符量 d,其中"%8c"指定输出宽度为 8,故在输出字符 p 之前补加 7 个空格。

(2)　格式化输入函数 scanf( )。scanf( )函数使用的一般形式为

scanf("格式控制字符串",地址列表);

函数功能:按格式控制字符串指定的格式从键盘上输入数据到指定的变量之中。

格式控制字符串描述键盘输入的数据项在屏幕上回显的格式,一般形式为

%[*][输入数据宽度][长度]格式字符

其中,有方括号[]的项为任选项;"%"是一个输入数据项的格式描述引导符,地址列表中的每一个地址对应一个"%"引导的格式描述。其各项的意义如下。

① 格式字符：表示输入数据的类型，其格式字符和意义与 printf 函数的格式字符类似，如表 4-3 所示。

表 4-3　scanf( )格式字符及意义

标　志	字　符　意　义
d	输入十进制整数
o	输入八进制整数
x	输入十六进制整数
u	输入无符号十进制整数
f 或 e	输入实型数（用小数形式或指数形式）
c	输入单个字符
s	输入字符串

② "*"符：用以表示该输入项读入后不赋予相应的变量，即跳过该输入值。例如：

scanf("%d%*d%d",&a,&b);

当输入 123 后，把 1 赋予 a，2 被跳过，3 赋予 b。

③ 宽度：用十进制整数指定输入的宽度（即字符数），当输入数据的宽度小于指定宽度时，将数据存入指定的变量；当输入数据的长度大于指定宽度时，按指定宽度截取后存入指定变量。例如：

scanf("%4d",&b);

输入 123，把 123 直接存入变量 b；输入 12345678，只把输入的前 4 位 1234 赋予变量 b，此时 b=1234。

④ 长度：长度格式字符为 l 和 h，l 表示输入长整型数据（如%ld）和双精度浮点数（如%lf），h 表示输入短整型数据。

使用 scanf 函数应注意以下几点：

① scanf( )的格式控制字符串中的字符都是要求由用户来输入的。例如：

scanf("x=%d",&x);

其中，"x="原样输入；"%d"由用户输入的一个十进制整数来替换。输入的这个十进制整数即为变量 x 的值。

② 参数的第二部分的地址列表中的变量前面必须要加上取地址符号 &，且不能是表达式。

③ 执行 scanf( )输入数据时，在两个数据之间允许以一个或多个空格间隔，也可以用回车键、tab 键分隔。C 编译在碰到空格、TAB、回车或非法数据（如对"%d"输入"12A"时，A 即为非法数据）时即认为该数据结束。为了避免出错，严格按照 scanf( )的格式控制字符串中的格式来输入数据。例如：

scanf("%d,%d,%d",&a,&b,&c);　　　　　　　　/*输入时格式应为 1,2,3,否则会出错*/

④ 如果输入时数据类型发生变化，系统会在变化处自动作输入数据项的分隔，将对应的数据存入下一个对应的变量；不匹配则停止处理，返回 0。例如：

```
int  x;  char  ch;
scanf("%d%c",&x,&ch);
```

输入 123A,系统会自动将 123 存入变量 x,将字符 A 存入变量 ch。

⑤ 使用 scanf 函数输入实数时不允许规定精度。例如:

```
scanf("x=%3.4f",&x);                    /*错误*/
```

4.2　顺序结构

　　程序语句的执行顺序与书写顺序不一定相同。程序中的每一条语句在程序执行中也不是每次都会被执行。程序的执行顺序由控制结构来确定。顺序结构是程序控制结构中最简单的结构。其特点是程序的执行顺序与程序的书写顺序一致,即按照程序语句的书写顺序,依次执行程序的每一条语句。顺序结构程序流程图如图 4-1 所示。

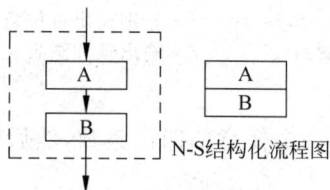

图 4-1　顺序结构程序流程图

　　顺序结构程序设计实际上就是按问题求解步骤依次书写执行特定图功能的语句。其步骤为:书写包含文件或宏定义(包含文件和宏定义的使用将在后面章节给予详细介绍);定义变量;通过赋值语句或者输入函数对变量赋初值;对变量按一定的规则进行处理;用输出函数输出结果。

　　【例 4.3】　从键盘输入一个 a～z 的任意小写字母,转化为相应的大写字母输出在屏幕上。

　　问题分析:字母在计算机中用 ASCII 码表示,大、小写字母的 ASCII 码值之间相差 32,即大写字母 ASCII 码值=小写字母 ASCII 码值-32。因此,大、小写字母之间的转换就是字母的 ASCII 码值加或减 32。按照顺序结构程序设计的方法,首先输入一个小写字母,然后转化为大写字母,最后输出结果。

　　具体程序如下:

```
#include<stdio.h>
main()
{
    char c1,c2;                    /*定义两个字符变量*/
    printf("Input a small letter: ");    /*输出提示输入小写字母信息*/
    c1=getchar();                 /*输入一个字符,赋值给变量 c1*/
    c2=c1-32;                     /*小写字母的 ASCII 码值比大写字母的大 32*/
    printf("%c\n",c2);            /*输出对应的大写字母*/
}
```

思考：将上面程序改成①输入大写字母，输出小写字母；②输入数值 0,1,2,3,4,5,6.7,8,9，输出字符 0,2,3,4,5,6,7,8,9。

【例 4.4】 从键盘输入一个 100～999 的任意整数，然后输出它的百位数、十位数和个位数之和。

问题分析：按照顺序结构程序设计的方法，首先输入一个三位数，然后利用算术运算符分别求出个位数、十位数和百位数，并求和，最后输出结果。

```
main()
{
    int iNum;
    int ig,is,ib,iSum;
    printf("please input a integer (100 - 999):");
    scanf("%d",&iNum);
    ig = iNum % 10;              /* 求个位数 */
    is = iNum/10 % 10;           /* 求十位数 */
    ib = iNum/100;               /* 求百位数 */
    iSum = ig + is + ib;         /* 求和 */
    printf("%d\t%d\t%d\n",ib,is,ig); /* 分别输出百位数、十位数和个位数 */
    printf("the sum is:%d",iSum);    /* 输出求和结果 */
}
```

思考：将上面程序改成输入一个任意的四位整数，然后输出它的千位数、百位数、十位数和个位数之和。

4.3 选择结构

选择的前提是判断，判断是根据条件作出的。在 C 语言中，条件的表达主要是通过关系表达式和逻辑表达式来实现的。

4.3.1 if 语句

结构化程序设计的目的是提高程序的可阅读性。现已证明，通过顺序、选择、循环三种基本控制结构，可以实现所有的程序。选择结构是根据给定的条件是否满足来决定要执行的分支部分。选择结构流程图如图 4-2 所示。在 C 语言中，可以通过 if 语句或 switch 语句来实现选择结构程序设计。

if 语句是根据给定条件是否满足（即真或假）来决定从给出的两种操作中选择其一。C 语言中 if 语句有单分支选择、双分支选择和多分支选择三种形式。

1. 单分支选择语句

单分支选择语句的一般形式为

if(表达式)语句

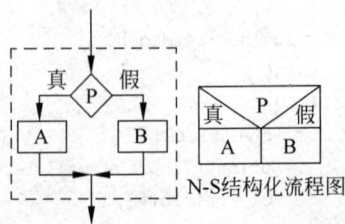

图 4-2 选择结构流程图

语句的功能：首先计算表达式的值，如果表达式的值非 0（为真），则执行其分支语句，之后执行后继语句；否则直接执行后继语句。单分支结构流程图如图 4-3 所示。

【例 4.5】　求给定数的绝对值。

问题分析：由于所输入的数事先无法知道是正还是负，所以要对其进行判断。在数据输入后，不管 x 是正数还是负数，首先赋值给变量 y，然后对 x 的值进行判断。当 x＜0 时，执行语句 y＝-x；改变变量 y 的值；为假时，变量 y 的值保持不变。最后输出 y 的值。

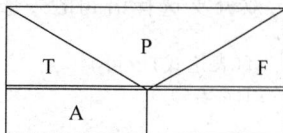

图 4-3　单分支结构流程图

具体程序如下：

```
#include<stdio.h>
main( )
{
    int x,y;
    scanf("%d",&x);
    y=x;
    if(x<0) y=-x;                /* if分支语句 */
    printf("y=%d\n",y);          /* if后继语句 */
}
```

思考：试利用条件运算符"？："实现上面同样的功能，程序调整后试画出新的 N-S 结构化流程图。

【例 4.6】　若 a 小于 b，那么交换 a 和 b 的值，否则不变。

问题分析：这个问题的算法比较简单。对输入的两个数进行比较，如果 a＜b，就交换 a、b 两个变量的值，之后输出，否则就直接输出。问题的关键是如何实现两个变量值的交换。这里引入了一个中间变量 t。不能通过 a＝b；b＝a；直接来对 a、b 进行交换。因为当执行了 a＝b；后 a 的值就改变为 b 的值了，再执行 b＝a；那么 b 将不能得到 a 原来的值。此时 a、b 的值相等，都等于 b 的值。

具体程序如下：

```
#include<stdio.h>
main( )
{
    int a,b,t;
    printf("please input a and b: ");    /* 提示信息语句 */
    scanf("%d,%d",&a,&b);                 /* 输入a、b的值 */
    if(a<b)                               /* 判断a、b的大小 */
    {t=a;a=b;b=t;}                        /* 这是一个复合语句,实现a、b值的交换 */
    printf("a=%d,b=%d\n",a,b);            /* 输出交换后a、b的值 */
}
```

思考：如果不引入中间变量，如何实现两个变量值的交换？并比较这两种做法的程序可读性哪一个更直观。

通过以上两个简单例子可以看到，所谓单分支本质上是两个分支，其中一个分支就是后继语句部分，另一个分支在执行之后也要回到后继语句继续往下执行。

2. 双分支选择语句

双分支选择语句的一般形式为

```
if(表达式)语句1
else 语句2
```

语句的功能：首先判断表达式的值，如果表达式的值非 0(为真)，则执行语句 1，否则执行语句 2。双分支选择结构流程图如图 4-4 所示。

【例 4.7】 求给定数的绝对值。

问题分析：同样是求给定数的绝对值，要用双分支选择结构来实现。首先对输入数进行判断。当 $x>0$ 时，执行语句 $y=s$；当 $x<0$ 时，执行语句 $y=-x$。然后输出 y 的值。

具体程序如下：

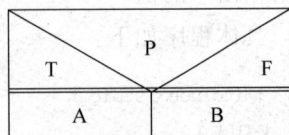

图 4-4　双分支选择结构流程图

```
# include < stdio. h >
main( )
{
    int x,y;
    scanf(" % d",&x);
    if(x>0) y = x;                /* if 分支语句 */
    else y = - x;                 /* else 分支语句 */
    printf("y = % d\n",y);        /* if 后继语句 */
}
```

3. 多分支选择语句

所谓多分支选择，就是有多种情况需要判断，根据判断的结果从多种情况中选择一个去执行。多分支选择语句的一般形式为

```
if(表达式 1)语句 1;
else if(表达式 2)语句 2;
    ⋮
else if(表达式 n)语句 n;
```

语句的功能：首先判断表达式 1 的值，如果表达式 1 的值为真(非零)，则执行语句 1，否则判断 else if 语句后面的表达式 2；如果表达式 2 的值为真(非 0)，则执行语句 2，依此类推，直到 else if(表达式 n)，当表达式 n 的值为真时，则执行相应的语句 n，否则执行最后一个 else 的语句 $n+1$。之后继续执行后续程序。简单地说，就是从 $n+1$ 种情况中选择一种执行。多分支选择结构流程图如图 4-5 所示。

图 4-5　多分支选择结构流程图

【例4.8】 根据百分制成绩分数段确定成绩等级。90~100分为A级,80~89分为B级,70~79分为C级,60~69分为D级,60分以下为F级。

问题分析:对于输入的一个成绩进行检测判断,它可能是以上五种情况中的一种,得出检测结果以后,就输出相应的等级字符。检测可以从低分向高分逐级检测,也可以从高分向低分逐级检测。具体程序如下:

```
# include<stdio.h>
main( )
{
    int score;
    printf("Please input a score: ");
    scanf("%d",&score);
    if(score<60)printf("%c",'F');
    else if(score<70)printf("%c",'D');
    else if(score<80)printf("%c",'C');
    else if(score<90)printf("%c",'B');
    elseprintf("%c",'A');
}
```

在逐级检测判断中表达式score<60为真,表明所输入成绩小于60分,为假说明分数是大于等于60分的;接下来检测成绩是否是60<=score<70,其判断表达式只需要写成score<70即可,不用写成score60>=&&score<70。同样的道理,之后的逐级检测是建立在之前已确定的结果之上的,检测判断表达式只需写成关系表达式。

使用if语句应注意以下问题:

(1) 表达式可以使用关系表达式或者逻辑表达式。但并不是只能是这两种表达式,实际上可以是任意的表达式,甚至为一个常量或变量。例如,设i的初值为1,那么"if(i=8)"和"if(i)"都是合法的表达式。

(2) 表达式必须用圆括号括起来,不能省略。

(3) 语句可以是单条语句,也可以是复合语句。如果为多条语句,则必须使用花括号将多条语句括起来构成复合语句。

4. if语句的嵌套

在上述3种if语句的形式中,当if(表达式)的分支或else后面的分支中还有使用if语句的情况时,就构成了if语句的嵌套结构。事实上,前面的if-else-if形式就是if语句的嵌套情况,它是在else分支上实现的嵌套。一般形式为

```
if(表达式1)
    if(表达式1.1)语句1.1
    else 语句1.2
else
    if(表达式2.1)语句2.1
    else 语句2.2
```

将前面多分支结构的if-else-if语句可以写成等价的嵌套形式。

```
if(表达式1)语句1;
```

```
else
    if(表达式 2)语句 2;
    else
     ⋮
    if(表达式 n)语句 n;
    else 语句 n;
```

使用 if 语句的嵌套应注意 if 与 else 的配对问题。一般情况下,系统在编译程序时作语法检查会把 else 与它前面最近的 if 相配对。在使用的过程中,如果嵌套的层次比较多或者为了使程序结构更清晰,最好在结构中使用"{}"来确定配对关系。

4.3.2　switch 语句

用 if 语句实现多分支选择需要通过 if 嵌套进行逐次判断来实现。在 C 语言中还有一个更为直接实现多分支结构的 switch 语句。它只通过计算一个表达式的值,然后根据表达式值决定选择哪一个分支来执行。switch 语句的一般形式为

```
switch(表达式)
{
    case 常量表达式 1:语句 1
    case 常量表达式 2:语句 2
     ⋮
    case 常量表达式 n:语句 n
    default:语句 n + 1
}
```

case 后面的语句可以是一条语句,也可以有多条语句,或用花括号括起来的复合语句,还可以是空语句。

case 语句的执行流程是首先计算 switch 后面的表达式的值,将计算所得到的值与各 case 后面的常量表达式的值比较,若有与表达式值相同的,就以此值所标识之处的分支作为执行的入口,执行该分支和其之后各分支程序;若没有与此值相同的,就执行 default 之后的语句。

【例 4.9】　将例 4.8 改写成用 switch 实现多分支选择。

```
# include < stdio. h>
main( )
{
    int score;
    printf("Please input a score: ");
    scanf(" % d",&score);
    switch(score/10)
    {
        case 10:
        case 9: printf(" % d: A\n",score);break;
        case 8: printf(" % d: B\n",score);break;
        case 7: printf(" % d: C\n",score);break;
        case 6: printf(" % d: D\n",score);break;
        default: printf(" % d:F\n",score);
```

```
        }
    }
```

在程序中,由于表达式 score/10 是两个整数的除法,所以输入的成绩 score 和 score/10 有如下对应关系:

score	score/10	成绩等级
≥90	10,9	A
80～89	8	B
70～79	7	C
60～69	6	D
0～59	5,4,3,2,1,0	F

所以,对输入的学生成绩 score,当成绩 score≥90 时就输出 A,当成绩 80≤scored<90 时就输出 B,当成绩 70≤score<80 时就输出 C,当成绩 60≤scored<70 时就输出 D,当成绩 score<60 时就输出 F。

程序中 break 语句的作用是执行了 case 的分支部分之后,就结束 switch 结构的执行,即不再执行之后的其他 case 和 default 的分支部分,直接去执行 switch 的后继语句。如果没有 break,即下面形式:

```
switch(score/10)
{
    case 10:
    case 9: printf("%d: A\n",score);
    case 8: printf("%d: B\n",score);
    case 7: printf("%d: C\n",score);
    case 6: printf("%d: D\n",score);
    default: printf("%d: E\n",score);
}
```

那么,当输入的 score 为 75 时,在 switch 结构中会以 case 7 为入口,执行语句 printf("%d：C\n",score);,之后程序将接着执行语句 case 6：printf("%d：D\n",score);和 default：printf("%d:E\n",score);,并且输出结果为

75: C
75: D
75: F

这并不是我们想要的结果。在 default 语句后面可以不加 break 语句。使用 break 语句可以跳出其所在的结构。有关 break 语句的详细使用情况将在后面予以介绍。

需要注意的是:

(1) switch(表达式)中的表达式的值域要包含各 case 之后的常量表达式值域,这样才能实现多分支的选择。另外,表达式的值的数据类型原则上没有限制,但要做到精确匹配,需要保证值的数据类型为整型或字符型。

(2) 各个 case 后常量表达式的值必须互不相同,否则会出现同一个值对应于多个入口。

(3) 当表达式的值与所有常量表达式的值都不相等时,执行"default:"后面的语句。

4.4 循环结构

在程序设计中,常会出现动作重复、计算结果不同的工作。循环结构就可以方便地实现这种动作重复的程序结构。它的特点是,在设定条件的控制下,反复执行某个程序段。设定的条件称为循环控制条件,反复执行的程序段称为循环体。

C 语言有 while、do-while 和 for 语句三种循环结构语句。前两个称为条件循环,即根据条件来决定是否继续循环;后一个称为计数循环,即根据设定的执行次数来执行循环。下面分别介绍三种循环语句以及使用循环语句实现的程序设计。

4.4.1 while 语句

While 循环也称为当循环,即当循环控制条件成立时,就执行循环体,一直到循环控制条件不成立,就结束循环体的执行,转而执行后继语句。while 语句的一般形式为

```
while(表达式)
    循环体语句
```

表达式为循环控制条件,当表达式的值为非零(满足循环条件)时就执行循环体语句,直到表达式的值为零,就退出循环。while 循环流程图如图 4-6 所示。

【例 4.10】 求解 1~100 整数之和并将结果存储在变量 sum 中。

问题分析:此问题是求数列 1,2,3,…,100 的前 100 项之和 1+2+3+…+100。首先初始化 sum=0,定义一个变量 i=1,然后重复地执行 sum=sum+i,每执行一次 i 增加 1,直到 i=100 执行最后一次为止。程序流程图如图 4-7 所示。

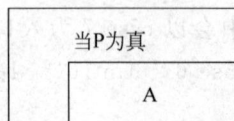

图 4-6 while 循环流程图

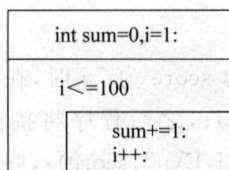

图 4-7 1+2+3+…+100 流程图

具体程序如下:

```c
# include < stdio. h >
main( )
{
    int i = 1, sum = 0;          /* 初始化变量 */
    while(i < = 100)             /* 循环控制条件 */
    {
        sum = sum + i;          /* 更新前 n 项和 sum */
        i++;
    }
    printf("sum = % d\n", sum);  /* 输出结果 */
}
```

这里的循环体是由两条语句构成的复合语句,要用花括号括起来。

【例 4.11】　输出数组中元素。

```
# include < stdio. h >
main( )
{
    char a[ ] = "zhangyachen";
    int i = 0;                    / * 定义 i 为数组的下标 * /
    while(i < sizeof(a))          / * 判断条件为 i <字符的长度 * /
    {
        putchar(a[i]);            / * 逐一输出数组元素 * /
        i++;
    }
}
```

使用 while 语句需要注意以下几点:

(1) while 语句的特点是首先计算表达式的值,然后根据表达式的值决定是否执行循环体中的语句。因此,如果表达式的值一开始就为“假”,那么循环体一次也不执行。如果表达式的值为 1,如 while(1),则循环体一直重复执行。

(2) 当循环体为多个语句组成时,必须用“{}”括起来,形成复合语句。

(3) 在循环体中应有控制循环趋于结束的语句,以避免“死循环”的发生。

4.4.2　do-while 语句

do-while 语句和 while 语句比较类似,不过 do-while 语句是先执行循环体再判断循环控制条件是否成立的。do-while 语句的一般形式为

```
do{
循环体语句
}while(表达式);
```

do-while 语句的特点是首先执行循环体语句,然后通过判断循环控制条件是否满足来决定是否继续循环。执行过程如下:

(1) 执行 do 后面循环体语句。

(2) 计算 while 后面的表达式的值,如果表达式的值为“真”则继续执行循环体,如果表达式的值为假则退出此循环结构。do-while 循环流程图如图 4-8 所示。

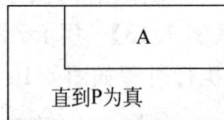

图 4-8　do-while 循环流程图

【例 4.12】　用 do-while 语句实现求解 1～100 整数之和并将结果存储在变量 sum 中。

```
# include < stdio. h >
main( )
{
    int i = 1, sum = 0;           / * 定义变量并初始化 * /
    do{
        sum = sum + i;            / * 花括号内为循环体 * /
        i++;
```

```
}while(i<=100);              /*循环控制条件*/
printf("%d",sum);            /*输出结果*/
}
```

此程序的执行是无论循环控制条件是否成立,先执行一次循环体,之后才执行 while,判断条件 i<=100 是否成立,若成立返回再次执行循环体,直到循环控制条件不成立才退出循环。

while 循环和 do-while 循环相比较,区别是 while 先判断表达式的值,后执行循环体,循环体可能一次都不执行;而 do-while 先执行循环体,再判断表达式,循环体至少执行一次。例如求 1+2+3+…+100 的例子中,使用 while 循环和 do-while 循环的变量 i 初始值改为 101,则 while 循环求和结果为 sum=0,而 do-while 循环求和结果为 sum=101。

do-while 和 while 功能等价,两者可以进行相互转换。应注意在 while 语句中,表达式后面不能加分号,而在 do-while 语句的表达式后面则必须加分号。从使用的角度看,使用哪个语句取决于个人的习惯。

4.4.3　for 语句

for 循环又称为计数循环。在 C 语言中,for 语句的功能与 while 语句完全相同。由于它在作计数控制循环时较 while 循环更直观,习惯上在用计数作循环控制时多用 for 语句,非计数循环控制时多用 while 语句。for 语句的一般形式为

```
for(表达式1;表达式2;表达式3)
循环体
```

for 循环执行过程如下,其流程图如图 4-9 所示。

(1) 计算表达式 1。

(2) 计算表达式 2,若其值为非 0(循环条件成立),则转(3)执行循环体;若其值为 0(循环条件不成立),则转(5)结束循环。

(3) 执行循环体。

(4) 计算表达式 3,然后转(2)判断循环条件是否成立。

(5) 结束循环,执行 for 循环之后的语句。

【例 4.13】　用 for 语句实现求解 1~100 整数之和,并将结果存储在变量 sum 中。程序的执行过程如图 4-10 所示。

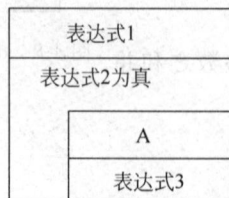

表达式1
表达式2为真
A
表达式3

图 4-9　for 循环流程图

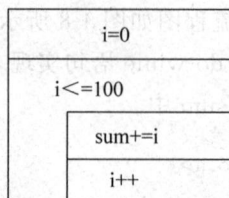

i=0
i<=100
sum+=i
i++

图 4-10　例 4.13 流程图

```
#include<stdio.h>
main()
```

```
{
    int i,sum = 0;                      /* sum 清零 */
    for(i = 1;i < = 100;i++)
        sum += i;                       /* 循环体 */
    printf("s = % d",sum);
}
```

for 语句在书写上的自由度较大,其中表达式 1、表达式 2、表达式 3 都可以省略,甚至三个表达式同时省略,但是起分隔作用的";"不能省略。如果省略表达式 1,即不在 for 语句中给循环变量赋初值,则应该在 for 语句前给循环变量赋初值。其基本形式变为

```
表达式 1;
for(;表达式 2;表达式 3)
循环体
```

如果省略表达式 2,则 for 语句不判断循环条件,即认为循环控制条件永真,此时可能形成死循环。要想避免"死循环"的发生,就要想其他办法跳出循环。如果省略表达式 3,即在 for 语句中无修改循环控制变量的值的语句,则应将其放入循环体中。其基本形式变为

```
for(表达式 1; 表达式 2; )
{ …
表达式 3;
}
```

如果省略表达式 1 和表达式 3,则相当于 while 语句。如果三个表达式都省略,则无休止地执行循环体,即死循环。

while 循环和 for 循环是当循环,适合在逻辑思维是"当条件满足时进行循环,直到条件不满足退出循环"的情况下使用;for 循环更适合在事先知道循环控制变量的初始值,以后以计数的方式进行变化的情况下使用。do-while 是直到循环,适合在逻辑思维是"直接循环执行,直到条件不满足就退出循环"的情况下使用。

在 C 语言中,while、do-while 与 for 三种循环语句从功能的角度看是完全等价的。提供三种形式的循环语句主要是考虑到继承以往其他语言的循环控制语句,以便在使用时根据自身的习惯和爱好选择使用。

4.4.4　goto 和 break、continue 语句

除了 if、switch、while、do-while、for 等流程控制语句之外,C 语言还提供有 goto、break、continue 转移控制语句。

1. goto 语句

goto 语句被称为无条件转移语句。goto 语句形式为

goto 标号;

执行 goto 语句将使程序的执行流程转到标号所标识的语句去执行。标号用标识符表示,在程序中带有标号标识的语句形式为

标号: 语句;

使用 goto 需注意的是,goto 语句属于非结构化语句,在程序中使用会使程序的结构性和可读性变差,要谨慎使用(一般不提倡使用,除非使用后能很大地提高程序的执行效率)。goto 语句只能在函数内使流程转移,不能使流程转向函数外。

2. break 语句

在前面多分支选择结构 switch 语句中使用过 break 语句,它的功能是跳出 break 语句所在的 switch 结构。同样,break 语句也可以用在循环结构中,功能是跳出其所在的循环结构结束循环,接着执行此结构的后继语句。break 语句形式为

```
break;
```

3. continue 语句

continue 语句与 break 语句不同,continue 语句的功能是使执行流程直接跳过它之后的循环体中各语句,到本次循环的结束处,使流程转到下一次循环控制条件的判断。continue 语句的形式为

```
continue;
```

break、continue、goto 语句都具有使执行流程跳转的功能,但它们的跳转范围是有区别的。break 语句是跳出当前所在的结构,然后执行此结构后面的语句;continue 语句跳转是在循环结构内,使本次循环体的执行提前结束,即跳过循环体中 continue 语句后面的尚未执行的循环体语句,但不结束整个循环,继续进行下一次循环的条件判别,条件为真则继续进行执行循环语句;goto 语句在一个函数内跳转没有限制,可以跳转到任意指定的位置。可以用 goto 语句实现 break 和 continue 语句的功能。

4.4.5 循环的嵌套

事实上,在循环体中常常会出现再次使用循环结构的情况,这种在循环体语句中又有另一个完整的循环结构的形式称为循环嵌套。

【例 4.14】 在屏幕上输出秒钟时间,每隔 1s 显示刷新一次。

问题分析:这是一个涉及时间的程序,需要设计一段时间为 1s 的延时程序。一般用循环嵌套来完成,而循环体为空语句,即什么都不做,直到循环结束。不同的硬件环境,语句的执行时间不一样,所以循环体要循环多少次需要反复实践。

```
# include < stdio. h >
void main()
{
    int i,j,sec;                    /* 定义秒钟变量,延时程序的控制变量 i 和 j */
    for(sec = 0;sec < 60;sec++)
        {
            printf(" % 2d",sec);        /* 输出秒钟时间,宽度为 2 */
            for(i = 0;i < 3000;i++)      /* 延时程序为二级 for 循环嵌套 */
```

```
    {
        for(j = 0;j < 3000;j++);   / * 循环体为空语句 * /
    }
    printf("\b\b");                 / * 将光标退后 2 格 * /
    }
}
```

思考：将上例改为同时输出分钟和秒钟时间，格式为 mm：ss，每隔 1s 显示刷新一次。

第 3 篇

汽车微控制器及应用

第**5**章 微控制器概述

5.1 微控制器介绍

本篇开始介绍汽车电子控制单元 ECU 的各个组成部分以及基本工作原理。首先介绍作为汽车 ECU 核心的微控制器的基础知识。MCU 是 microcontroller unit 的缩写，即微控制器，国内又称单片机(single chip microcomputer)。MCU 就是将微型计算机的核心部件中央处理单元(CPU)、存储器(RAM/ROM)、定时器、计数器和多种 I/O 接口集成在一片芯片上，形成芯片级的微型计算机。图 5-1 给出了典型的 MCU 的组成框图。

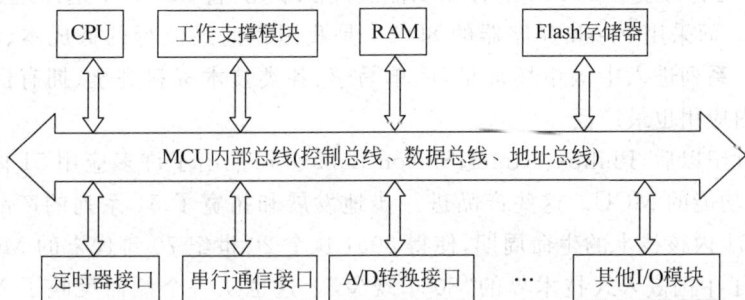

图 5-1 典型 MCU 的组成框图

就 MCU 而言，虽然它只是一块芯片，但是包含了计算机的基本组成单元，仍由计算器、控制器、存储器、输入设备、输出设备 5 部分组成，只不过这些都集成在一片芯片上，这种结构使得 MCU 成为具有独特功能的计算机。

由于 MCU 具有体积小、价格低、稳定可靠等优点，因此它的出现和迅猛发展给控制系统领域带来了一场技术革命。以前需要用模拟电路、数字电路实现的计算、比较、判断与控制功能都能用 MCU 的软件实现。而其他的电子线路成为 MCU 的外围接口电路，承担输入、输出与执行动作等功能，这样大大提高了系统的性能与稳定性。目前,MCU 已广泛地应用在人类现代化生活中，如子母无绳电话、手机、电子收款机、扫描仪、防盗及安全装置、汽车控制、计算机以及外设、电视机、变频空调、自动豆浆机等均采用了一片乃至多片 MCU,使之成为智能化产品。

1. MCU 现状

目前,PC 被 Intel、Microsoft 等少数几家国际性大公司所垄断。PC 已离不开 CPU 和 Windows 软件。与这些通常意义上的 PC 被快速淘汰不同,虽然 MCU 的性能一直在快速提高,但是其形成的大部分智能化产品的生命周期高达几年甚至十几年,例如工业控制中的可编程控制器(PLC)通常可使用 10 年以上。

MCU 已从 20 世纪 80 年代的 8 位机独大,发展到了今天的 8 位、16 位、32 位和 64 位并存的局面。由于 MCU 应用的广泛性、多样性和集成性,使得任何一个公司都无法垄断 MCU 的软硬件技术,这就给众多的中小企业提供了无穷的机会;同时,也给中国的技术精英们提供了一个施展才华的舞台,使得众多的大学生们有能力为推动"中国制造"向"中国创造"的进步发挥作用。

当前,MCU 的种类繁多,至少上千种,且几乎每星期都有新芯片产生。世界 MCU 的著名供应商主要有 Intel、Freescale、Microchip、原三菱、ST、Philips、Zilog、Atmel、NEC、TI 等。近年来,韩国、中国台湾地区的一些企业也开始生产与上述著名企业兼容且更为廉价的 MCU,以抢夺一些低端产品市场。

美国 Intel 公司是最早的 MCU 生产商,Intel 公司 1979 年推出的 MCS-51 奠定了嵌入式应用的单片微型计算机的经典体系结构。8051 系列是最早最典型的 8 位 MCU。在 8051 实现开放生产许可之后,多家公司购买了 8051 的内核并生产以 8051 为核心的 MCU,使得以 8051 为内核的系列 MCU 在世界上产量一度达到最大。

Philips 公司着力发展 80C51 的控制功能及外围单元,将 MCS-51 迅速地推进到 80C51 的 MCU 时代。而采用 Flash 存储器的 89C51 是我国目前最流行的低成本、教学型 MCU 之一。由于 51 系列进入中国市场最早,简单易学、各类技术资料齐全、拥有巨大的教育资源,所以在国内应用也最广泛。

进入 21 世纪以后,Philips、Atmel、Silicon Labs 公司推出了许多应用 51 内核并集成多种新外设接口功能的 MCU。这些产品进一步地发展和拓宽了 51 系列的产品线和应用领域,也延展了 51 内核技术的生命周期,使得 8051 这个 20 世纪 70 年代末的 MCU 能够纵横 30 余年,出现了中国嵌入式技术界的"8051 现象"。这也从一个侧面反映了 MCU 与 CPU 的不同技术定位和市场发展特点。嵌入式系统与通用计算机系统有着完全不同的应用特性,从而走向完全不同的技术发展道路。

Microchip 公司的主要产品是 PIC16C/F 系列和 PIC18C/F 系列的 8 位 MCU 及 PIC24/30/33 系列的 16 位机。CPU 采用 RISC 结构,采用 Harvard 双总线结构,具有运行速度快、工作电压宽、功耗低、输入/输出直接驱动能力高、价格低、体积小以及可一次性或多次编程等特点。

Atmel 公司是全球著名的半导体公司之一,它生产基于 8051 内核的 AT89 系列 MCU 和基于精简指令集的 AVR 系列 MCU。AVR 系列 MCU 是增强型 RISC 内置 Flash 的 MCU,可多次编程,使用户的产品设计容易,更新换代方便。AVR 系列 MCU 由于采用了精简指令,因此处理速度得到较大提高。

美国德州仪器公司(TI)的 MSP430 家族以 8 位机和 16 位机为主,采用 CISC 体系,目前的主流产品是 F1、F2、F4 系列,高级产品是 16 位的 F46 系列。MSP430 系列 MCU 的优势在于技术架构比较先进,功耗低,内部资源较多,开发方式较先进(JTAK),可广泛应用于电池供电的"三表",即电表、水表和热能表。德州仪器公司的 MSC1210 MCU 集成了一个增强型 8051 内核、高达 33MHz 的时钟周期、8 路 24 位高精度 A/D 转换器、Flash 存储器等,在高精度智能仪表和医疗电子方面具有优势。

Freescale 公司是世界上最大的 MCU 厂商之一,其产品特点是品种齐全、选择余地大、新产品多,多年来一直雄居 MCU 销售总量的榜首。它开发了众多的 8 位、16 位和 32 位 MCU。Freescale MCU 的特点之一是在同样的速度下所用的时钟频率较 51 系列 MCU 低得多,因而具有高频噪声低、抗干扰能力强的优点,更适合用于工控领域及恶劣的汽车环境。

总之,在新型 MCU 研发和生产技术方面,美国处于领先地位,特别是不断推出了高性能的 16 位和 32 位 MCU 产品。日本在 MCU 制造业(如数码相机、高清电视方面)也有相当的优势,正在积极争夺家电产品、信息产品的大客户。近几年,很多国际大型半导体公司进入到 16 位 MCU 的技术领域和市场中,以抢占汽车电子、中高端消费电子以及工业控制等领域的市场份额,并在价格上努力与 8 位 MCU 抗争,在性能方面直逼 32 位机,呈现良好的发展势头。

2. Freescale MCU

Freescale 公司是目前全球领先的半导体公司之一,它为汽车电子、消费电子、工业控制、网络和无线市场设计并制造了众多的嵌入式半导体产品,拥有多达 19000 种产品。Freescale 公司是全球十大芯片制造商之一,在 8 位、16 位和 32 位 MCU 领域均处于技术领先地位。

Freescale MCU 产品的技术根基可追溯到 32 年前。1974 年,Freescale 公司推出了首款 8 位 MC6800 MCU,之后便相继推出多种系列 MCU。Freescale 公司的 MCU 家族以 8 位、16 位、32 位机为主,采用 CISC 体系,目前的主流 8 位机是 9S08 系列,16 位机是 HC9S12(X)系列,高级 16 位机是 56F 系列。

从应用角度,Freescale MCU 可分为以下两大类:

(1) 高性能通用型的 MCU[如 HC9S12(X)系列]。这类 MCU 既可工作在总线扩充方式,也可工作在单片方式,因此可以增加功能、提高可靠性和减小体积,在工业控制和汽车电子领域有着广泛应用。

(2) 适合用于广阔家电领域的 MCU(如 HC9S08 系列)。这类 MCU 性价比高,无须外接存储器,集成度高,对外不提供地址和数据总线,内置了高性能的 I/O 接口,工作在单片方式。

Freescale MCU 的特点是:技术成熟,可靠性好,抗干扰和电磁兼容性强,内部资源较多,品种全,选择余地大,新产品多。8 位机有 HC08、HCS08 及 RS08 系列;16 位机有 HC12、S12 及 S12X 系列;32 位机有 MPC56F8X00、68K/ColdFire 系列,Power Architecture TM 处理器,基于 ARM® 处理器的 i.MX 系列以及专门用于高性能、成本敏感型、可电池供电的 MCORE 处理器等。Freescale 公司提供的完整、清晰的汽车电子产品技术发展线路,如图 5-2 所示。

3. S12 系列 MCU

Freescale 公司采用 CPU12 内核的 MCU 主要有 HC12 和 HCS12 两种类型。1996 年

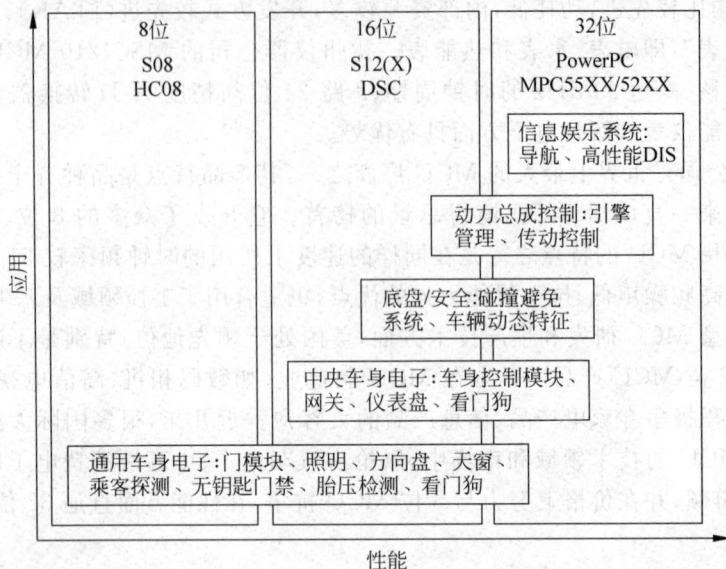

图 5-2　Freescale 公司完整的汽车电子产品技术发展线路

Motorola(摩托罗拉)公司推出了 HC12 系列 MCU,其种类较多,针对不同的场合都可以选到合适的型号。到了 2002 年,Motorola 公司开发出了 HC12 系列的升级产品系列 HCS12,其性价比更高,是 CPU12 系列 MCU 的先进机种。

Freescale HCS12 系列 MCU 的型号庞大,为了方便实际应用时选型,需要了解 Freescale HCS12 系列 MCU 的命名方法。下面以 MC9S12Dx128B 为例介绍其基本命名规则:

MC	9	S12	Dx	128B	x	xx	E
①	②	③	④	⑤	⑥	⑦	⑧

① 为产品状态。包括 MC-Fully Qualified、XC-Partial Qualified、PC-Product Engineering、KMC-Sample Pack、KXC-Sample Pack。在实际应用中,通常都选用 MC 类型的产品。

② 为存储器类型标志。"无"表示片内带 ROM 或片内没有程序存储器;7 表示片内带 EPROM 或一次可编程 ROM;8 表示片内带 EEPROM;9 表示片内带 Flash EEPROM。

③ 为 CPU 标志。HCS12 表示其中央处理器使用 CPU12 核。

④ 为系列标志。Dx 表示为 D 系列产品。

⑤ 为存储空间的大小及版本。128 表示 128KB 的 Flash 存储空间;B 为 Flash 版本。

⑥ 为工作温度范围标志。"无"表示商用温度范围 0～70℃;C 表示-40～125℃。

⑦ 为封装标志。它表示芯片的封装形式。例如 FU 表示 80 引脚的 QFP 封装,PV 表示 112 引脚的 LQFP 封装。

⑧ 为无铅组装标志。E 表示芯片生产过程无铅化,是绿色电子组装技术的发展方向。

Freescale 公司的 HCS12 系列 MCU 型号有很多种,其工作电压一般为 5V,时钟频率最高可达 25MHz。在这些不同型号的 MCU 中,资源各不相同,即使是同一种型号的 MCU,也有多种封装形式,其 I/O 口数目也不尽相同。例如 MC9S12DG128 就有 80 引脚的 QFP、

112 引脚的 LQFP 两种封装形式。

HCS12 系列 MCU 内置资源差异很大,RAM 的容量最大可达 14KB,最小为 2KB;最多 I/O 口数有 117 个,最少只有 25 个;Flash 存储器最大容量可达 512KB,而最小只有 16KB。HCS12 各子系列 MCU 也各有其特点和用途。

S12 系列 MCU 主要有 A、B、C、D、E、F、G、H、L 等系列,分为下列几大类:

(1) MC9S12A 系列和 B 系列 16 位 MCU。

(2) 带 CAN 总线的 MC9S12D 系列 16 位 MCU。

(3) 带液晶驱动的 MC9S12H 系列和 MC9S12L 系列 16 位 MCU。

(4) 低供电电压的 MC9S12E128 和 MC9S12E64 系列 16 位 MCU。

(5) 带 USB 接口的 MC9S12UF32 系列 16 位 MCU。

(6) 带以太网接口的 MC9S12NE 系列 16 位 MCU。

带 CAN 总线的 MC9S12D 系列 16 位 MCU 主要性能如表 5-1 所示。

表 5-1　MC9S12D 系列 MCU 主要性能

产品型号	RAM /KB	Flash /KB	EEPROM /KB	串行口	A/D	PWM	总线频率 /MHz	I/O 引脚/个	定时器 /个
MC9S12DT256B	12	256	4	SCI、SPI、I²C、CAN2.0A/B	16 路 10 位	8 路 8 位	25	91	8
MC9S12DT128B	8	128	2	SCI、SPI、I²C、CAN2.0A/B	16 路 10 位	8 路 8 位	25	91	8
MC9S12DJ256B	12	256	4	SCI、SPI、I²C、CAN2.0A/B	16 路 10 位	8 路 8 位	25	59,91	8
MC9S12DP256B	12	256	4	SCI、SPI、I²C、CAN2.0A/B	16 路 10 位	8 路 8 位	25	91	8
MC9S12DJ128B	8	128	2	SCI、SPI、I²C、CAN2.0A/B	16 路 10 位	8 路 8 位	25	59,91	8
MC9S12DG256B	12	256	4	SCI、SPI、I²C、CAN2.0A/B	16 路 10 位	8 路 8 位	25	91	8
MC9S12DG128B	8	128	2	SCI、SPI、I²C、CAN2.0A/B	16 路 10 位	8 路 8 位	25	59,91	8
MC9S12DB128B	8	128	2	SCI、SPI、I²C、CAN2.0A/B	16 路 10 位	8 路 8 位	25	91	8

Freescale 公司的 S12 系列 MCU 是汽车电子市场中应用最广泛的 16 位体系架构。可扩展的 S12 系列可为开发人员提供多种适合他们应用需求的选择,其片上 Flash 存储器容量可从 32KB 扩展到 1MB,并能轻松迁移到更高性能的 S12X 系列。Freescale 公司的 S12 系列 MCU 具有以下特点:

(1) S12 系列具有 Flash 存储器。16 位 S12 系列可以提供 32～512KB 的第 3 代 Flash 嵌入式存储器,采用 $0.25\mu m$ 技术生产。第 3 代 Flash 存储器技术提供快速编程能力、灵活的时钟保护和安全性,帮助用户保护软件编码中的知识产权。另外,具有 Flash 存储器的 Freescale MCU 的在线可编程功能,是专门为用户在生产阶段和远程升级时可灵活编程而设计的。

S12 系列产品具备引脚和不同容量片上 Flash 存储器的兼容性,以便嵌入式系统设计师无须重新设计"内部"系统,就可应用不同容量的片上存储器,设计多种多样的 S12 衍生电子产品。

(2) S12 系列编码方式效率高。S12 系列采用的 C 语言已进行最优化设计。HCS12 的硬件结构比其他 16 位结构的 MCU 具备更高的编码效率。高效的编码效率不仅降低对 MCU 存储空间的需求,而且可降低智能电子产品的整体系统成本。与其他 16 位结构的 MCU 仅能采用固定的 16 位操作码不同,S12 结构的编码方式可以使用多个 8 位操作码。S12 系列还具备更先进的寻址方式,如多字节前减量/后增量可变寻址等。为更有效地进行应用开发和提高编码效率,S12 系列还设计了更多的寻址方式。其总线频率可达 25MHz,并可进行高效的片上纠错,为现有用户升级到下一代更高性能 MCU 提供了技术保证。

(3) S12 系列具有低成本调试功能。S12 系列 MCU 具有单引脚接口的背景调试模式 (BDM)。该方式为实时、无干扰、100%电路内仿真,解决了传统背插式仿真器在兼容性、仿真速度、电平和机械接口方面普遍存在的问题。嵌入式系统设计师可以在浏览和更改存储器的同时,实时调试一个真实的系统,并且可通过调整系统性能监控程序的运行结果和参数变化。S12 的片内 RAM 和 EEPROM 容量可达 2~14KB。在串行接口方面,S12 最多可支持 5 个 CAN 总线接口、1 个 I^2C 总线接口、2 个 SCI 接口、3 个 SPI 接口。HCS12 时钟发生器模块内设锁相环(PLL),内部时钟可软件调节。

4. S12X 系列 MCU

2005 年,Freescale 公司开始推出 HCS12X 系列的 16 位 MCU 产品。HCS12X 系列 MCU 是 HCS12 系列 MCU 的升级产品,但目前的型号比 HCS12 系列少得多。

1) HCS12X 系列 MCU 与 HCS12 系列 MCU 的主要差异

(1) HCS12X 系列 MCU 的主要特点。HCS12X 系列保留了 HCS12 系列 16 位 MCU 的效率,同时可为当前的 HCS12 MCU 用户提供轻松的性能升级。HCS12X 采用增强内核和增强外部设备,提高了总线速度(最高可达 40MHz,HSC12 只能达到 25MHz),并且具备完全的 CAN 功能,改进了中断处理能力。

HCS12X 的软件可与 HCS12 兼容,并增加了一个平行处理的 XGATE 模块。该模块是一个智能的、可编程的直接存储器存取(DMA)模块,可以进行中断处理及通信和数据预处理,并为其他任务释放一部分 CPU 空间,从而提高了性能。这使得它在保留了 16 位解决方案固有优势的基础上,达到了通常只有 32 位 MCU 才能达到的性能水平,非常适用于复杂的、对成本敏感的嵌入式扩频无线应用。

HCS12X 系列 MCU 的主要特点概述如下: 512KB 的 Flash 存储器(计划的版本为 32KB~1MB)、40MHz 的增强 CPU、XGATE 模块、32KB 的 RAM、4KB 的 EEPROM(电子可擦除可编程只读存储器)、控制器区域网络(CAN)(仅限于 HCS12XD)、串行通信接口/本地互联网(SCI/LIN)、串行外设接口(SPI)、集成电路间总线(I^2C)、高级中断功能、增强的捕捉定时器、优先中断定时器、10 位 A/D 转换器(ADC)、8 信道的脉冲宽度调制(PWM)、带有追踪缓存的片上单线背景调试模式(BDM)以及在−40~125℃的温度范围内运行等。

(2) HCS12X 的内部寄存器。HCS12X CPU 中有 6 个 16 位的寄存器 D、IX、IY、SP、PC 和 CCRW,2 个 8 位的寄存器 A、B。其中寄存器 D、IX、IY、SP、PC、A 和 B 与 CPU12 中的相应寄存器的功能相同;CCRW 是条件码寄存器,低 8 位与 CPU12 中的 CCR 功能相同,高 8 位中的 IPL[2:0]用于指示当前运行程序的优先级,以允许中断的嵌套,屏蔽较低优先级的中断。当中断发生时,当前的 IPL 值被保存到堆栈中,IPL 的新值为中断服务例程的优先级,中断处理完成后将恢复为堆栈中保存的 IPL 值。

(3) HCS12X 的寻址方式。HCS12X CPU 提供的基本寻址方式有 8 种,具体的寻址方式有 16 种。它在 HCS12 CPU 提供的寻址方式基础上增加了全局寻址方式,同时,其直接寻址方式与 HCS12 CPU 的直接寻址方式不同。

在 HCS12 CPU 的直接寻址方式中,直接页的地址是固定的,为内存空间的前 256 个地址单元,地址范围是 $0000~$00FF。而在 HCS12X CPU 的直接寻址方式中,直接页的地址由直接页地址寄存器 DIRECT 指定。

CPU12 核允许访问的物理地址空间为 64KB;而 CPU12X 核中使用了全局页索引寄存器,使得可以访问的地址空间增加到 8MB。

(4) HCS12X 的指令集。HCS12X CPU 仅在 HCS12 CPU 提供的指令集的基础上增加了两条与 CCRW 寄存器相关的堆栈操作指令 PSHCW 和 PULCW。

2) 典型 HCS12X 系列 MCU 简介

HCS12X 系列 MCU 家族包含很多成员,如 HCS12XA 系列、HCS12XD 系列、HCS12XE 系列、HCS12XF 系列、HCS12XH 系列和 HCS12XS 系列。

(1) HCS12XE 系列 MCU。HCS12XE 系列 MCU 基于广泛使用的 HCS12 产品系列,同时提供了一些先进功能,使当前的 HCS12 用户能够保持它们在软件和系统设计方面的投资价值。同时,它还在功能方面有一个飞跃,能够满足下一代车辆电子系统的需求。

HCS12XE 系列 MCU 包括一个存储器保护单元(MPU),用于防止软件中系统错误。这款 MPU 解决了不同模块之间错误交互而导致的潜在问题。这项特性在汽车设计中非常关键,因为它有助于最大程度地控制汽车中系统故障的扩散。

HCS12XE 系列 MCU 采用了提高性能的 XGATE 协处理器模块。凭借 XGATE 的多功能性,制造商能为其设计增加更多的创新特性。

(2) HCS12XF 系列 MCU。HCS12XF 系列 MCU 基于 Freescale 公司广泛使用的高容量 HCS12 架构,为 FlexRay 网络上的嵌入式节点提供高性能的分布式控制解决方案。FlexRay 技术的引入使其网络性能有了大幅提升,同时还集成了高性能的 XGATE 模块。体积小巧的 HCS12XF MCU 非常适合用于受到严格限制的空间,例如与 FlexRay 网络上的 32 位中心控制器通信的分布式促动器和传感器控制模块。16 位 HCS12XF 可作为各种高级安全应用和主动驾驶应用的终端节点,这些应用包括悬挂控制、主动防侧翻、主动制动、车道偏离告警系统、停车调度协作和电子式驻车系统等。

(3) HCS12XS 系列 MCU。HCS12XS 系列 MCU 在经济性和高效性上比 HCS12XE 系列 MCU 更胜一筹,它带有一套特为汽车车身和乘客舒适度应用而优化的改进型片上外围设备、存储器和包装选项,可用于座位控制器、暖通空调(HVAC)控制模块、方向盘控制器和遮阳顶棚。HCS12XS 系列 MCU 还能提供 7mm×7mm 的小型 QFN 封装。紧凑型封装使这些 MCU 适合于空间有限的应用,如小型促动器、传感器模块和柱式集成模块。

5. PowerPC MCU

在 20 世纪 90 年代,Applw、IBM 和 Motorola 共同开发了基于精简指令流 RISC 技术的

32 位 CPU PowerPC(performance optimized with enhanced RISC powerful CPU),其特点是可伸缩性好、方便灵活。以 PowerPC 为 CPU 的 32 位 Freescale 单片机目前有 MPC 5××系列、MPC52××系列、MPC55××系列、MPC6××、MPC7××系列、MPC7×××系列和 PowerQUICC 系列。其中 MPC55××系列采用 Power Architecture® 技术构建,适用于发动机管理、高级驾驶员辅助、车身和网关应用,MPC55××为汽车设计人员带来了显著的优势。MPC52××处理器专门针对 mobileGT 应用而设计,具有处理多种并发任务所需的性能,例如汽车驾驶员信息和后座娱乐系统等。

5.1.1 MCU 性能概述

MC9S12DG128B MCU 是 Freescale 公司 HCS12 系列 16 位 MCU 中的一种,其内部主要由 MCU 的基本部分和 CAN 功能模块组成。

1. 时钟和复位产生模块、存储器和封装形式

时钟和复位产生模块 CRG 包括低电流振荡器或是标准振荡器的选择、锁相环时钟频率放大器、看门狗、实时中断和时钟监控器。

存储器包括 128KB 的 Flash EEPROM、8KB 的 RAM 和 2KB 的 EEPROM。

DG128 采用 80 引脚 TQFP、112 引脚 LQFP 两种形式的封装,具有 5V 输入和驱动能力,CPU 的工作频率可达到 50MHz,总线频率可达到 25MHz,并支持单线背景调试模式(BDM),可以在线设置硬件断点。

2. 丰富的 I/O 接口

(1) 通用 I/O 接口:29 路独立的数字 I/O 接口,20 路带中断的唤醒功能的数字 I/O 接口。

(2) A/D 转换接口:2 个 8 通道的 10 位 A/D 转换器,具有外部转换触发能力。

(3) CAN 总线接口:内部集成了 3 个 CAN 协议控制器(MSCAN12 模块),符合 CAN2.0A/B 协议标准;可编程传输速率达 1Mbits;具有 5 个接收缓冲区和 3 个发送缓冲区;灵活的标识符滤波模式,可配置成 2 个 32 位过滤码或 4 个 16 位过滤码或 8 个 8 位过滤码;含有 4 个独立的中断输入引脚,如 Rx、Tx、error 和 wake-up;内置低通滤波的唤醒功能。

(4) 输入捕捉/输出比较与 PWM:具有 8 通道的输入捕捉/输出比较,还具有 8 个可编程 PWM 通道,可配置成 8 通道 8 位 PWM 或 4 通道 16 位 PWM,其每个通道的周期和占空比均可通过编程独立设置。可编程的时钟选择逻辑,使得输出脉冲的频率可设定在较宽的范围内。

(5) 串行通信接口:具有 2 个串行异步通信接口 SCI、2 个同步串行外设接口 SPI、Byteflight、Inter-IC 总线以及 SAE J1850 Class B 数据通信网络接口。

5.1.2 运行模式

DG128 MCU 的运行模式可分为单片运行模式、扩展运行模式和其他运行模式。单片运行模式包括普通单片模式和特殊单片模式;扩展运行模式包括普通扩展宽模式、变通扩

展窄模式、仿真扩展宽模式和仿真扩展窄模式；其他运行模式包括测试模式和外设模块测试模式。这 8 种运行模式均支持 STOP、PSEUDO 和 WAIT 这 3 种低功耗模式。下面简要介绍 DG128 的一些主要运行模式。

1. 单片运行模式

单片运行模式又分为普通单片模式和特殊单片模式。单片运行模式（single chip mode）是 DG128 MCU 最常用的运行模式。系统复位时，若 CPU 检测到 MODA（PE5）和 MODB（PE6）引脚为低电平，则进入单片运行模式。普通单片模式（normal single chip mode）又称为背景调试模式（background debug mode，BDM），在需要进行背景调试时使用。在 MCU 复位时，若引脚 MODC（BKGD）为低电平，则进入特殊单片模式；反之，则进入普通单片模式。

注意：当 MCU 输入引脚悬空时，CPU 默认为输入高电平。因此可以理解为，当插上 BDM 头时，由 BDM 调试工具的相应引脚给 BKGD 引脚提供低电平，使 MCU 进入特殊单片模式；当不插上 BDM 头时，则进入普通单片模式。

2. 扩展运行模式

DG128 的扩展运行模式（expanded mode）允许通过 CPU 外部总线扩展 RAM、Flash、I/O 等。扩展运行模式又有窄模式和宽模式之分。前者使用 8 位外部数据总线，后者使用 16 位外部数据总线。DG128 MCU 采用地址和数据总线复用的形式实现外部总线的扩展，在 MCU 的 A 口和 B 口的 16 位上交替出现地址、数据信号。扩展时，地址总线信号必须通过外部锁存电路得到；数据信号可直接使用 A 口（8 位窄模式）或 A 口和 B 口（16 位宽模式）。K 口的 6 位给出页面地址的高位，E 口给出总线控制信号。由于 DG128 80 引脚 MCU 的 A 口、B 口、K 口都没有引出，因此 80 引脚的 DG128 单片机不能使用扩展运行模式。

扩展运行模式也有普通运行模式和特殊运行模式之分，其区别是有些寄存器只能在特殊模式下读/写。

另外，还有仿真扩展模式。在该模式下，可以看到总线上的控制信号，可接逻辑分析仪用于调试。

3. 其他运行模式

DG128 MCU 的运行模式还包括测试模式、外设模块测试模式等。这些模式用于芯片生产中的测试，用户一般用不到，在此不作详述。

注意：进入单片模式、扩展模式或是其他模式，是在复位时复位信号上升沿锁存 MODA、MODB 等引脚的输入电平状态到运行模式寄存器（mode register）中的相应位来实现的。运行模式寄存器的默认地址是 $000B。在运行过程中，应用程序可以动态地在单片模式和扩展模式之间互相切换，方法是向运行模式寄存器中写入不同的运行模式控制字。

5.1.3　内部结构简图、引脚图及引脚功能

MC9S12DG128 MCU 具有两种封装形式，分别为 80 引脚和 112 引脚。图 5-3 给出了

128 KB Flash EEPROM				
8 KB RAM				
2 KB EEPROM				

ATD0 — VRH / VRL / VDDA / VSSA ← ATD1 — VRH / VRL / VDDA / VSSA ← VRH / VRL / VDDA / VSSA

VDDR → / VSSR → / VREGEN → / VDD1,2 → / VSS1,2 → 电压调节模块

ATD0: AN0 / AN1 / AN2 / AN3 / AN4 / AN5 / AN6 / AN7 — AD0 — PAD00 / PAD01 / PAD02 / PAD03 / PAD04 / PAD05 / PAD06 / PAD07

ATD1: AN0 / AN1 / AN2 / AN3 / AN4 / AN5 / AN6 / AN7 — AD1 — PAD08 / PAD09 / PAD10 / PAD11 / PAD12 / PAD13 / PAD14 / PAD15

BKGD → 背景调试BDM / CPU12 / PPAGE

PIX0 / PIX1 / PIX2 / PIX3 / PIX4 / PIX5 / $\overline{ECS}$ — DDRK PTK — PK0 / PK1 / PK2 / PK3 / PK4 / PK5 / PK7

XADDR14 / XADDR15 / XADDR16 / XADDR17 / XADDR18 / XADDR19 / ECS/ROMONE

XFC → / VDDPLL ← / VSSPLL → / EXTAL → / XTAL → / $\overline{RESET}$ → — PLL、时钟、复位发生模块 / 实时中断、看门狗COP、时钟监控、断点

PE0 / PE1 / PE2 / PE3 / PE4 / PE5 / PE6 / PE7 — PTE DDRE — $\overline{XIRQ}$ / $\overline{IRQ}$ / R/$\overline{W}$ / $\overline{LSTRB}$ / ECLK / MODA / MODB / NOACC/$\overline{XCLKS}$ — 系统集成模块 (SIM)

TEST →

增强型定时器 — IOC0 / IOC1 / IOC2 / IOC3 / IOC4 / IOC5 / IOC6 / IOC7 — DDRT PTT — PT0 / PT1 / PT2 / PT3 / PT4 / PT5 / PT6 / PT7

地址数据复用总线

SCI0 — RXD / TXD / SCI1 — RXD / TXD / SPI0 — MISO / MOSI / SCK / SS — DDRS PTS — PS0 / PS1 / PS2 / PS3 / PS4 / PS5 / PS6 / PS7

DDRA PTA — PA7 / PA6 / PA5 / PA4 / PA3 / PA2 / PA1 / PA0 — ADDR15 / ADDR14 / ADDR13 / ADDR12 / ADDR11 / ADDR10 / ADDR9 / ADDR8

DDRB PTB — PB7 / PB6 / PB5 / PB4 / PB3 / PB2 / PB1 / PB0 — ADDR7 / ADDR6 / ADDR5 / ADDR4 / ADDR3 / ADDR2 / ADDR1 / ADDR0

BDLC (J1850) — RXB / TXB / CAN0 — RXCAN / TXCAN / CAN1 — RXCAN / TXCAN / Byte-flight — RX_BF / TX_BF / BF_PSYN / BF_PROK / BF_PERR / BF_PSLM — 模块接口 — DDRM PTM — PM0 / PM1 / PM2 / PM3 / PM4 / PM5 / PM6 / PM7

多种宽总线 — DATA15 / DATA14 / DATA13 / DATA12 / DATA11 / DATA10 / DATA9 / DATA8 / DATA7 / DATA6 / DATA5 / DATA4 / DATA3 / DATA2 / DATA1 / DATA0

多种窄总线 — DATA7 / DATA6 / DATA5 / DATA4 / DATA3 / DATA2 / DATA1 / DATA0

CAN4 — RXCAN / TXCAN / IIC — SDA / SCL — KWJ0 / KWJ1 / KWJ6 / KWJ7 — DDRJ PTJ — PJ0 / PJ1 / PJ6 / PJ7

内部逻辑2.5V — VDD1,2 / VSS1,2

I/O 驱动5V — VDDX / VSSX

PLL 2.5V — VDDPLL / VSSPLL

A/D 转换参考电压5V — VDDA / VSSA

PWM — PWM0 / PWM1 / PWM2 / PWM3 / PWM4 / PWM5 / PWM6 / PWM7 — KWP0 / KWP1 / KWP2 / KWP3 / KWP4 / KWP5 / KWP6 / KWP7 — DDRP PTP — PP0 / PP1 / PP2 / PP3 / PP4 / PP5 / PP6 / PP7

参考电压5V & I/O — VDDR / VSSR

SPI1 — MISO / MOSI / SCK / $\overline{SS}$ — KWH0 / KWH1 / KWH2 / KWH3 / KWH4 / KWH5 / KWH6 / KWH7 — DDRH PTH — PH0 / PH1 / PH2 / PH3 / PH4 / PH5 / PH6 / PH7

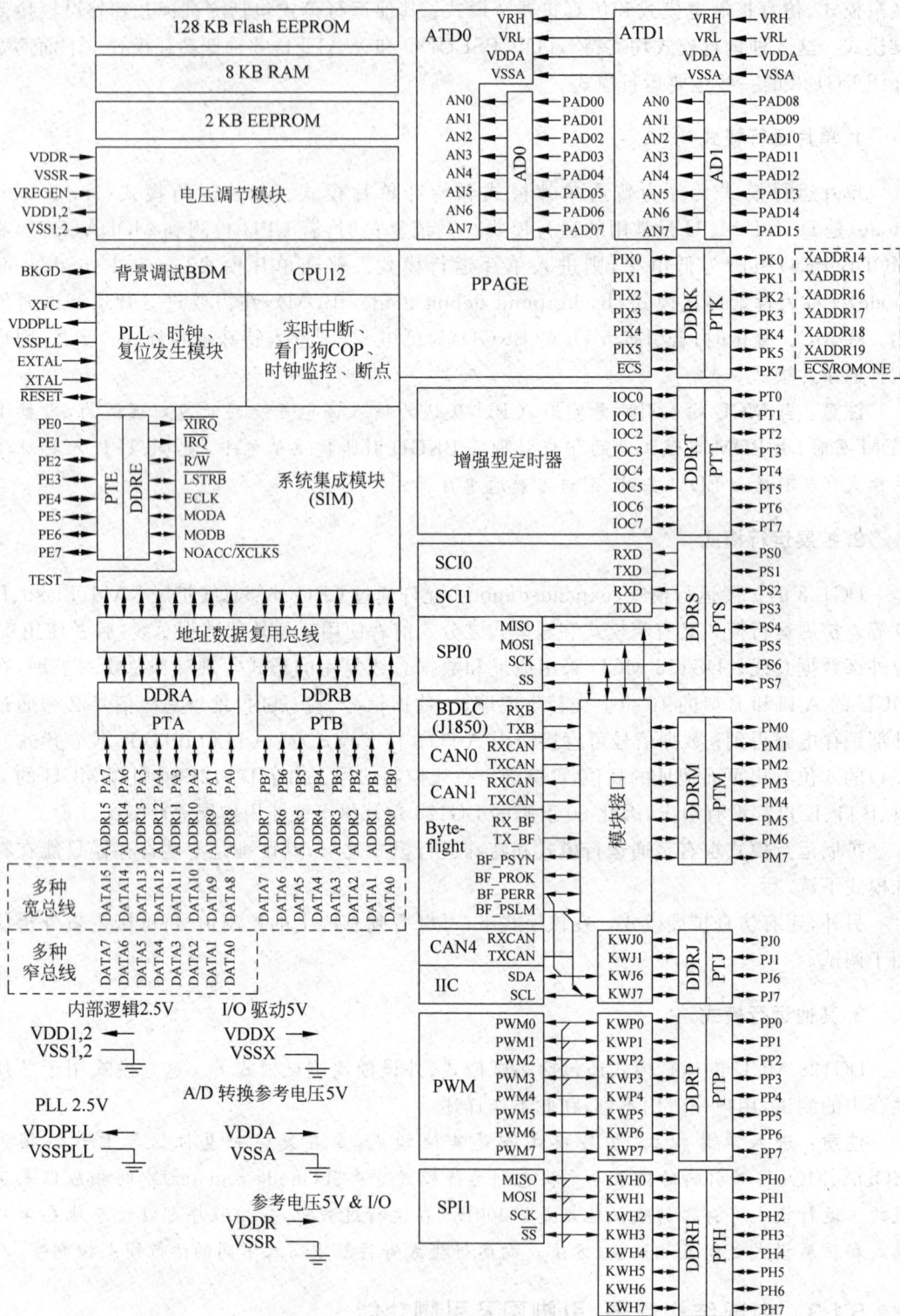

图 5-3 MC9S12DG128 的内部结构简图

MC9S12DG128 的内部结构框图,图中功能模块是按 112 引脚的 DG128 给出的。图 5-4 给出了 MC9S12DG128 的 112 引脚图,图 5-5 给出了 MC9S12DG128 的 80 引脚图。

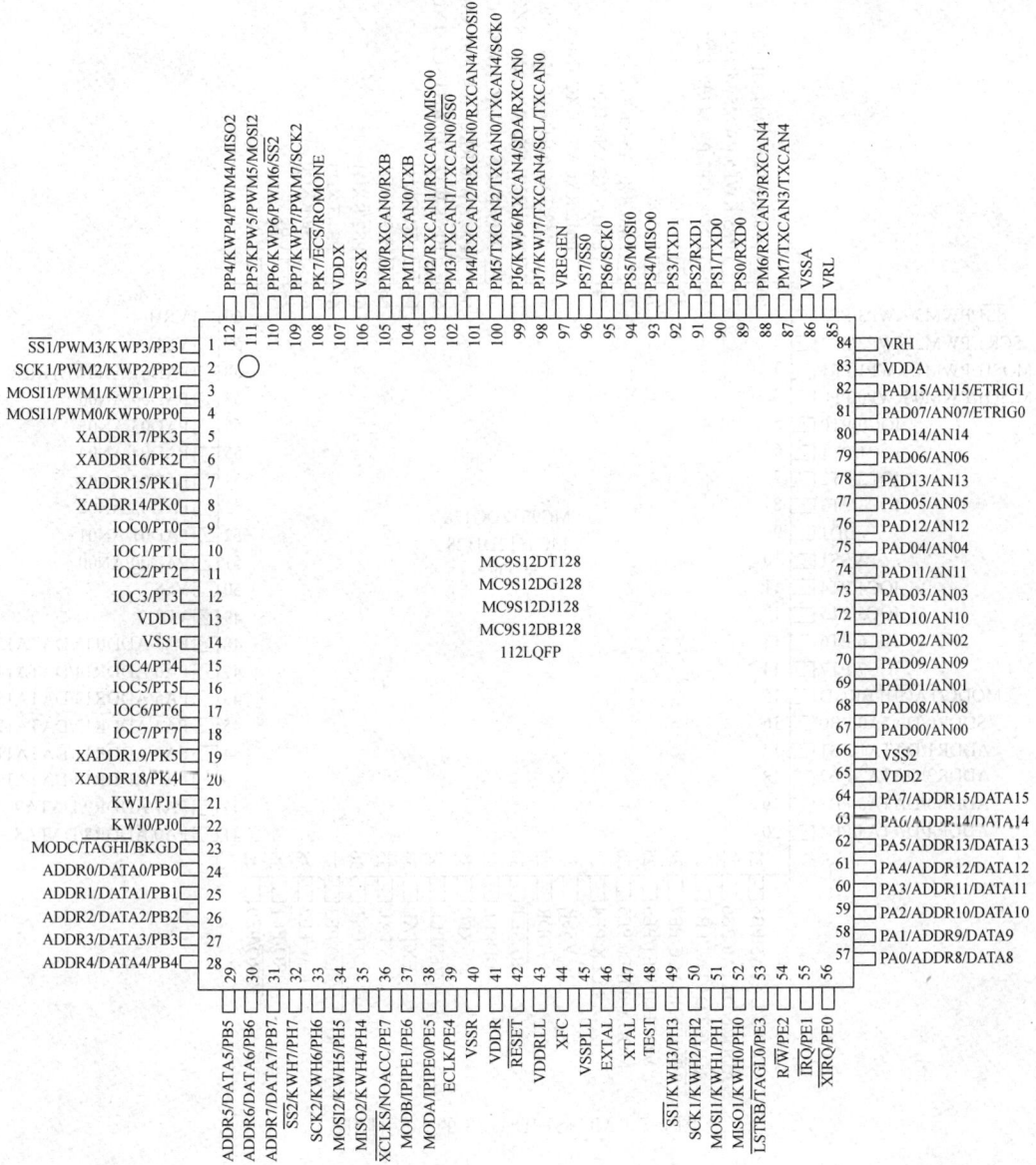

中央芯片标识：
MC9S12DT128
MC9S12DG128
MC9S12DJ128
MC9S12DB128
112LQFP

顶部引脚（112~85）：
- 112 PP4/KWP4/PWM4/MISO2
- 111 PP5/KPW5/PWM5/MOSI2
- 110 PP6/KWP6/PWM6/SS2
- 109 PP7/KWP7/PWM7/SCK2
- 108 PK7/ECS/ROMONE
- 107 VDDX
- 106 VSSX
- 105 PM0/RXCAN0/RXB
- 104 PM1/TXCAN0/TXB
- 103 PM2/RXCAN1/RXCAN0/MISO0
- 102 PM3/TXCAN1/TXCAN0/SS0
- 101 PM4/RXCAN2/RXCAN0/RXCAN4/MOSI0
- 100 PM5/TXCAN2/TXCAN0/TXCAN4/SCK0
- 99 PJ6/KWJ6/RXCAN4/SDA/RXCAN0
- 98 PJ7/KWJ7/TXCAN4/SCL/TXCAN0
- 97 VREGEN
- 96 PS7/SS0
- 95 PS6/SCK0
- 94 PS5/MOSI0
- 93 PS4/MISO0
- 92 PS3/TXD1
- 91 PS2/RXD1
- 90 PS1/TXD0
- 89 PS0/RXD0
- 88 PM6/RXCAN3/RXCAN4
- 87 PM7/TXCAN3/TXCAN4
- 86 VSSA
- 85 VRL

左侧引脚（1~28）：
- 1 SS1/PWM3/KWP3/PP3
- 2 SCK1/PWM2/KWP2/PP2
- 3 MOSI1/PWM1/KWP1/PP1
- 4 MOSI1/PWM0/KWP0/PP0
- 5 XADDR17/PK3
- 6 XADDR16/PK2
- 7 XADDR15/PK1
- 8 XADDR14/PK0
- 9 IOC0/PT0
- 10 IOC1/PT1
- 11 IOC2/PT2
- 12 IOC3/PT3
- 13 VDD1
- 14 VSS1
- 15 IOC4/PT4
- 16 IOC5/PT5
- 17 IOC6/PT6
- 18 IOC7/PT7
- 19 XADDR19/PK5
- 20 XADDR18/PK4
- 21 KWJ1/PJ1
- 22 KWJ0/PJ0
- 23 MODC/TAGHI/BKGD
- 24 ADDR0/DATA0/PB0
- 25 ADDR1/DATA1/PB1
- 26 ADDR2/DATA2/PB2
- 27 ADDR3/DATA3/PB3
- 28 ADDR4/DATA4/PB4

右侧引脚（84~57）：
- 84 VRH
- 83 VDDA
- 82 PAD15/AN15/ETRIG1
- 81 PAD07/AN07/ETRIG0
- 80 PAD14/AN14
- 79 PAD06/AN06
- 78 PAD13/AN13
- 77 PAD05/AN05
- 76 PAD12/AN12
- 75 PAD04/AN04
- 74 PAD11/AN11
- 73 PAD03/AN03
- 72 PAD10/AN10
- 71 PAD02/AN02
- 70 PAD09/AN09
- 69 PAD01/AN01
- 68 PAD08/AN08
- 67 PAD00/AN00
- 66 VSS2
- 65 VDD2
- 64 PA7/ADDR15/DATA15
- 63 PA6/ADDR14/DATA14
- 62 PA5/ADDR13/DATA13
- 61 PA4/ADDR12/DATA12
- 60 PA3/ADDR11/DATA11
- 59 PA2/ADDR10/DATA10
- 58 PA1/ADDR9/DATA9
- 57 PA0/ADDR8/DATA8

底部引脚（29~56）：
- 29 ADDR5/DATA5/PB5
- 30 ADDR6/DATA6/PB6
- 31 ADDR7/DATA7/PB7
- 32 SS2/KWH7/PH7
- 33 SCK2/KWH6/PH6
- 34 MOSI2/KWH5/PH5
- 35 MISO2/KWH4/PH4
- 36 XCLKS/NOACC/PE7
- 37 MODB/IPIPE1/PE6
- 38 MODA/IPIPE0/PE5
- 39 ECLK/PE4
- 40 VDDR
- 41 RESET
- 42 VDDRLL
- 43 XFC
- 44 VSSPLL
- 45 EXTAL
- 46 XTAL
- 47 TEST
- 48 SS1/KWH3/PH3
- 49 SCK1/KWH2/PH2
- 50 MOSI1/KWH1/PH1
- 51 MISO1/KWH0/PH0
- 52 LSTRB/TAGLO/PE3
- 53 R/W/PE2
- 54 IRQ/PE1
- 55 XIRQ/PE0

图 5-4　MC9S12DG128 的 112 引脚图

可以把全部引脚分为 I/O 引脚及 MCU 最小系统支撑引脚两大类。表 5-2 给出了 MC9S12DG128(112 脚)的 I/O 类引脚分类简要说明,表 5-3 给出了 MC9S12DG128(112 脚)MCU 最小系统支撑引脚简要说明。

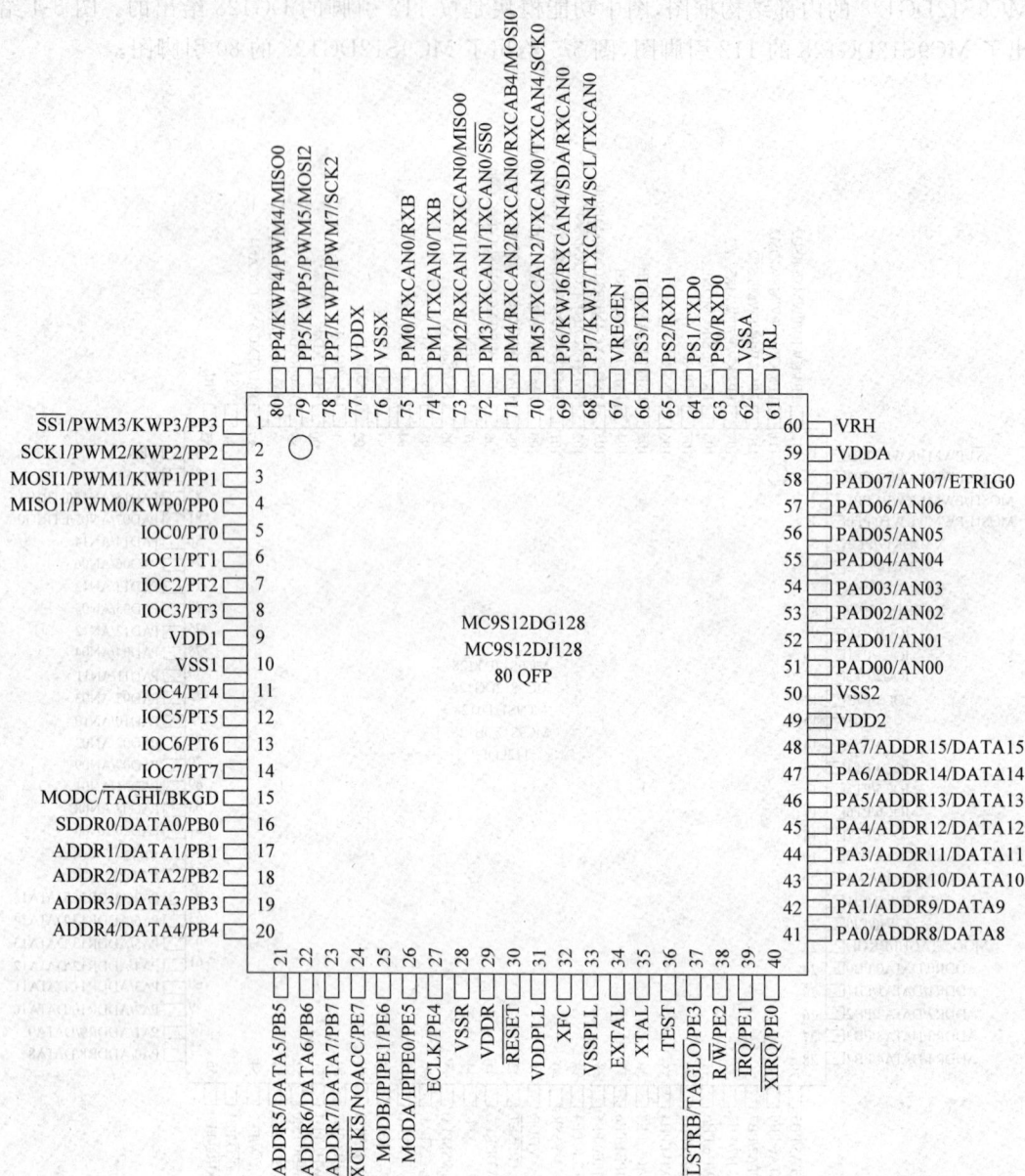

图 5-5 MC9S12DG128 的 80 引脚图

表 5-2 **MC9S12DG128（112 脚）I/O 类引脚分类**

I/O 口名		引脚号	第一功能	第二功能	第三功能	说明
模拟量输入	ATD1	82	普通输入口	ATD1 输入引脚	ATD1 外部触发输入引脚	
		80、78、76、74、72、70、68				
	ATD0	81		ATD0 输入引脚	ATD0 外部触发输入引脚	
		79、77、75、73、71、69、67				

续表

I/O口名	引脚号	第一功能	第二功能	第三功能	说明
A口	64~57	通用 I/O口	宽总线模式下,多路复用外部地址和数据线		
B口	31~24				
E口	36		总线模式下当前总线是否处于空闲周期	晶振选择	
	37、38		MCU工作模式的选择	指令队列跟踪信号引脚	内部下拉
	39		非正常单片模式,内总线时钟外部连接引脚		
	53		低字节选通	$\overline{TAGLO}$引脚	
	54		外部读/写功能引脚		内部上拉
	55、56		外部中断输入引脚		
H口	32~35		串行外围接口(SPI1)	中断输入引脚	
	49~52				
J口	98		CAN4的发送数据的输出引脚	I²C模块的串行时钟引脚	
	99				
	21、22		KWJ1、KWJ0	PJ1、PJ0	
K口	108		仿真芯片选择输出引脚	决定MISC寄存器的ROMON位值	内部上拉
	19、20、5~8		总线模式下外部总线扩展地址		
M口	87、88		Byteflight		CAN/
	100、101			SPI0	BDLC
	102~105				
P口	109~112		中断输入引脚	PWM模块	
	1~4				SPI1
S口	93~96		SPI0		
	89~92		SCI		
T口	15~18、9~12		定时器模块		

注:若引脚没有使用,用户必须将其设置为输入,并使其带上拉电阻,以避免消耗过量电流。

表 5-3　MC9S12DG128(112 脚)MCU 最小系统支撑引脚分类

类型	名　称	引脚号	说　明
电源	V_{DDX}、V_{SSX}	107、106	I/O 的外部电源
	V_{DDR}、V_{SSR}	41、40	I/O 和内部电压调节模块的外部电源
	V_{DD1}、V_{SS1}、V_{DD2}、V_{SS2}	13、14、65、66	MCU 的电源
	V_{DDA}、V_{SSA}	83、86	电压调节及内部 A/D 转换的电源
	V_{RH}、V_{RL}	84、85	A/D 转换的参考电压端
	V_{DDPLL}、V_{SSPLL}	43、45	PLL 的电源供给端
	V_{REGEN}	97	片内电压调节模块的使能端

汽车电子控制原理与技术应用

类型	名　　称	引脚号	说　　明
控制	RESET	42	复位引脚(有内部上拉)
	BKGD/MODC/TAGHI	23	背景调试引脚(内部上拉)
其他	XFC	44	PLL 的外部滤波电容连接引脚
	EXTAL、XTAL	46、47	片内振荡器引脚

5.1.4 MC9S12DG128B MCU 的最小系统设计

MCU 的最小系统是指可使内部程序运行所必需的外围电路。MC9S12DG128 芯片的最小系统包括电源电路、PLL 电路、晶振电路、复位电路、BDM 调试接口电路等。

1. 电源电路

MC9S12DG128 芯片最小系统的电源电路如图 5-6 所示。

MC9S12DG128 芯片内部使用 3V 电压,I/O 端口和外部供电电压为 5V。图 5-6 中,电容构成了滤波电路,可以改善系统的电磁兼容性,降低电源波动对系统的影响,增强电路工作稳定性。

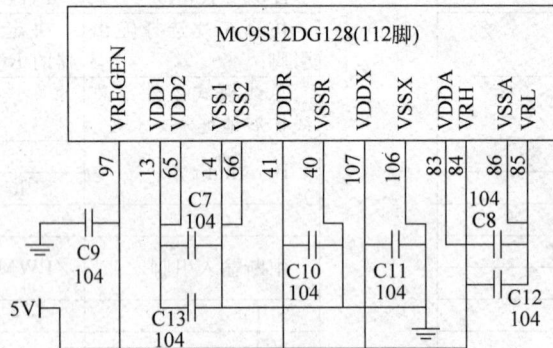

图 5-6　最小系统的电源电路

2. PLL 电路

MC9S12DG128 芯片最小系统的 PLL 电路如图 5-7 所示。

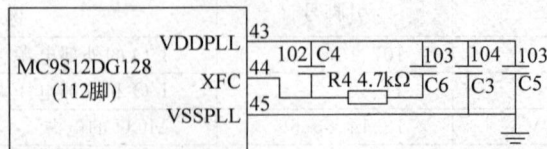

图 5-7　最小系统的 PLL 电路

MC9S12DG128 芯片内的 PLL 电路兼有频率放大和信号提纯的功能,因此系统可以以较低的外部时钟信号获得较高的工作频率,以降低因高速开关时钟所造成的高频噪声。在图 5-7 中,VDDPLL 引脚由片内提供 2.5V 电压;C4、C6 和 R4 的取值与晶振、REFDV 寄存器和 SYNR 寄存器有关,需要通过计算得出。具体的计算流程请参照 MC9S12DG128 芯片的数据手册。本书应用的最小系统通过计算并结合器件的普遍性,选择参数如下:C4 为 102(1nF)、C6 为 103(10nF)、R4 为 4.7kΩ;C3 和 C5 为滤波电容。

3. 晶振电路

晶振振荡器分为无源晶振和有源晶振两种类型。需要外接电源的晶振称为有源晶振,不需要外接电源的晶振称为无源晶振。无源晶振与有源晶振的英文名称不同,无源晶振为 crystal(晶体),而有源晶振则为 oscillator(振荡器)。无源晶振是有两个引脚的无极性元件,需要借助于时钟电路才能产生振荡信号,自身无法振荡起来。

MC9S12DG128 芯片最小系统的无源晶振电路如图 5-8 所示。

图 5-8 中使用了无源晶振的接法,外部晶振电路接在 MCU 的 EXTAL 和 XTAL 上,晶振频率为 16MHz,经过芯片内部的 PLL 电路倍频后,最高可达 50MHz;C1 和 C2 可取参考值 22pF。

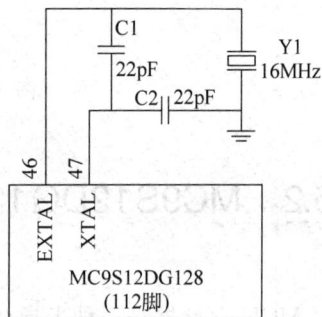

图 5-8 最小系统的晶振电路

MCU 系统时钟电路和电源电路在布 PCB(印制电路板)时,要按照以下规则布线,才能使系统的电磁兼容性得到保证:

(1) 尽量让时钟信号回路周围电场趋近于零,用地线将时钟区圈起来,时钟线要尽量短。

(2) 石英晶振下面及对噪声特别敏感的器件下面不要走线。

(3) PLL 的滤波电路要尽量靠近 MCU,每个电源端和接地端都要接一个去耦电容,去耦电容要尽量靠近 MCU。

4. 复位电路

MCU 在响应各种外部或侦测到的内部系统故障时可进行系统复位。当 MCU 检测到需要复位时,它将寄存器和控制位设置成已知的起始默认值。系统复位的用途是错误恢复,即当 MCU 检测到内部故障时,它尝试回到一个已知的、明确的状态而从故障中恢复。

MC9S12DG128 芯片最小系统的硬件复位电路如图 5-9 所示。

在图 5-9 中,正常工作时,复位引脚通过电阻 R1 和电源正极(5V)相连,所以应为高电平;若按下复位按钮,则复位引脚接地,为低电平,芯片复位;反接二极管 VD1 的作用是防止高于 5V 的电压损坏复位引脚。

5. BDM 调试接口电路

背景调试模式(background debug mode, BDM)是由 Freescale 半导体公司自定义的片上调试规范。BDM 调试方式为开发人员提供了底层的调试手段。开发人员可通过 BDM 向目标板下载程序,同时也可通过 BDM 对目标板

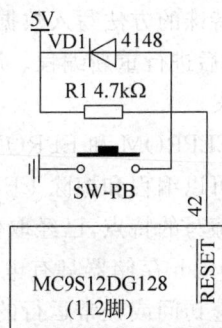

图 5-9 最小系统的复位电路

MCU 的 Flash 存储器进行写入、擦除等操作。用户也可通过 BDM 进行应用程序的下载和在线更新、在线动态调试和编程、读取 MCU 各个寄存器的内容、MCU 内部资源的配置与修复和程序的加密处理等操作。

BDM 硬件调试插头的设计也非常简单，MC9S12DG128 芯片最小系统的 BDM 接口电路如图 5-10 所示。

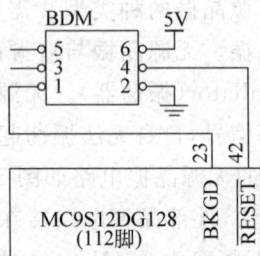

图 5-10　最小系统的 BDM 调试接口电路

5.2　MC9S12DG128 微控制器的存储器

MCU 存储器是一种半导体电路，用来存放程序和数据。存储器可以是单独的片外芯片，也可以集成在 MCU 内部，是 MCU 系统的重要组成部分。

MCU 存储器的主要类型有只读存储器(ROM)、随机存储器(RAM)、光可擦除可编程只读存储器(EPROM)、电可擦除可编程只读存储器(EEPROM)和闪存(Flash)。现在应用比较广泛的是 RAM、Flash 和 EEPROM，各大公司推出的新型号中、高档次，几乎都集成有这 3 种存储器。

ROM 是一种非易失性半导体存储器，用来永久保存不需要擦除的程序信息。其中，位于每个地址的二进制信息已被固定而不能改变。ROM 保存的通常是最终的应用程序。

RAM 是可读/写存储器，在微控制器中用于保存需要经常改变的数据。RAM 是易失性存储器，即意味着一旦掉电就会丢失所有的数据。它采用"随机访问"机制。每个地址的访问时间相等。

EPROM 是非易失性存储器。虽然它不能像 RAM 一样用程序直接写入数据，但是可以用特殊的方法写入数据。把 EPROM 暴露在紫外光线中一段时间，就可以擦除其中的内容，然后进行重新编程。MCU 的 EPROM 可用在两个方面：保存定制的校准信息、新产品的研发。

EEPROM 和 EPROM 的区别是前者是用电擦除的，而不是用紫外线。仅使用一般电源就可以编程和擦除 EEPROM，EEPROM 通常用来保存用户数据，具有掉电保持数据及在线擦写的特点，已经取代 EPROM。

Flash 存储器具有电擦除、可编程、非易失和高速度等特性，可以存放整个程序或者需要高速访问或经常运行的程序代码，如操作系统核心或标准子程序库、数据表格等。Flash 对于单芯片应用系统是理想的程序存储模块，它允许在现场进行代码更新。MC9S12DG128 内部集成了寄存器、RAM、EEPROM 和 Flash/ROM 等资源。

1. MC9S12DG128 存储器的组织

MC9S12DG128 采用普林斯顿总线结构,程序存储器、数据存储器和 I/O 接口为统一编址方式,总的地址空间为 64KB,内部集成外设(如 SPI,PWM 等)的管理接口(相应的寄存器)也占用地址空间,因此实际可用的程序和数据空间不足 64KB。这些存储器和内部集成模块的地址分配并不是固定不变的,用户可以重新分配,这就需要了解有关地址空间映射方面的内容。地址空间映射并不是每种 MCU 都采用的地址分配方式,建议初学者不要轻易改动默认的地址映射空间,应直接采用默认地址映射空间。

(1) 存储器地址分配。在 64KB 标准地址空间中,MC9S12DG128 安排了内部寄存器、RAM、EEPROM 和 Flash/ROM 等资源,占据空间分别为 1KB、8KB、2KB 和 128KB(显然 128KB 超过了 S12MCU 可寻址的 64KB 空间,因此引入了页面扩展机制,详见芯片数据手册),每个存储单元对应一个地址,共有 64K 个地址,用 4 位十六进制数表示,即地址为 $0000～$FFFF。

存储器中每个存储单元可存放一个 8 位二进制信息,通常用 2 位十六进制数来表示,这就是存储器存储单元内的内容。存储器的存储单元地址和存储单元里的内容是不同的两个概念,不能混淆。MCU 内部不同的存储器占用不同的存储空间,也就是说,不同的地址范围占据特定的地址空间,如图 5-11 所示。

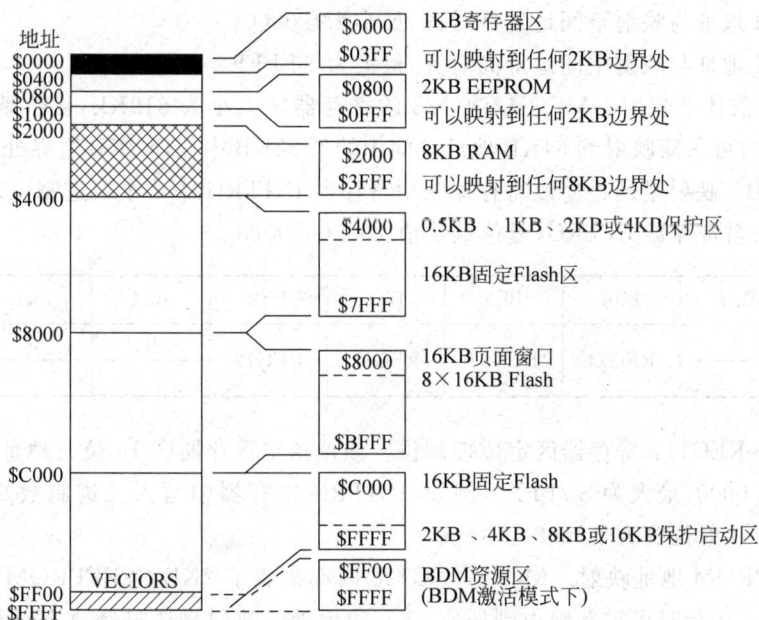

图 5-11　存储器空间分配图

对这些存储器地址的分配,可以通过修改 INITRG、INITRM 和 INITEE 等映射寄存器来改变各种存储器的地址,通常它们只允许写入一次。因此应该在程序运行初期将这些资源确定,即进行一次性指定写入操作。对映像寄存器进行设置时,写该寄存器指令后的下一条指令应为空操作(NOP),以避免误操作。

当 MC9S12DG128 的存储分配出现地址重叠时,S12MCU 内部的优先级控制逻辑会自动屏蔽级别较低的资源,保留级别最高的资源。存储器的优先级如表5-4所示。

表5-4　存储器的优先级

优先级	资　　源	优先级	资　　源
1(最高)	BDM ROM(BDM 已激活)	4	EEPROM
2	寄存器区	5	Flash
3	RAM	6(最低)	外部扩展储存器

(2) RAM 地址映射。MC9S12DG128 的 RAM 区大小为 8KB,复位默认首地址为 $0000,运行时可重新映射到任何 8KB 边界处。映射是通过修改 RAM 映射寄存器 INITRM 中的高 5 位来实现的。

RAM 映射寄存器 INITRM(复位默认值: 00001001B):

读/写	Bit7	Bit6	Bit5	Bit4	Bit3	Bit2	Bit1	Bit0
Read /Write	RAM15	RAM14	RAM13	RAM12	RAM11	0	0	RAMHAE

RAM15~RAM11:RAM 映射空间地址高 5 位。

RAMHAL:内部 RAM 对齐方式位。

0—RAM 地址与映射空间地址低对齐,最小为 $0000;

1—RAM 地址与映射空间地址高对齐,最大为 $FFFF。

(3) 寄存器地址映射。MC9S12DG128 的寄存器区大小为 512KB,复位默认首地址为 $0000,运行时可重新映射到 64KB 地址空间中的低 32KB 中任何 2KB 边界处,但实际使用的是前 512KB。映射是通过修改寄存器映射寄存器 INITRG 中 4 个二进制位来实现的。

寄存器映射寄存器 INTRG(复位默认值: 00000000B):

读/写	Bit7	Bit6	Bit5	Bit4	Bit3	Bit2	Bit1	Bit0
Read /Write	0	REG14	REG13	REG11	REG12	0	0	EEON

REG14~REG11:寄存器区定位控制位。该位指定寄存器区 16 位首地址的第 11~14 位。最小为 $0000,最大为 $7FFF。例如,INITRG 寄存器中写入二进制数 01100000 时,对应的寄存器映射位置为 $6000。

(4) EEPROM 地址映射。MC9S12DG128 内部集成了 2KB 的 EEPROM,复位默认首地址为 $0000,运行时可重新映射到任何 4KB 边界处。映射是通过修改 EEPROM 映射寄存器 INITEE 中的前 5 个二进制位来实现的,最后一位 EEON 控制 EEPROM 是否激活。

EEPROM 映射寄存器 INITEE(复位默认值: 00000001B):

读/写	Bit7	Bit6	Bit5	Bit4	Bit3	Bit2	Bit1	Bit0
Read /Write	EE15	EE14	EE13	EE11	EE12	0	0	EEON

EE15～EE11：内部 EEPROM 定位控制位。指定 EEPROM 区 16 位首地址的最高 5 位。在普通模式下只允许写入一次,在特殊模式下可任意进行写操作。

EEON：EEPROM 使能位。该位决定是否允许对 EEPROM 读操作,但不影响编程、擦除操作以及对 EEPROM 控制寄存器的访问。在单芯片模式下,该位恒为 1;在扩展及外设模式下,该位允许写操作。

0—EEPROM 关闭;

1—EEPROM 使能。

(5) Flash/RAM 地址映射及综合控制寄存器。MC9S12DG128 MCU 具有 128KB 的 Flash/RAM,其复位默认首地址为 $4000,即 64KB 空间的高半部分,运行时可重新映射到低半部分,即 $0000。$4000～$FFFF 为 Flash 存储器空间,分成 3 个 16KB 空间。最高 16KB 空间的后 256KB,即 $FF00～$FFFF 是中断向量表空间。映射通过 MISC 寄存器实现,其最低位 ROMON 控制 Flash 是否激活。

Flash/RAM 地址映射及综合控制寄存器 MISC(复位默认值：00001101B)：

读/写	Bit7	Bit6	Bit5	Bit4	Bit3	Bit2	Bit1	Bit0
Read/Write	0			0	EXSTR1	EXSTR0	ROMHM	ROMON

EXSTR1、EXSTR0：外部总线周期延长控制位。在单芯片模式和外设模式下,这两位无意义。

ROMHM：Flash/ROM 映射控制位。该位决定片内 Flash/ROM 的位置。在单芯片模式下,该位复位后为 1。若 ROMON＝0(参看下面 ROMON 部分),该位无意义。

0—Flash/ROM 定位于 $0000～S7FFF;

1—Flash/ROM 定位十 $8000～SFFFF。

ROMON：Flash/ROM 使能位。在扩展模式下,复位后 ROMON 为 0;在单芯片模式下,复位后 ROMON 为 1。

0—Flash/ROM 关闭;

1—Flash/ROM 使能。

2. MC9S12DG128 存储器的寄存器

MC9S12DG128 寄存器可以直接与 ALU 相连。与其他 RAM 相比,寄存器具有以下特点：

① 一般 RAM 只能实现数据的读写,而寄存器能够在读写的同时还方便地通过指令实现移位、置位、清零、位测试等一系列复杂操作。

② 读写寄存器中的数据传送速度最快,数据更新最快。这也是寄存器区别于其他 RAM 的重要特点。

通常,MCU 内部的寄存器数量十分有限,MC9S12DG128 MCU 的内部寄存器为 512KB,且寄存器功能各有侧重。本小节简要介绍 MC9S12DG128 的 5 个内部寄存器：累加器 D(A、B)、变址寄存器 X 与 Y、堆栈指针寄存器 SP、程序计数器 PC、程序状态寄存器 CCR 的功能特点。其他寄存器请查阅芯片数据手册。

(1) 累加器 D(A、B)。MC9S12DG128 有 2 个 8 位累加器：累加器 A 和累加器 B。累

加器又可称为数据寄存器,因此累加器 A 和累加器 B 又分别称为寄存器 A 和寄存器 B。寄存器 A 和寄存器 B 加起来可看成一个 16 位寄存器 D,其高 8 位在寄存器 A,低 8 位在寄存器 B。实际上寄存器 D 和 A、B 指的是同一个寄存器,只是名字不同而已。寄存器 D 不受复位影响。

累加器 D、A、B 主要用于算术运算,BCD 调整指令只能使用累加器 A。8 位乘法指令固定使用累加器 A、B。16 位乘法指令固定使用寄存器 D、Y,除法指令固定使用寄存器 D、X、Y,位检测指令只针对累加器 A、B。对于大多数算术运算指令,累加器用作目的寄存器。

(2) 变址寄存器 X、Y。MC9S12DG128 有 2 个 16 位地址寄存器,主要用于寻址操作,也用于临时存放数据并参与运算,但只能按 16 位方式访问。由于 MC9S12DG128 寄存器的通用数据寄存器较少,因此在乘法运算中需要寄存器 X 参与,在除法运算中需要寄存器 X、Y 同时参与。寄存器 X、Y 内容不受复位影响。

(3) 堆栈指针寄存器 SP。MC9S12DG128 的 16 位堆栈指针寄存器 SP 既可用作系统栈操作,也可用于用户栈操作。SP 主要用于堆栈管理,服务于中断和子程序调用。用户程序必须对 SP 进行初始化设置。SP 的内容复位后不受影响。MC9S12DG128 的 16 位堆栈指针总是指向堆栈区的顶部。

(4) 程序计数器 PC。MC9S12DG128 的 16 位程序计数器 PC 指针始终指向程序序列中下一条将要执行的指令,用户可以读取 PC 指针,但不能直接写入 PC 指针。复位后,PC 自动回到默认状态。PC 是特殊的寄存器,它决定 CPU 欲取指令的地址,因此不能挪作他用。PC 不能参与任何运算。

(5) 程序状态寄存器 CCR。

程序状态寄存器 CCR(复位默认值:1100000B):

读/写	Bit7	Bit6	Bit5	Bit4	Bit3	Bit2	Bit1	Bit0
Read/Write	S	X	H	I	N	Z	V	C

程序状态寄存器 CCR 的内容分为 2 部分:第 1 部分是 5 个算数特征位,分别是 H、N、Z、V、C,它们反映了上一条指令执行结果的特征;第 2 部分是 3 个 MCU 控制位,分别是中断屏蔽位 X、I 和 STOP 指令控制位 S,这 3 位通常由软件设定,控制 CPU 的操作。

CCR 是真正的专用寄存器,除 C、H 位之外,其他各位都不参与任何运算。CCR 各位的作用简要说明如下:

S—STOP 指令禁止位。该位置 1 将禁止 CPU 执行 STOP 指令。

X—XIRQ 中断屏蔽位。该位置 1 将屏蔽来自 XIRQ 引脚的中断请求,复位默认值为 1。

I—中断屏蔽位。该位置 1 将屏蔽所有的可屏蔽中断源,复位默认值为 1。

H—辅助进位。该位 BCD 操作时累加器 A 的 Bit3 向 Bit4 进位。

N—符号位。当运算结果为负时,该位置 1。N 位实际是运算结果最高位的拷贝。

Z—0 标志。当运算结果为 0 时,该位置 1。

V—补码溢出标志。当运算结果出现补码溢出时,该位置 1。

C—进/借位标志。当加法运算产生进位或者减法运算产生借位时,该位置 1。移位操作或者直接针对 C 的指令也可改变 C 的值。

5.3 MC9S12DG128B 单片机实验箱简介

MC9S12DG128B 单片机实验箱实物图如图 5-12 和图 5-13 所示,它是专为汽车电子控制课程定制的教学实验设备。它的特点是:DG128B 核心板,可用于蜂鸣器、数码管、LCD、LED、键盘、A/D、SCI、CAN 通信等实验。

图 5-12　MC9S12DG128B 单片机实验箱外观

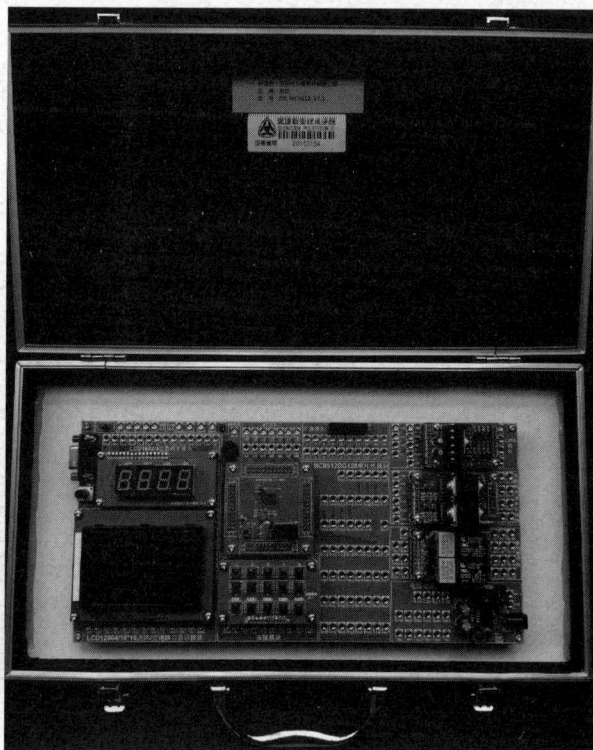

图 5-13　MC9S12DG128B 单片机实验箱内部配置

　　MC9S12DG128B 单片机开发实验板由多个模块组成(见图 5-14),有 MC9S12DG128B 单片机模块、电源电路模块、热敏电阻采样模块、滑动变阻器采样模块、蜂鸣器模块、A/D 采样口模块、LCD1602 4 位数码管模块、LCD12864 16×16 点阵/交通路口模块、按键模块、ISD 语音电路模块、SCI 串口通信模块、CAN 通信模块,以及综合实训继电器模块、电磁阀及步进电动机模块、直流电动机 L298 驱动模块等,为汽车电子控制原理与技术应用的教学提供了丰富的实验项目,也可作为整周实训、创新科研的开发工具。

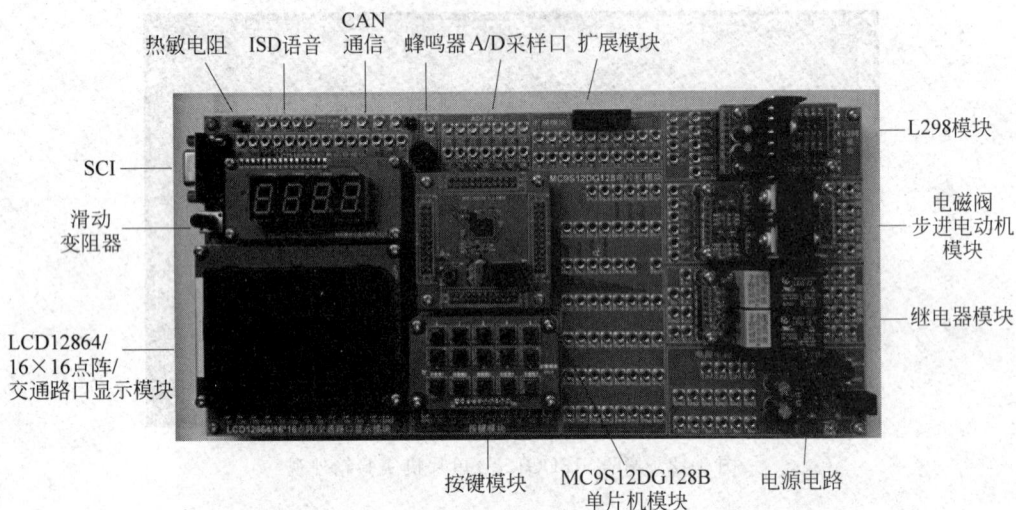

图 5-14　MC9S12DG128B 单片机开发板的模块组成

　　其中,MC9S12DG128B 单片机模块集成了电源电路、PPL 电路、复位电路、有源晶振电路、BDM 调试接口电路等,如图 5-15 所示。单片机的 I/O 口由 4 个排针插座引出到下层板的香蕉插孔,用于连接开发板的其他模块。

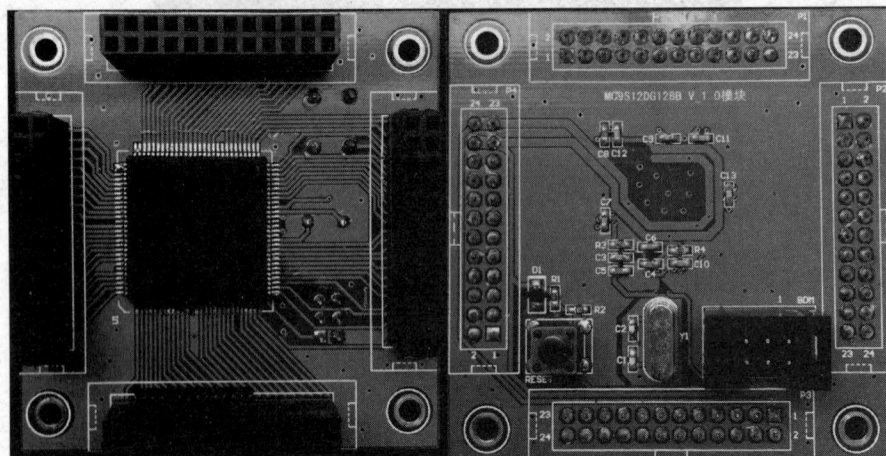

图 5-15　MC9S12DG128B 单片机模块正反面

5.4　CodeWarrior 集成开发环境的使用

5.4.1　CodeWarrior 环境功能和特点

CodeWarrior 开发环境(简称 CW 环境)是 Freescale 公司研发的面向 Freescale MCU 与 DSP 嵌入式应用开发的商业软件工具。CW 环境功能强大,是 Freescale 向用户推荐的产品。

CodeWarrior 分为 3 个版本:特别版(special edition)、标准版和专业版。其中特别版是免费的,用于教学目的,对生成的代码量有一定限制(C 语言代码不得超过 12KB),对工程包含的文件数目也限制在 30 个以内。标准版和专业版没有这种限制。3 个版本的区别在于用户所获取的授权文件(license)不同,特别版的授权文件随安装软件附带(不需要特殊申请),标准版和专业版的授权文件需要付费。CodeWarrior 特别版、标准版和专业版的定义随所支持的微处理器的不同而不同,如 CodeWarrior for S08 V6.2、CodeWarrior for S12 V5.0/5.1、CodeWarrior for ColdFire V6.3 等。

CW 环境包括以下几个功能模块:编辑器、编译器、链接器、源码浏览器、搜索引擎、构造系统、调试器、工程管理器。编辑器、编译器、链接器和调试器对应开发过程的 4 个主要阶段,其他模块用以支持代码浏览和构造控制,工程管理器控制整个过程。该集成环境是一个多线程应用,能在内存中保存状态信息、符号表和对象代码,从而提高操作速度;能跟踪源码变化,进行自动编译和链接。

5.4.2　CW 环境安装

CW 环境安装没有特别之处,在 Windows 操作系统上,只要按照安装向导就可以完成。

需要说明的是,安装完毕以后要上网注册以申请使用许可(license key)。无论是下载的软件还是申请到的免费网上光盘,安装后都要通过因特网注册,以申请使用许可。这里可通过登录其网站,单击"Request a Key"实现。由于这一注册过程是在网上自动实现的,故只要网络通畅,这个注册过程在数分钟之内即可完成。申请后会通过 E-mail 得到一个 License.dat 文件,将该文件复制到相应目录下即可,例如:"C:\ProgramFiles\Freescale\CodeWarrior for S12 V5.1\"。对于免费的特别版本,安装好后用 License.dat 覆盖安装目录下的 License.dat,便可以编译生成不超过 12KB 目标代码的程序。

CW 环境的运行界面如图 5-16 所示。

由于 CodeWarrior IDE 安装后的默认字体是 Courier New,对中文的支持不完善,因此建议修改字体。方法如下:选择"Edit-Perferences"菜单项,则弹出"IDE Preferences"对话框。在"Font&Tabs"选项设置字体为"Fixedsys",Script 为 CHINESE_GB2312。由于 Tab 在不同文本编辑器解释不同,建议选中"Tab Inserts Spaces",使 Tab 键插入的是多个空格。

5.4.3　CW 环境下的第一个 C 工程

本书用 DG128 控制多个发光二极管指示灯的例子开始我们的程序之旅。指示灯是最

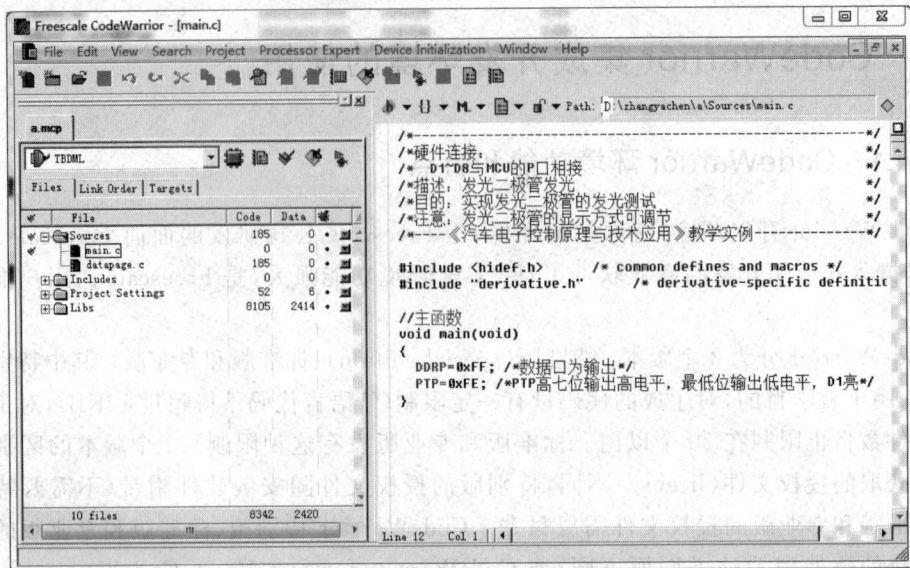

图 5-16　CW 环境运行界面

简单不过的硬件对象了,当灯两端引脚上有足够高的正向压降时,它就会发光。在本书的工程实例中,灯的负端引脚接 DG128 的普通 I/O 口,正端引脚过电阻接 5V 电源。当在 I/O 引脚上输出低电平或高电平时,指示灯就会亮或暗。

CW 编译环境的操作步骤如下:

(1) 在计算机 D 盘上建立自己的文件夹,如 D:/zhangyachen。

(2) 双击计算机桌面图标 CodeWarrior IDE 打开 CW 应用软件,主要学习以下几方面操作:

在文件夹内建立工程文件(* . mcp)和 C 语言程序文件(* . c),学习建立、保存和管理方法。

首先新建一个工程(New Project),单击图 5-17 所示的快捷键。

选择单片机"HCS12D Family"目录下的"MC9S12DG128B",下载链接选择"TBDML"选项,单击"下一步"按钮,如图 5-18 所示。

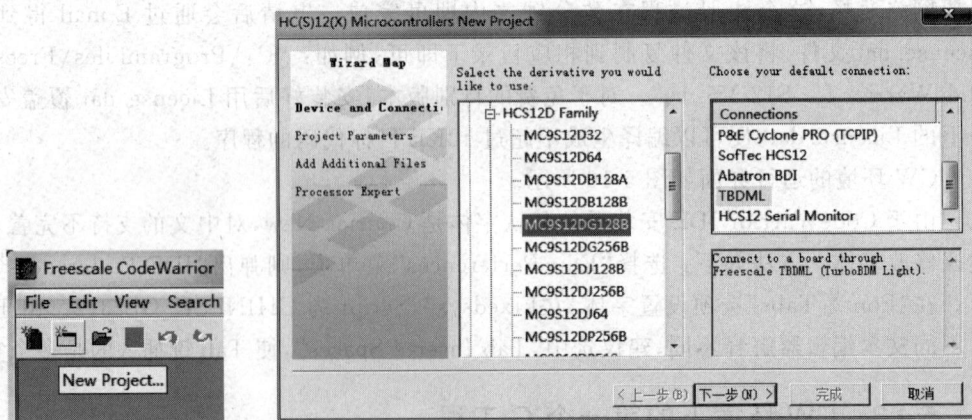

图 5-17　新建一个工程文件　　　　　　　图 5-18　选择单片机和下载链接

在文件夹内创建一个新的项目"a",后缀名默认,单击"完成"按钮,如图 5-19 所示。

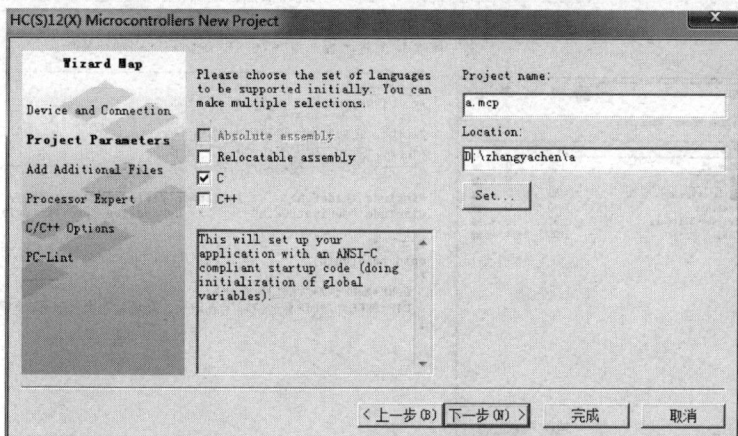

图 5-19　设置新的项目名和路径

新生成工程文件如图 5-20 所示。

图 5-20　新生成的工程文件

在 CW 环境下,双击目录文件下的"main.c",在右边的编辑窗口编辑 C 语言程序,如图 5-21 所示。编辑完成后,单击"保存"按钮。

(3) 学习程序的链接和调试初步操作:

① 接上实验板的电源线到电源,将实验板的 BDM 下载器连接到计算机的 USB 接口。

② 进行程序编译,并检查指令输入中有无错误。无错误,则进行程序调试(Debug)。链接无错,如图 5-22 所示。

③ 如图 5-23 所示,按绿色箭头(Start)进行程序运行,按标有红圈箭头(Halt)停止运行。检查运行状态是否正常。

④ 退出调试对话框,按实验板上 Reset 键,观察程序运行状态。

(4) 继续反复练习文件的建立、打开、修改、保存、添加等操作。

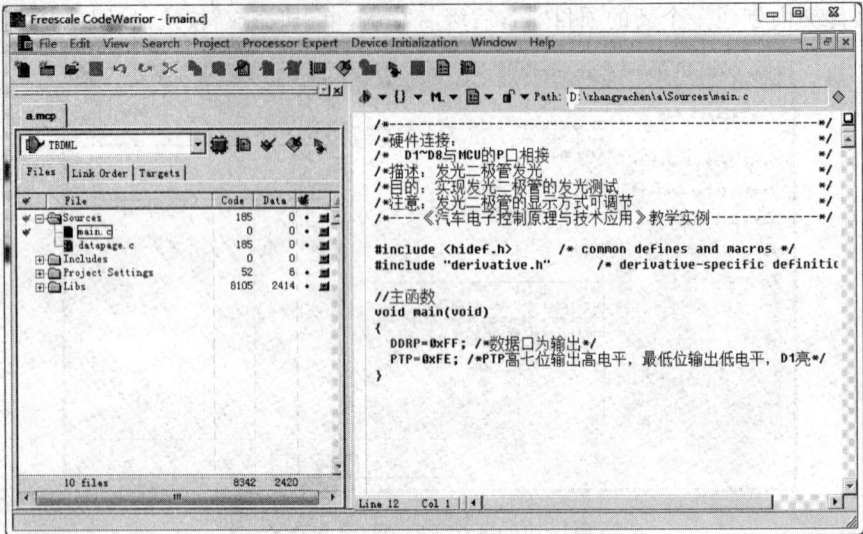

图 5-21　编辑 C 语言程序

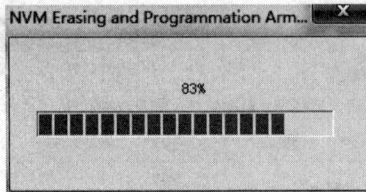

图 5-22　下载程序到单片机

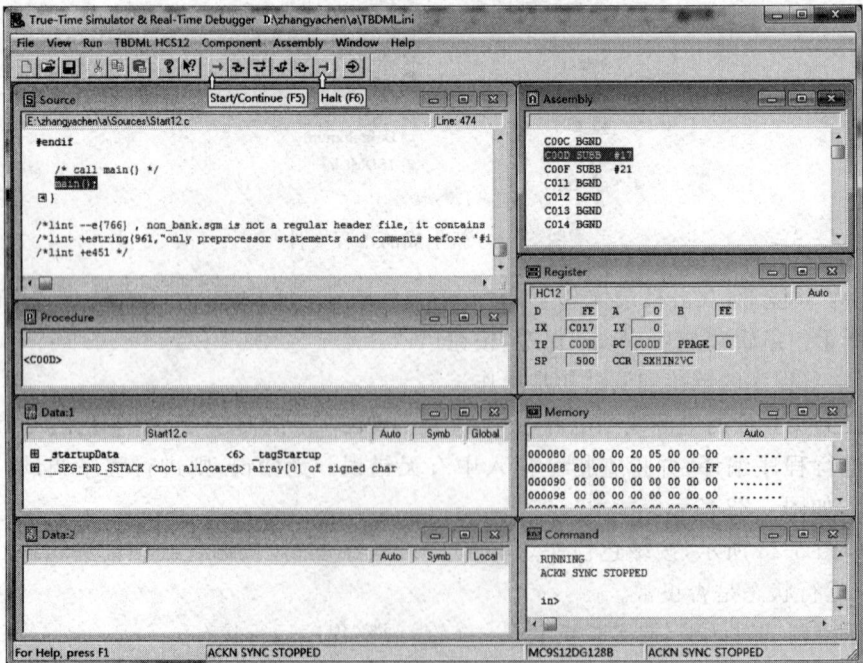

图 5-23　调试对话框

第 **6** 章　输入/输出接口

S12 系列 MCU 的外围接口采用模块化设计方式,即输入/输出(I/O)系统接口由许多标准模块组成,这些接口包括 PORTA、PORTB、PORTE、PORTK、PORTH、PORTJ、PORTM、PORTS、PORTP 和 PORTT。各个接口在通用功能的基础上还有一些特殊功能。本章主要介绍 S12 系列 MCU 通用 I/O 接口的设置和使用方法,蜂鸣器、LED、数码管、键盘、输入/输出接口设计的基本方法等。

6.1　MC9S12DG128B MCU 的并行 I/O 接口

6.1.1　I/O 接口的基本概念

I/O 接口即输入/输出接口,是 MCU 与外界进行交互的重要通道。这些接口千变万化,种类繁多,有显而易见的人机交互接口(如操纵杆、键盘、显示器),也有无人介入的接口(如网络接口、机器设备接口)。

不同 MCU 所具有的 I/O 接口数目及类型也不相同,某个 MCU 所使用的 I/O 资源集合往往决定了该 MCU 将如何实现其应用。在选择主控 MCU 时要充分考虑 I/O 接口资源、数目及类型满足系统要求,并要预留一定的扩展接口,但也不能浪费;否则会提高系统成本。

通用 I/O 接口(general purpose I/O,GPIO)是 I/O 接口的最基本形式,它是一组输入或输出引脚,有时也称为并行 I/O(parallel I/O)。本书中使用正逻辑,电源(V_{CC})代表高电平,对应数字信号 1; 地(GND)代表低电平,对应数字信号 0。作为普通输入引脚,MCU 内部程序可以读取该引脚,从而知道该引脚是 1(高电平)或 0(低电平),即开关量输入。作为普通输出引脚,MCU 内部程序由该引脚输出 1(高电平)或 0(低电平),即开关量输出。大多数通用 I/O 引脚都可以通过编程来设定工作方式为输入或输出,称之为双向通用 I/O。

输入引脚有 3 种不同的连接方式:带上拉电阻的连接、带下拉电阻的连接和悬空连接,如图 6-1 所示。

通俗地说,若 MCU 的某个引脚通过一个电阻接到电源(V_{CC})上,这个电阻被称为"上拉电阻"。与之相对应,若 MCU 的某个引脚通过一个电阻接到地(GND)上,则相应的电阻被称为"下拉电阻"。它们的作用是使 MCU 的相应引脚平时处于稳定的高电

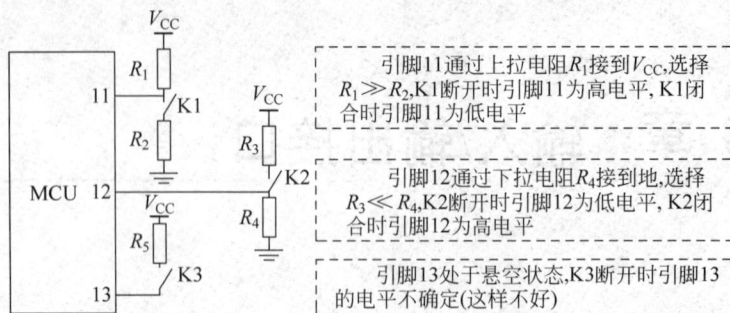

图 6-1　I/O 口输入电路框图

平或低电平。根据实际情况,上拉电阻与下拉电阻可取值为 1kΩ～5MΩ。

　　图 6-1 中引脚 11 外接上拉电阻 R_2 与 V_{CC} 相连(R_1 的阻值小于 R_2),当开关 K1 闭合时,引脚 11 输入 0(低电平);当开关 K1 断开时,引脚 11 输入 1(高电平)。引脚 12 外接下拉电阻 R_4 与地相连(R_3 的阻值小于 R_4),当开关 K2 闭合时,引脚 12 输入 1(高电平);当开关 K2 断开时,引脚 12 输入 0(低电平)。引脚 13 通过开关 K3 和电阻 R_5 与电源相连,当开关 K3 闭合时,引脚 13 输入 1(高电平);当开关 K3 断开时,引脚 13 处于悬空状态,无法肯定输入的是高电平或低电平。在实际电路中,对于未使用的 I/O 口引脚,应该将其接电源或地,不要悬空,以减少干扰。

　　作为普通输出引脚,MCU 内部程序通过该引脚输出 1(高电平)或 0(低电平)来驱动器件工作,如图 6-2 所示。其中 O1 引脚接 LED 驱动电路,当 O1 引脚输出高电平时,LED 不亮;当 O1 引脚输出低电平时,LED 点亮。这种接法产生的驱动电流一般在 2～10mA。

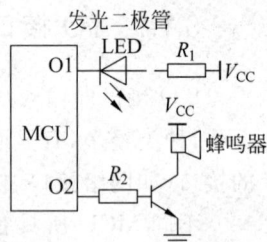

图 6-2　I/O 口输出电路框图

　　另一种接法是 O2 引脚通过一个 NPN 三极管驱动蜂鸣器,当 O2 引脚输出高电平时,蜂鸣器响;当 O2 引脚输出低电平时,蜂鸣器不响。这种接法的驱动电流可达 100mA 左右,而 O2 引脚控制电流可以在几毫安左右。

　　若负载需要更大的驱动电流,就必须设计另外的驱动电路,但对 MCU 编程来说,没有任何影响。

6.1.2　A 口、B 口、E 口和 K 口

　　MC9S12DG128 MCU 有 10 个普通 I/O 口,分别是 A 口、B 口、E 口、H 口、J 口、K 口、M 口、P 口、S 口和 T 口。这些引脚中的大部分具有双重功能,本节仅讨论它们作为普通 I/O 功能时的编程方法。作为普通 I/O 口,它们的每一个引脚均可通过相应口的数据方向寄存器独立地设置为输入或输出。对于被定义为输入的引脚,若是在 A 口、B 口、E 口、K 口中,还可通过相应口的上拉电阻允许寄存器独立地设置其有无内部上拉电阻。对于被定义为输出的引脚,一律无上拉电阻。

　　A 口的 8 个引脚(PORTA7～PORTA0)作为普通 I/O 口。在 MCU 扩展模式下,这些引脚可用来实现 CPU 外部总线扩展,如 RAM、Flash、I/O 等。MC9S12 MCU 采用地址和

数据总线复用的形式实现外部总线的扩展,在扩展模式中,A 口作为外部扩展 16 位中的高 8 位。

1. A 口的寄存器

当 A 口作为普通 I/O 口时,具有两个寄存器:A 口数据方向寄存器(DDRA)和 A 口 I/O 寄存器(PORTA)。

(1) A 口数据方向寄存器。A 口数据方向寄存器(data direction register A,DDRA)的地址为 $0002,DDRA 的第 7~0 位分别记为 DDRA7~DDRA0。这些位分别控制着 A 口引脚 PORTA7~PORTA0 是输入还是输出,若 DDRAx=0,则引脚 PORTAx 为输入;若 DDRAx=1,则引脚 PORTAx 为输出。复位时 DDRA 为 $00。

注意:数据方向寄存器的一位:0—定义输入;1—定义输出。

(2) A 口 I/O 寄存器。A 口 I/O 寄存器(port A I/O register,PORTA)的地址为 $0000,PORTA 的第 7~0 位分别记为 PORTA7~PORTA0。若 A 口的某一引脚 PORTAx 被定义成输出,当程序 PORTA 的相应位 PORTAx=0 时,引脚 PORTAx 输出低电平;当程序使 PORTAx=1 时,引脚 PORTAx 输出高电平。若 A 口的某一引脚 PORTAx 被定义成输入,程序通过读取 PORTA 获得输入情况,0 表示输入为低电平,1 表示输入为高电平。

注意:输出时,I/O 寄存器的一位:0—输出低电平;1—输出高电平。输入时,I/O 寄存器的一位:0—外部输入低电平;1—外部输入高电平。

2. B 口、E 口、K 口的寄存器

作为普通 I/O 口使用时,B 口、E 口、K 口的功能以及用法与 A 口类似,各自的寄存器如表 6-1 所示。

表 6-1 B 口、E 口、K 口的寄存器描述

接口名称	寄存器名	缩写	地址
B 口	B 口数据方向寄存器	DDRB	$0003
	B 口 I/O 寄存器	PORTB	$0001
E 口	E 口数据方向寄存器	DDRE	$0009
	E 口 I/O 寄存器	PORTE	$0008
K 口	K 口数据方向寄存器	DDRK	$0033
	K 口 I/O 寄存器	PORTK	$0032

3. 上拉电阻控制寄存器

A 口、B 口、E 口、K 口都有上拉电阻,它们共用一个控制寄存器(pull up control register,PUCR)。PUCR 寄存器的地址为 $000C。PUCR 的第 0 位称为 PUPAE(标识中的"A"代表 A 口,"B"、"E"、"K"等分别代表 B 口、E 口、K 口等),含义是 A 口的上拉电阻使能位。当 PUPAE=1 时,A 口的 8 个引脚中被定义为输入的引脚有内部上拉电阻。类似地,设定 B 口、E 口、K 口上拉电阻的位 PUPBE、PUPEE、PUPKE 分别是 PUCR 的第 1、4、7

位。PUCR 的其他位未定义。

注意：在引脚 PORTA 被定义为输入时，可通过上拉电阻控制寄存器 PUCR 中的 PUPAE 位来定义有无内部上拉电阻：0—没有内部上拉电阻；1—有内部上拉电阻。

6.1.3　H 口、J 口、M 口、P 口、S 口和 T 口

本小节中以 DG128(112 引脚)为例，阐述 H 口、J 口、M 口、P 口、S 口和 T 口作为普通 I/O 时，与之关联的寄存器功能和作用。为方便起见，在讲述中以 x 来代表 H、J、M、P、S 或 T 等。

1. 端口的寄存器

除 J 口拥有 4 个引脚外，H 口、M 口、P 口、S 口和 T 口都拥有 8 个引脚。当它们作为普通 I/O 口时，都具有 6 个寄存器：数据方向寄存器、I/O 寄存器、输入寄存器、低功耗驱动寄存器、上拉下拉使能寄存器和上拉下拉选择寄存器。各自的寄存器如表 6-2 所示。

表 6-2　H 口、J 口、M 口、P 口、S 口、T 口的寄存器描述

I/O 口名称	寄存器名	缩写	地址	引脚数量	控制的引脚
H 口	数据方向寄存器	DDRH	$ 0262	8	52～59、35～32
	I/O 寄存器	PTH	$ 0260		
	输入寄存器	PTIH	$ 0261		
	低功耗驱动寄存器	RDRH	$ 0263		
	上拉下拉使能寄存器	PERH	$ 0264		
	上拉下拉选择寄存器	PPSH	$ 0265		
J 口	数据方向寄存器	DDRJ	$ 026A	4	22、21、99、98
	I/O 寄存器	PTJ	$ 0268		
	输入寄存器	PTIJ	$ 0269		
	低功耗驱动寄存器	RDRJ	$ 026B		
	上拉下拉使能寄存器	PERJ	$ 026C		
	上拉下拉选择寄存器	PPSJ	$ 026D		
M 口	数据方向寄存器	DDRM	$ 0252	8	105～100、88、87
	I/O 寄存器	PTM	$ 0250		
	输入寄存器	PTIM	$ 0251		
	低功耗驱动寄存器	RDRM	$ 0253		
	上拉下拉使能寄存器	PERM	$ 0254		
	上拉下拉选择寄存器	PPSM	$ 0255		
P 口	数据方向寄存器	DDRP	$ 025A	8	4～1、112～109
	I/O 寄存器	PTP	$ 0258		
	输入寄存器	PTIP	$ 0259		
	低功耗驱动寄存器	RDRP	$ 025B		
	上拉下拉使能寄存器	PERP	$ 025C		
	上拉下拉选择寄存器	PPSP	$ 025D		

I/O 口名称	寄 存 器 名	缩写	地址	引脚数量	控制的引脚
S 口	数据方向寄存器	DDRS	$024A	8	96~89
	I/O 寄存器	PTS	$0248		
	输入寄存器	PTIS	$0249		
	低功耗驱动寄存器	RDRS	$024B		
	上拉下拉使能寄存器	PERS	$024C		
	上拉下拉选择寄存器	PPSS	$024D		
T 口	数据方向寄存器	DDRT	$0240	8	9~12、15~18
	I/O 寄存器	PTT	$0240		
	输入寄存器	PTIT	$0241		
	低功耗驱动寄存器	RDRT	$0243		
	上拉下拉使能寄存器	PERT	$0244		
	上拉下拉选择寄存器	PPST	$0245		

（1）数据方向寄存器。数据方向寄存器的功能是决定相应口的引脚是输入还是输出，若某位为 0，则对应引脚为输入；若某位为 1，则对应引脚为输出。复位时，该寄存器的值为 $00。

注意：数据方向寄存器的一位：0—定义输入；1—定义输出。

（2）I/O 寄存器。当对应位的数据方向寄存器的值为 0 时，即定义为输入，读该寄存器时，读出的是该寄存器的值，而不是对应引脚的电平（注意，这点与 A 口不同）。当数据方向寄存器的值为 1 时，即定义为输出。当该寄存器中对应位为 0 时，表示输出低电平；对应位为 1 时，表示输出高电平。这时寄存器的值与引脚的电位一样。

注意：输出时，I/O 寄存器的一位：0—输出低电平；1—输出高电平。输入时，I/O 寄存器的一位：0—外部输入低电平；1—外部输入高电平。

（3）输入寄存器。输入寄存器是只读寄存器，当数据方向寄存器定义为输入时，读出的值为对应引脚的电平，即读出的值为 0 时，表示对应引脚上为低电平；读出的值为 1 时，表示对应引脚上为高电平。当引脚作为输出时，该寄存器监视对应引脚是否负荷超载或电路短路，若是，则置 1；否则为 0。

注意：输入时，输入寄存器的一位：0—外部输入低电平；1—外部输入高电平。输出时，输入寄存器的一位：0—引脚工作正常；1—引脚工作超载或短路。

（4）低功耗驱动寄存器。如果低功耗驱动寄存器的某位值为 1，则对应引脚的输出功耗为正常时的 1/6；如果为 0，则对应引脚的输出功耗为正常。

注意：输出时，低功耗驱动寄存器的一位：0—输出功耗正常；1—输出功耗为正常时的 1/6。

（5）上拉下拉使能寄存器。如果上拉下拉使能寄存器的某位值为 0，则禁止上拉或下拉电阻；如果为 1，则允许上拉或下拉电阻。

注意：上拉下拉使能寄存器的一位：0—禁止上拉或下拉电阻；1—允许上拉或下拉电阻。

（6）上拉下拉选择寄存器。在 I/O 口的某位引脚被定义为输入且上拉下拉使能寄存器的对应位定义为允许上拉或下拉的情况下，如果上拉下拉选择寄存器的对应位的值为 1，则该位设置为下拉；如果为 0,则该位设置为上拉。

注意：输入和允许上拉下拉时,上拉下拉选择寄存器的一位：0—上拉；1—下拉。

2. 接口的复用功能

各接口除了提供 I/O 功能外,还和其他功能进行复用。

T 口还具有接收输入捕捉功能,每个引脚作为一个输入捕捉接口。在系统复位时,引脚置位为高阻态。

S 口还与 SCI 模块和 SPI 模块关联作为通信接口（即 PTS[0:1]、PTS[2:3]分别为 SCI0 和 SCI1 的通信接口,PTS[4:7]为 SPI0 的通信接口）。在系统复位时,引脚置位为带上拉电阻的输入状态。

M 口还与 ByteFlight 模块、BDLC(J1850)模块、CAN 模块和 SPI 关联作为通信接口,即 CAN0 和 BDLC(J1850)共享 PTM[0:1],ByteFlight、CAN0、CAN1、CAN4 和 SPI0 共享 PTM[2:7]。异步通信接口 SCI0、SCI1 也在该接口。PTS[4:7]为 SPI0 的通信接口。在系统复位时,引脚置位为高阻态。

P 口还与 PWM 模块和 SPI 模块关联作为通信接口,即 PTP 每个引脚可作为一个 PWM 模块的输出引脚,PTP[0:3]可作为 SPI1 接口使用。另外,当 P 口作为输入/输出接口时,还提供中断功能。在系统复位时,引脚置位为高阻态输入。

H 口还与 SPI 模块关联作为通信接口,即 PTH[0:3]作为 SPI1 接口使用。另外当 H 口作为输入/输出接口时,还提供中断功能。在系统复位时,引脚置位为高阻态输入。

J 口还与 CAN 模块和 I^2C 模块关联作为通信接口,即 CAN4 和 I^2C 共享 PTM[6:7]。另外,当 J 口作为输入/输出接口时,还提供中断功能。在系统复位时,引脚置位为带上拉电阻的输入状态。

6.1.4　其他 I/O 口

在其他 I/O 中,A/D 口除了作为 A/D 转换模块的模拟量输入口和外界触发脉冲的输入口外,也可作为普通输入口。该口的两个寄存器均为 A/D 口输入寄存器(port A/D input register, PORTAD),即 PORTAD0 和 PORTAD1,各关联 8 个引脚。AD0 口数据寄存器(PORTAD0)的地址为 $008F,关联引脚为 PORTAD0[7:0]；AD1 口数据寄存器(PORTAD1)的地址为 $012F,关联引脚为 PORTAD1[15:8]。A/D 口中没有数据方向寄存器,所以 A/D 口只能作为输入口,而不能作为输出口。

6.2　蜂鸣器模块

6.2.1　蜂鸣器模块介绍

在 MCU 应用系统中,经常需要用发声元件来发出警示讯息。蜂鸣器是常用的发声元件,在其两端施加直流电压(有源蜂鸣器)或者方波(无源蜂鸣器)就可以发声。

电磁式蜂鸣器发声的原理是电流通过电磁线圈,使电磁线圈产生磁场来驱动振动膜发

声,因此需要一定的电流才能驱动它。单片机 I/O 引脚输出的电流较小,单片机输出的
TTL 电平基本上驱动不了蜂鸣器,因此需要增加一个电流放大的电路。图 6-3 就是通过一
个三极管 S8050 来放大驱动有源电磁式蜂鸣器。

图 6-3 中续流二极管 VD3 的作用是保护电路。蜂鸣器本
质上是一个感性元件,其电流不能瞬变,因此必须有一个续流
二极管提供续流。否则,在蜂鸣器两端会产生几十伏的尖峰
电压,可能损坏三极管,并干扰整个电路系统的其他部分。

蜂鸣器模块电路的原理就是通过三极管 NPN 的开关
作用来控制有源电磁式蜂鸣器发声的。其基极的高电平使
三极管饱和导通,使蜂鸣器发声;而基极的低电平则使三极
管关闭,蜂鸣器停止发声。

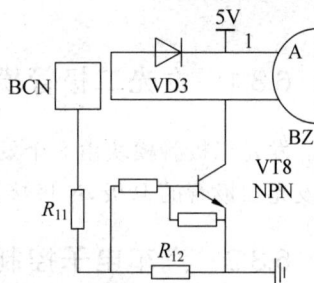

图 6-3　蜂鸣器模块原理图

6.2.2　汽车电子控制技术中蜂鸣器模块的应用实例

在硬件连接上,利用 MCU 的 A 口的 PORTA0 来控制蜂鸣器模块中三极管的基极。
图 6-3 中的 BCN 接口与 PORTA0 相接。下面给出蜂鸣器的编程实例。

【例 6.1】　蜂鸣器测试程序。

```
/* ------------------------------------------------------------------ */
/* 硬件连接: */
/* BCN 接口与 MCU 的 PORTA0 相接 */
/* 描述:控制蜂鸣器发出间歇警示音 */
/* 目的:实现蜂鸣器的发声测试 */
/* 注意:蜂鸣器的发声频率可调节 */
/* ----------------------- 《汽车电子控制原理与技术应用》教学实例 ---------- */

//头文件
# include < hidef. h >
# include < mc9s12dg128. h >

//主函数
void main(void)
{
    int i,j;
    DDRA| = 0x01;                          /* 数据口为输出 */
    for(;;)
    {
        PORTA& = 0xFE;                      /* PORTA0 输出低电平 */
        for(i = 1;i < 1000;i++)             /* 延时 */
                for(j = 1;j < 800;j++);
        PORTA| = 0x01;                      /* PORTA0 输出高电平 */
        for(i = 1;i < 1000;i++)             /* 延时 */
                for(j = 1;j < 800;j++);
    }
}
```

测试结果:观察蜂鸣器发声情况,可通过修改延时程序段来调节发声的频率。

6.3　发光二极管模块

6.3.1　发光二极管模块构成

发光二极管模块由 8 个发光二极管和排阻组成,排阻一端接 5V 电源,另外 8 个脚接 8 个发光二极管的 P 极,N 极接到 MCU 的 I/O 口。

6.3.2　汽车电子控制技术中发光二极管模块的应用实例

在硬件连接上,利用 MCU 的 P 口来控制发光二极管。图 6-4 中的 PTP0～PTP7 和 VD1～VD8 相接。P 口定义为输出,如 PTP0 输出低电平,VD1 就亮;PTP0 输出高电平,VD1 就灭。PTP0～PTP7 依次输出低电平,VD1～VD8 依次亮,如此循环,形成流水灯。

【例 6.2】　发光二极管测试程序。

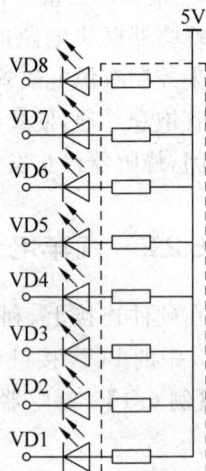

图 6-4　发光二极管模块

```
/* ------------------------------------------------ */
/* 硬件连接:                                          */
/* VD1～VD8 与 MCU 的 P 口相接                        */
/* 描述:发光二极管发光                                */
/* 目的:实现发光二极管的发光测试                       */
/* 注意:发光二极管的显示方式可调节                     */
/* ------------------------《汽车电子控制原理与技术应用》教学实例 ------------ */

//头文件
# include < hidef.h >
# include < mc9s12dg128.h >

//主函数
void main(void)
{
    int i;
    DDRP = 0xFF;                    /* 数据口为输出 */
    for(;;)
    {
        PTP = 0xFE;                 /* PTP0 输出低电平,VD1 亮 */
        for(i = 1;i < 30000;i++);   /* 延时 */

        PTP = 0xFD;                 /* PTP1 输出低电平,VD2 亮 */
        for(i = 1;i < 30000;i++);   /* 延时 */

        PTP = 0xFB;                 /* PTP2 输出低电平,VD3 亮 */
        for(i = 1;i < 30000;i++);   /* 延时 */

        PTP = 0xF7;                 /* PTP3 输出低电平,VD4 亮 */
        for(i = 1;i < 30000;i++);   /* 延时 */
```

```
    PTP = 0xEF;                        /* PTP4 输出低电平,VD5 亮 */
    for(i = 1;i < 30000;i++);          /* 延时 */

    PTP = 0xDF;                        /* PTP5 输出低电平,VD6 亮 */
    for(i = 1;i < 30000;i++);          /* 延时 */

    PTP = 0xBF;                        /* PTP6 输出低电平,VD7 亮 */
    for(i = 1;i < 30000;i++);          /* 延时 */

    PTP = 0x7F;                        /* PTP7 输出低电平,VD8 亮 */
    for(i = 1;i < 30000;i++);          /* 延时 */
    }
}
```

6.4　4 位数码管模块

在 MCU 应用系统中,如果需要显示的内容只有数码和某些字母,则使用 LED(light emitting diode)数码管是一种较好的选择。LED 数码管显示清晰,成本低廉,配置灵活,与 MCU 的接口简单易行。

6.4.1　LED 数码管的工作原理

1. LED 数码管的结构

LED 数码管由 8 个发光二极管(以下简称字段)构成,通过不同的组合可用来显示:数字 0~9,字符 A~F、H、L、P、R、U、Y,符号"－",小数点"."。数码管的外形结构如图 6-5(a)所示。数码管又分为共阴极和共阳极两种结构,分别如图 6-5(b)和(c)所示。

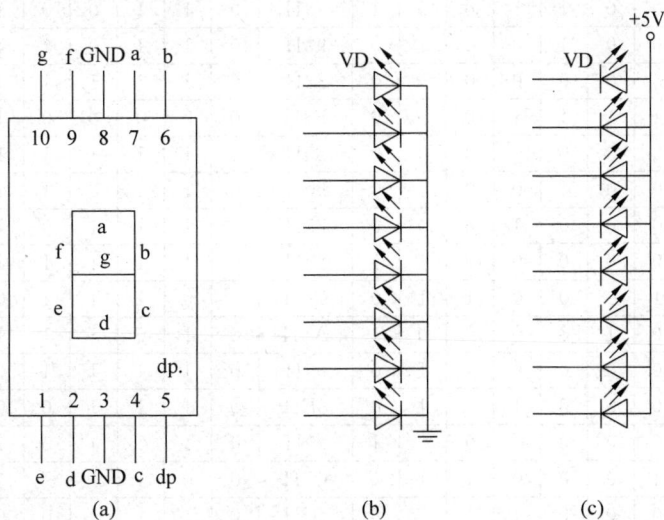

图 6-5　数码管结构图
(a)外形结构;(b)共阴极;(c)共阳极

　　共阳极数码管的 8 个发光二极管的阳极(二极管正端)连接在一起。通常,公共阳极接高电平(一般接电源),其他引脚接字段驱动电路输出端。当某段驱动电路的输出端为低电平时,则该端所连接的字段导通并点亮,并根据发光字段的不同组合可显示出各种数字或字符。此时,要求字段驱动电路能吸收额定的字段导通电流,还需根据外接电源及字段导通额定电流来确定相应的限流电阻。

　　共阴极数码管的 8 个发光二极管的阴极(二极管负端)连在一起。通常,公共阴极接低电平(一般接地),其他引脚接字段驱动电路输出端。当某字段驱动电路的输出端为高电平时,则该端所连接的字段导通并点亮,并根据发光字段的不同组合可显示出各种数字或字符。此时,要求字段驱动电路能提供额定的字段导通电流,也需根据外接电源及字段导通额定电流确定相应的限流电阻。

2. 数码管字形编码

　　要使数码管显示出相应的数字或字符,必须使段数据口输出相应的字形编码。对照图 6-5(a),字形码各位定义如下:数据线 D0 与 a 字段对应,D1 与 b 字段对应,……,依此类推。若使用共阳极数码管,数据为 0 表示对应字段亮,数据为 1 表示对应字段暗;若使用共阴极数码管,数据为 0 表示对应字段暗,数据为 1 表示对应字段亮。若要显示"0",共阳极数码管的字形编码应为 11000000B(即 C0H),共阴极数码管的字形编码应为 00111111B(即 3FH)。依此类推,可求得数码管字形编码如表 6-3 所示。

表 6-3　数码管字形编码表

显示字符	字形	共阳极									共阴极								
		dp	g	f	e	d	c	b	a	字形码	dp	g	f	e	d	c	b	a	字形码
0	0	1	1	0	0	0	0	0	0	C09	0	0	1	1	1	1	1	1	3FH
1	1	1	1	1	1	1	0	0	1	F9H	0	0	0	0	0	1	1	0	06H
2	2	1	0	1	0	0	1	0	0	A4H	0	1	0	1	1	0	1	1	5BH
3	3	1	0	1	1	0	0	0	0	B0H	0	1	0	0	1	1	1	1	4FH
4	4	1	0	0	1	1	0	0	1	99H	0	1	1	0	0	1	1	0	66H
5	5	1	0	0	1	0	0	1	0	92H	0	1	1	0	1	1	0	1	6DH
6	6	1	0	0	0	0	0	1	0	82H	0	1	1	1	1	1	0	1	7DH
7	7	1	1	1	1	1	0	0	0	F8H	0	0	0	0	0	1	1	1	07H
8	8	1	0	0	0	0	0	0	0	80H	0	1	1	1	1	1	1	1	7FH
9	9	1	0	0	1	0	0	0	0	90H	0	1	1	0	1	1	1	1	6FH
A	A	1	0	0	0	1	0	0	0	88H	0	1	1	1	0	1	1	1	77H
B	B	1	0	0	0	0	0	1	1	83H	0	1	1	1	1	1	0	0	7CH
C	C	1	1	0	0	0	1	1	0	C6H	0	0	1	1	1	0	0	1	39H
D	D	1	0	1	0	0	0	0	1	A1H	0	1	0	1	1	1	1	0	5EH
E	E	1	0	0	0	0	1	1	0	86H	0	1	1	1	1	0	0	1	79H
F	F	1	0	0	0	1	1	1	0	8EH	0	1	1	1	0	0	0	1	71H
H	H	1	0	0	0	1	0	0	1	89H	0	1	1	1	0	1	1	0	76H
L	L	1	1	0	0	0	1	1	1	C7H	0	0	1	1	1	0	0	0	38H
P	P	1	0	0	0	1	1	0	0	8CH	0	1	1	1	0	0	1	1	73H
R	R	1	1	0	0	1	1	1	0	CEH	0	0	1	1	0	0	0	1	31H

续表

显示字符	字形	共阳极									共阴极								
		dp	g	f	e	d	c	b	a	字形码	dp	g	f	e	d	c	b	a	字形码
U	U	1	1	0	0	0	0	0	1	C1H	0	0	1	1	1	1	1	0	3EH
Y	Y	1	0	0	1	0	0	0	1	91H	0	1	1	0	1	1	1	0	6EH
—	—	1	0	1	1	1	1	1	1	BFH	0	1	0	0	0	0	0	0	40H
.	.	0	1	1	1	1	1	1	1	7FH	1	0	0	0	0	0	0	0	80H
熄灭	熄灭	1	1	1	1	1	1	1	1	FFH	0	0	0	0	0	0	0	0	00H

8 段式 LED 显示器有动态扫描与静态显示 2 种方式,动态扫描需要耗费大量的 MCU 时间,且亮度不够;而静态显示亮度高,MCU 负担很小,但所需硬件驱动芯片较多。两者各有优缺点,在实际应用中应根据系统的具体情况而定。

6.4.2　4 位数码管模块介绍

4 位共阳极数码管接口硬件电路图如图 6-6 所示。在硬件连接上,利用 MCU 的 B 口控制 8 个段(数据),用 K 口的低 4 位控制数码管的位选信号。图 6-6 中 PB7～PB0 分别通过 1kΩ 的电阻与 dp～a 段相接,PK3～PK0 分别接 CN4～CN1 位选端,这样 PK3 就是控制最左边一个数码管的显示,PK0 就是控制最右边的一个数码管的显示。接在数据线上的 1kΩ 的电阻是限流电阻,用来避免电流过大烧坏数码管。

74LS573 为数据锁存器。当使能(E)为高时,Q0～Q7 输出将随数据(D)输入而变。当使能为低时,输出将锁存在已建立的数据电平上。

6.4.3　汽车电子控制技术中 4 位数码管模块的应用实例

1. 程序流程

4 位数码管显示驱动程序设计流程图如图 6-7 所示。

2. LED 源程序

【例 6.3】　4 位数码管测试程序。

```
/* ------------------------------------------------------------------- */
/* 硬件连接: */
/*    PB7～PB0 分别接 LED 的数据线 dp、g、f、e、d、c、b、a              */
/*    PK3～PK0 分别接 LED 的位选线(从左到右千、百、十、个)           */
/* 描述: 4 位数码管显示 4 个十进制数                                 */
/* 目的: 4 位数码管的显示测试                                        */
/* 注意: 可查表获取字形编码                                          */
/* ----------------------《汽车电子控制原理与技术应用》教学实例----------- */

//头文件
# include < hidef.h >
# include < mc9s12dg128.h >
```

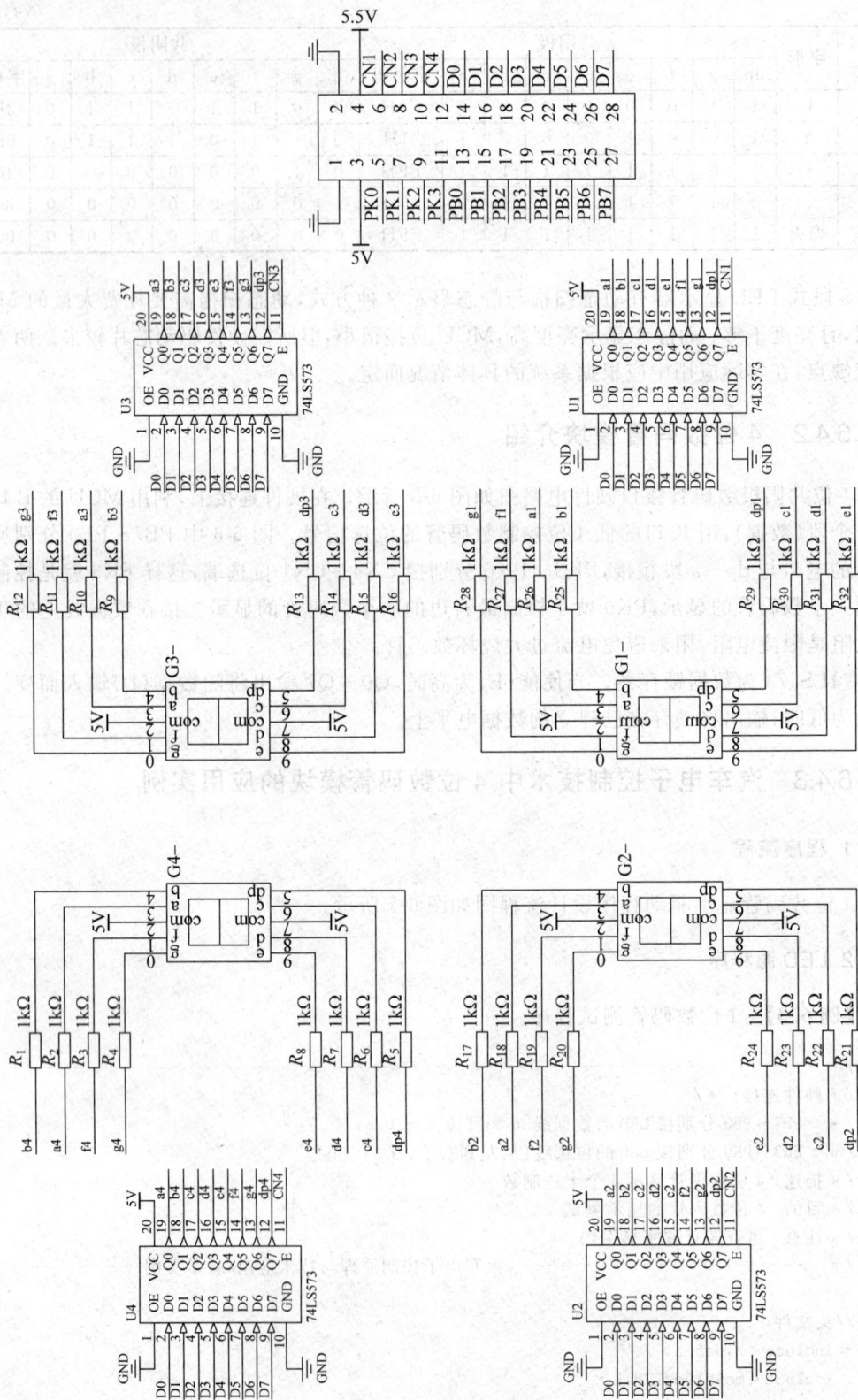

图 6-6　4 位数码管模块

LED控制引脚初始化
千位静态显示'0'
百位静态显示'1'
十位静态显示'2'
个位静态显示'3'

图 6-7　4 位数码管显示程序 N-S 流程图

```
//主函数
void main(void) {
    unsigned char NUM[11] = {0xC0, 0xF9, 0xA4, 0xB0, 0x99, 0x92, 0x82, 0xF8, 0x80, 0x90,
0xFF};                                          /*编码表*/
    unsigned char LED[5] = {0x00,0x01,0x02,0x04,0x08}; /*片选表*/
    DDRK| = 0x0F;                                /*K口低4位是位选口,定义为输出*/
    DDRB = 0xFF;                                 /*B口为数据口,定义为输出*/
    /*千位数码管显示 0 */
    PORTK = LED[4];
    PORTB = NUM[0];
    PORTK = LED[0];
    /*百位数码管显示 1 */
    PORTK = LED[3];
    PORTB = NUM[1];
    PORTK = LED[0];
    /*十位数码管显示 2 */
    PORTK = LED[2];
    PORTB = NUM[2];
    PORTK = LED[0];
    /*个位数码管显示 3 */
    PORTK = LED[1];
    PORTB = NUM[3];
    PORTK = LED[0];
    }
```

6.5　按键模块

键盘是由若干个按键组成的开关矩阵,是最简单的 MCU 的数字量输入设备。操作员通过键盘输入数据或命令,实现简单的人机交互。

6.5.1　按键模型与接口

1. 按键模型

按键的基本电路为接触开关,由通、断两种状态分别表示 0 和 1。从图 6-8(a)所示的单电路中,微处理器很容易检测到开关的闭合。当开关断开时,提供逻辑 1;当开关闭合时,提供逻辑 0。按键抖动示意图如图 6-8(b)所示。

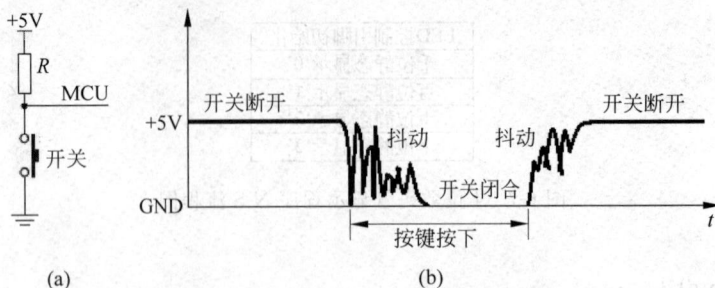

图 6-8　按键模型及按键抖动示意图

(a) 按键模型；(b) 按键抖动示意图

2. 按键接口

按键接口按照不同的标准有不同的分类方法。按键盘排布的方式可分为独立方式和矩阵方式，按读入键值的方式可分为直读方式和扫描方式，按是否进行硬件编码方式可分为非编码方式和硬件编码方式，按微处理器响应方式可分为中断方式和查询方式。将以上各种方式组合，可构成不同的按键接口方式。以下介绍较为常用的两种方式。

(1) 独立方式。独立方式是指将每个独立按键按一对一的方式直接接到 I/O 输入线上，如图 6-9 所示。读键值时直接读 I/O 口，每一个按键的状态通过读入键值来反映，所以也称这种方式为一维直读方式，按习惯称为独立式。这种方式查键实现简单，但占用 I/O 资源较多，一般在按键数量较少的情况下采用。

(2) 矩阵方式。矩阵方式是用 m 条 I/O 线组成行输出口，n 条 I/O 线组成列输入口，在行列线的每一个交点上设置一个按键，如图 6-10 所示。读键值方法一般采用扫描方式，即 MCU 输出口按位轮换输出高电平，再从输入口读入键信息，最后获得键码。这种方式占用 I/O 线较少，在实际应用系统中采用较多。在使用这种方法硬件连接时需要考虑选择按键哪些引脚作为 MCU 的输入，哪些引脚作为 MCU 的输出。

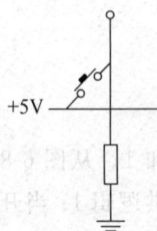

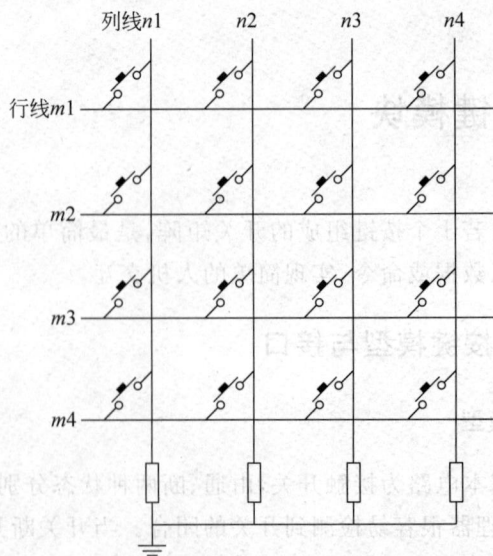

图 6-9　独立式按键　　　　　　　图 6-10　4×4 矩阵式键盘

设计键盘时,通常小于 4 个按键的应用,可以使用独立式接口。如果多于 4 个按键,为了减少对微处理器的 I/O 资源的占用,可以使用矩阵式键盘。

6.5.2　按键的基本问题

对于键盘编程至少应该了解下面几个问题(了解这些问题有助于键盘编程):

第一,如何识别键盘上的按键?

第二,如何区分按键是否真正地被按下,还是抖动?

第三,如何处理重键问题?

1. 按键的识别

如何知道键盘上哪个按键被按下就是按键的识别问题。若键盘上闭合键的识别由专用硬件实现,称为编码键;而靠软件实现的称为未编码键盘。在这里主要讨论未编码键盘的接口技术和键盘输入程序的设计。识别是否有按键被按下,主要有查询法、定时扫描法与中断法等。而要识别键盘上哪个按键被按下主要有行扫描法与行反转法。

2. 抖动问题

当按键被按下时,则出现所按的按键在闭合位置和断开位置之间跳几下才稳定到闭合状态的情况,当释放一个按键时也会出现类似的情况,这就是抖动问题。抖动持续的时间因操作者而异,一般在 5～10 ms 之间,稳定闭合时间一般为十分之几秒至几秒,由操作者的按键动作所确定。在软件上,解决抖动的方法通常是延迟等待抖动的消失或多次识别判定。

3. 重键问题

所谓重键问题就是有两个及两个以上按键同时处于闭合状态的处理问题。在软件上,处理重键问题通常有连锁法与巡回法。

为了正确理解 MCU 键盘接口方法与编程技术,下面以 4×4 键盘为例说明按键识别的基本编程原理。4×4 的键盘结构如图 6-10 所示,图中列线($n1\sim n4$)通过电阻接地,当键盘上没有按键闭合时,所有的行线和列线断开,列线 $n1\sim n4$ 都呈低电平。当键盘上某一个按键闭合时,则该按键所对应的行线与列线短路。例如第 2 排第 3 个按键被按下闭合时,行线 $m2$ 和列线 $n3$ 短路,此时 $n3$ 线上的电平由 $m2$ 的电位所决定。那么如何确定键盘上哪个按键被按下呢? 可以把列线 $n1\sim n4$ 接到 MCU 的输入口,行线 $m1\sim m4$ 接到 MCU 的输出口,则在微机的控制下,使行线 $m1$ 为高电平(1),其余 3 根行线 $m2\sim m4$ 都为低电平,读列线 $n1\sim n4$ 状态。如果 $n1\sim n4$ 都为低电平,则 $m1$ 这一行上没有按键闭合;如果读出列线 $n1\sim n4$ 的状态不全为低电平,那么为高电平的列线和 $m1$ 相交的按键处于闭合状态;如果 $m1$ 这一行上没有按键闭合,接着使行线 $m2$ 为高电平,其余行线为低电平,用同样方法检查 $m3$ 这一行上有无按键闭合;以此类推,最后使行线 $m4$ 为高电平,其余的行线为低电平,检查 $m4$ 这一行上是否有按键闭合。这种逐行逐列地检查键盘状态的过程称为对键盘的一次扫描。CPU 对键盘扫描可以采用查询方式或者中断方式。即在主循环中,每次循环对键盘进行一次扫描而获取键值;或者将键盘接在具有中断功能的 I/O 引脚,按键时触发 I/O 引脚的中断,通过中断服务程序对键盘进行一次扫描而获取键值。键面的定义值通过查表方式将键值转换而得到。

6.5.3 按键模块

本节给出一个实际的 3×5 按键矩阵模块。如图 6-11 所示,将列线 L1~L5 分别接 PH0~PH4,且编程时将 PH0~PH4 定义为输入;行线 H1~H3 分别接 PH5~PH7,且编程时将 PH5~PH7 定义为输出。

如图 6-12 所示,列线 L1~L5 通过不同的电阻接地,当键盘上没有按键闭合时,所有的行线和列线都断开,列线 L1~L5 呈低电平。当键盘上某一个按键闭合时,则该按键所对应的行线与列线短路。例如第 1 行第 1 列个按键被按下闭合时,行线 H1 和列线 L1 短路,此时 L1 线上的电平取决于 H1 的电位。而行线 H1~H3 为 MCU 的输出口,在 MCU 的控制下,使行线 H1 为高电平,其余 H2、H3 都为低电平,并读 L1 状态。如果 L1 按键闭合,则 L1 应检测出高电平。

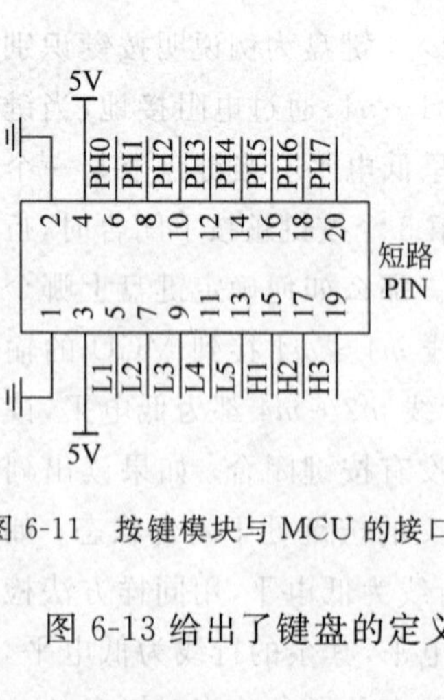

图 6-11 按键模块与 MCU 的接口 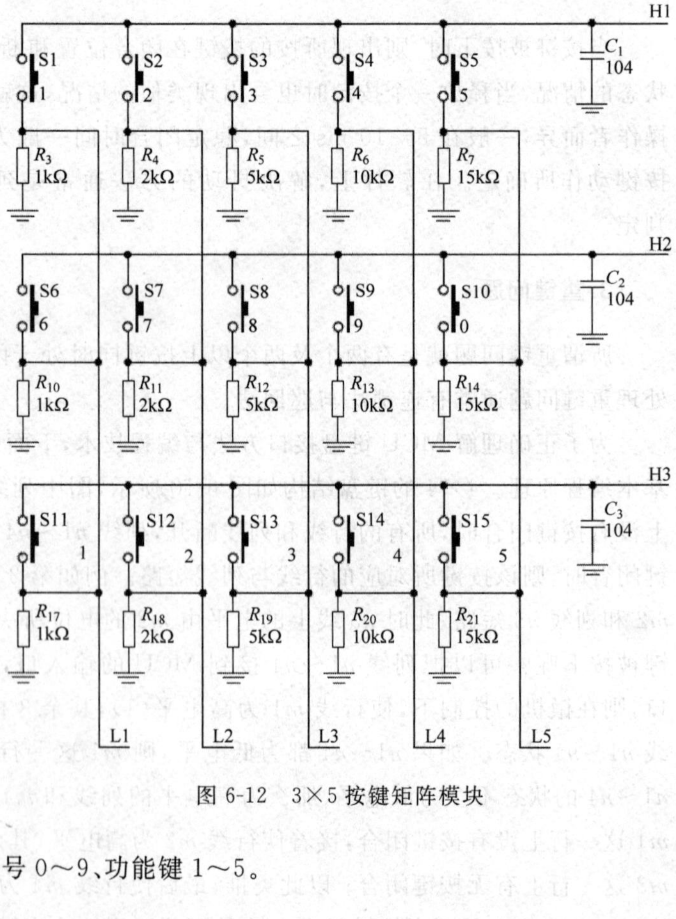   图 6-12 3×5 按键矩阵模块

图 6-13 给出了键盘的定义符号 0~9、功能键 1~5。

图 6-13　键盘定义

6.5.4　汽车电子控制技术中按键模块的应用实例

1. 程序流程

本实例通过行扫描法识别按键是否按下,它的基本原理是:先将所有的行线置 1,读列线的值,若此时列线上的值全为 0,说明无按键按下;若有某位为 1,则说明对应这一列上有按键按下。这时改变行的输出电平,使行线逐行为 1,依次扫描,当读到某一列线的值为 1时,就可根据此时的行线和列线交叉点来确定该按键的位置。

为了克服按键触点机械抖动所致的检测误判,必须采取去抖动措施。本实例通过软件方法来消除抖动的影响,当检测到有按键按下时,执行一个 20ms 左右(具体时间应视所使用的按键材质进行调整)的计时程序后,再检测该键是否仍保持在按下状态。若是,则确认该按键是有效按下。按键显示键值程序设计流程图如图 6-14 所示。

2. 按键模块源程序

【例 6.4】　按键测试程序。

```
/* ---------------------------------------------------------------------- */
/* 硬件连接:                                                              */
/*   PH5~PH7 分别接按键的第 1 行~第 3 行                                  */
/*   PH0~PH4 分别接按键盘的第 1 列~第 5 列                                */
/* 描述:按键按下显示键值                                                  */
/* 目的:按键测试                                                          */
/* 注意:用 4 位数码管来显示键值                                           */
/* ------------------------《汽车电子控制原理与技术应用》教学实例------------ */

//头文件
# include < hidef.h >
# include < mc9s12dg128.h >
```

3×5矩阵键盘初始化		
4位数码管初始化		

扫描第一行

1号键按下?		
Y		N
1号键按下超过20ms?	1号键此前按下过?	
Y	N	Y N
确定1号键按下	确定1号键控制有效 个位数码管显示1	

2号键按下?		
Y		N
2号键按下超过20ms?	2号键此前按下过?	
Y	N	Y N
确定2号键按下	确定2号键控制有效 个位数码管显示2	

3号键按下?		
Y		N
3号键按下超过20ms?	3号键此前按下过?	
Y	N	Y N
确定3号键按下	确定3号键控制有效 个位数码管显示3	

4号键按下?		
Y		N
4号键按下超过20ms?	4号键此前按下过?	
Y	N	Y N
确定4号键按下	确定4号键控制有效 个位数码管显示4	

5号键按下?		
Y		N
5号键按下超过20ms?	5号键此前按下过?	
Y	N	Y N
确定5号键按下	确定5号键控制有效 个位数码管显示5	

扫描第二行

6号键按下?		
Y		N
6号键按下超过20ms?	6号键此前按下过?	
Y	N	Y N
确定6号键按下	确定6号键控制有效 个位数码管显示6	

7号键按下?		
Y		N
7号键按下超过20ms?	7号键此前按下过?	
Y	N	Y N
确定7号键按下	确定7号键控制有效 个位数码管显示7	

8号键按下?		
Y		N
8号键按下超过20ms?	8号键此前按下过?	
Y	N	Y N
确定8号键按下	确定8号键控制有效 个位数码管显示8	

9号键按下?		
Y		N
9号键按下超过20ms?	9号键此前按下过?	
Y	N	Y N
确定9号键按下	确定9号键控制有效 个位数码管显示9	

0号键按下?		
Y		N
0号键按下超过20ms?	0号键此前按下过?	
Y	N	Y N
确定0号键按下	确定0号键控制有效 个位数码管显示0	

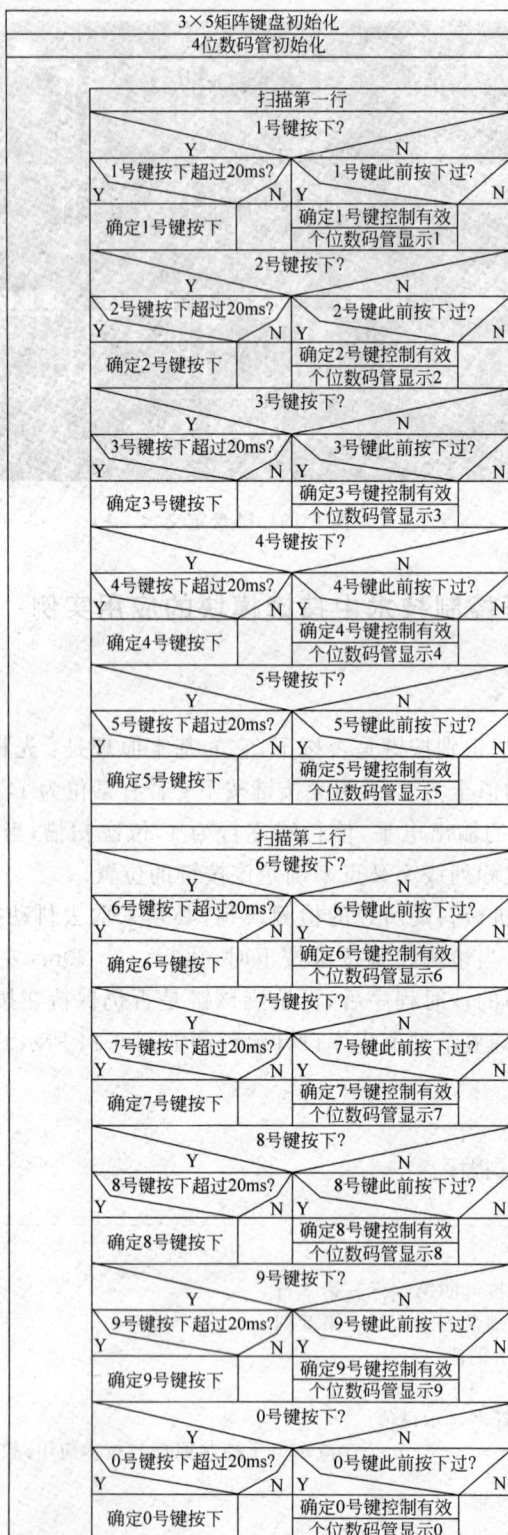

图 6-14 按键显示键值程序 N-S 流程图

```
//主函数
void main(void)
{
    int Sw1Tm = 0, Sw1ON = 0, Sw2ON = 0, Sw2Tm = 0, Sw3Tm = 0, Sw3ON = 0, Sw4Tm = 0, Sw4ON = 0,
Sw5Tm = 0, Sw5ON = 0, Sw6Tm = 0, Sw6ON = 0, Sw7Tm = 0, Sw7ON = 0, Sw8Tm = 0, Sw8ON = 0, Sw9Tm = 0,
Sw9ON = 0, Sw0Tm = 0, Sw0ON = 0;

    unsigned char NUM[11] = {0xC0, 0xF9, 0xA4, 0xB0, 0x99, 0x92, 0x82, 0xF8, 0x80, 0x90,
0xFF};//定义字形码 0,1,2,3,4,5,6,7,8,9,熄灭
    unsigned char LED[5] = {0x00,0x01,0x02,0x04,0x08};
        //定义 全关,个位开,十位开,百位开,千位开

    DDRB = 0xFF;
        //B 口定义为输出,PB7~PB0 分别接 LED 的数据线 dp、g、f、e、d、c、b、a
    DDRK| = 0x0F;
        //K 口低 4 位定义为输出,PK3~PK0 分别接 LED 的位选线(从左到右千、百、十、个)
    DDRH = 0xE0;
        //PH5~PH7 为输出,分别接按键的第 1 行~第 3 行; PH0~PH4 为输入,分别接键盘的第 1 列~
第 5 列

        //4 位数码管初始化
    PORTK = 0x0F;
    PORTB = NUM[10];
    PORTK = 0x00;

    while(1)
    {
        //扫描第一行
        PTH_PTH5 = 1;
        PTH_PTH6 = 0;
        PTH_PTH7 = 0;
        // 判断 1 号键是否控制有效
        if(PTH_PTH0 == 1)
        {
            Sw1Tm++;
            if(Sw1Tm > 5000)
                Sw1ON = 1;
        }
        else
        {
            if(Sw1ON)
            {
                Sw1ON = 0;
                Sw1Tm = 0;
```

```
                    PORTK = LED[1];
                    PORTB = NUM[1];
                PORTK = LED[0];
                }
        }
        // 判断 2 号键是否控制有效
        if(PTH_PTH1 == 1)
        {
            Sw2Tm++;
            if(Sw2Tm > 5000)
                Sw2ON = 1;
        }
        else
        {
            if(Sw2ON)
            {
                Sw2ON = 0;
                Sw2Tm = 0;
                PORTK = LED[1];
                PORTB = NUM[2];
            PORTK = LED[0];
            }
        }
        // 判断 3 号键是否控制有效
        if(PTH_PTH2 == 1)
        {
            Sw3Tm++;
            if(Sw3Tm > 5000)
                Sw3ON = 1;
        }
        else
        {
            if(Sw3ON)
            {
                Sw3ON = 0;
                Sw3Tm = 0;
                PORTK = LED[1];
                PORTB = NUM[3];
            PORTK = LED[0];
            }
        }
        // 判断 4 号键是否控制有效
        if(PTH_PTH3 == 1)
```

```
{
    Sw4Tm++ ;
    if(Sw4Tm > 5000)
        Sw4ON = 1 ;
}
else
{
    if(Sw4ON)
    {
        Sw4ON = 0 ;
        Sw4Tm = 0 ;
        PORTK = LED[ 1 ];
        PORTB = NUM[ 4 ];
      PORTK = LED[ 0 ];
    }
}
// 判断 5 号键是否控制有效
if(PTH_PTH4 == 1)
{
    Sw5Tm++ ;
    if(Sw5Tm > 5000)
        Sw5ON = 1 ;
}
else
{
    if(Sw5ON)
    {
        Sw5ON = 0 ;
        Sw5Tm = 0 ;
        PORTK = LED[ 1 ];
        PORTB = NUM[ 5 ];
      PORTK = LED[ 0 ];
    }
}
//扫描第二行
PTH_PTH5 = 0 ;
PTH_PTH6 = 1 ;
PTH_PTH7 = 0 ;
// 判断 6 号键是否控制有效
if(PTH_PTH0 == 1)
{
    Sw6Tm++ ;
    if(Sw6Tm > 5000)
```

```
                Sw6ON = 1;
        }
        else
        {
            if(Sw6ON)
            {
                Sw6ON = 0;
                Sw6Tm = 0;
                PORTK = LED[1];
                PORTB = NUM[6];
              PORTK = LED[0];
            }
        }
        // 判断 7 号键是否控制有效
        if(PTH_PTH1 == 1)
        {
            Sw7Tm++;
            if(Sw7Tm > 5000)
                Sw7ON = 1;
        }
        else
        {
            if(Sw7ON)
            {
                Sw7ON = 0;
                Sw7Tm = 0;
                PORTK = LED[1];
                PORTB = NUM[7];
              PORTK = LED[0];
            }
        }
        // 判断 8 号键是否控制有效
        if(PTH_PTH2 == 1)
        {
            Sw8Tm++;
            if(Sw8Tm > 5000)
                Sw8ON = 1;
        }
        else
        {
            if(Sw8ON)
            {
                Sw8ON = 0;
```

```
                Sw8Tm = 0;
                PORTK = LED[1];
                PORTB = NUM[8];
            PORTK = LED[0];
            }
    }
    // 判断 9 号键是否控制有效
    if(PTH_PTH3 == 1)
    {
        Sw9Tm++;
        if(Sw9Tm > 5000)
            Sw9ON = 1;
    }
    else
    {
        if(Sw9ON)
        {
            Sw9ON = 0;
            Sw9Tm = 0;
            PORTK = LED[1];
            PORTB = NUM[9];
        PORTK = LED[0];
        }
    }
    // 判断 0 号键是否控制有效
    if(PTH_PTH4 == 1)
    {
        Sw0Tm++;
        if(Sw0Tm > 5000)
            Sw0ON = 1;
    }
    else
    {
        if(Sw0ON)
        {
            Sw0ON = 0;
            Sw0Tm = 0;
            PORTK = LED[1];
            PORTB = NUM[0];
        PORTK = LED[0];
        }
    }
}
```

第 7 章 微控制器的中断与系统时钟

所谓中断,是指 MCU 在正常执行程序的过程中,由于内部/外部事件或由程序的预先安排,引起了 MCU 暂时中断当前程序的运行,而转去执行由内部/外部事件或预先安排的时间而需要执行的中断服务子程序,在中断服务子程序报告完毕后,MCU 重新回来执行当前的程序。利用中断可以大大提高 MCU 的工作效率。实现中断功能的控制逻辑称为中断机构或中断系统。

尽管单片机或者 MCU 中的中断系统各不相同,但是中断系统的基本功能是相同的:

(1) 能实现中断响应、中断服务和中断返回。当一中断源发出中断请求时,MCU 决定是否响应这一请求。如果允许响应这个中断请求,MCU 能够由硬件自动保护断点,转而执行相应的中断服务程序。中断处理完后能通过指令自动恢复断点,返回原中断处继续执行被中止的程序。

(2) 能实现中断优先级配置。当两个或更多个中断源同时发出中断申请时,优先级较高的中断申请首先得到处理。

(3) 能实现中断嵌套。中断处理过程中有优先级较高的中断请求时,MCU 能暂停正在执行的中断处理程序,转去响应与处理优先级较高的中断申请,结束后再返回原先优先级较低的中断处理过程。

(4) 能通过软件实现模拟中断的功能,便于中断的调试。

本章首先介绍 S12 系列 MCU 的中断系统以及 S12 MCU 对于中断的处理流程,然后介绍系统时钟,最后通过实例介绍 MC9S12DG128 实时中断的使用方法。

7.1 中断系统概述

S12 系列单片机的中断属于异常情况处理的一部分,异常情况处理还包括复位。在正常情况下,单片机有序地执行相应程序,按照明确的获取-译码-执行的方式顺序处理各种指令。程序计数器记录了下一条程序指令位于内存中的位置,即使当程序为了响应分支或跳转指令而偏离了正常的顺序处理时,但是仍然在顺序事件处理的控制范围之内。可能发生的异常情况会打破这种事件处理的顺序流,将一个正常程序流的中断归为一个异常情况,异常情况不一定总是错误,而是在一个处理器上运行多个系统的有效方法。通过上面的论述可以知道,S12 程序运行时可能发生的异常情况可分为两类:复位和中断,而中断又进一步分为可屏蔽中断和不可屏蔽中断。S12 系统单片机的异常情况分类如图 7-1 所示。

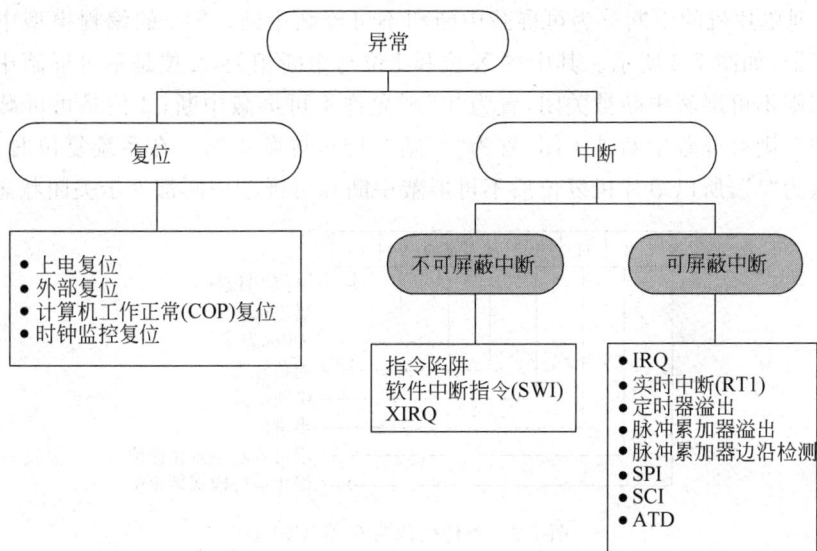

```
                              异常
                               │
              ┌────────────────┴────────────────┐
              │                                 │
             复位                               中断
              │                    ┌─────────────┴─────────────┐
              │                    │                           │
    ┌─────────┴─────────┐    不可屏蔽中断                  可屏蔽中断
    │ • 上电复位         │         │                           │
    │ • 外部复位         │    ┌────┴─────┐              ┌───────┴───────┐
    │ • 计算机工作正常   │    │指令陷阱  │              │ • IRQ         │
    │   (COP)复位        │    │软件中断  │              │ • 实时中断(RT1)│
    │ • 时钟监控复位     │    │指令(SWI) │              │ • 定时器溢出   │
    └───────────────────┘    │XIRQ      │              │ • 脉冲累加器溢出│
                             └──────────┘              │ • 脉冲累加器边沿检测│
                                                       │ • SPI         │
                                                       │ • SCI         │
                                                       │ • ATD         │
                                                       └───────────────┘
```

图 7-1 S12 系列单片机的异常情况分类

7.1.1 S12 的复位

S12 系列单片机共有以下 4 种事件可以触发系统复位:

(1) 外部复位。S12 配备一个标记为 RESET 的低电平有效复位引脚,当该引脚电压为低电平时,触发复位。

(2) 上电复位。在 S12 的 VDD 引脚上的一个正向变化将触发上电复位,这意味着当给 S12 上电时,它以一个已知的、确定的设置启动。

(3) 计算机工作正常(COP)复位。COP 系统允许 S12 检测软件运行故障,通常 COP 在软件开发过程中是关闭的。但是,一旦某个基于 S12 的系统完全运行后,这是一项重要的安全保障功能。COP 系统包含一个用户设置的倒计数定时器,一旦定时器过期,则触发一个系统复位。为了防止定时器过期,执行的程序必须在倒计数定时器失效之前,向 ARM/RESET COP 定时器寄存器(COPRST)中写入 $55 和 $AA。若某个程序陷入一个死循环,它将不能发送上述必需的信息,因此将产生 COP 复位。为了有效地实现这个功能,向 COPRST 寄存器中写入 $55 的代码应该有策略地分布在程序的重要部分,写入 $AA 的代码则可以放在程序的其他部分。这样,一旦 MCU 在某代码处运行失效,将不会产生需要的代码序列($55 或 $AA),此时就会触发 COP 复位。可以在程序设计中设置多对 $55 和 $AA,实现错误恢复功能。

(4) 时钟监控复位。当系统时钟频率低于某个预设置值或停止工作时,将触发时钟监控复位。

当上述事件触发复位时,S12 单片机在程序计数器中放置一个复位向量,处理器执行启动例程。COP 复位和时钟监控复位具有各自的复位向量。

7.1.2 S12 的中断

S12 系列单片机的中断分为可屏蔽中断和不可屏蔽中断。S12 的编程模型中有一个条件代码寄存器,如图 7-2 所示。其中的 X 位和 I 位与中断相关,X 位是不可屏蔽中断的屏蔽位,置为"1"则不可屏蔽中断被关闭,置为"0"则允许不可屏蔽中断;I 位是可屏蔽中断的屏蔽位,置为"1"则可屏蔽中断被关闭,置为"0"则允许可屏蔽中断。在系统复位时,这些中断屏蔽位默认为"1",所以单片机复位后不可屏蔽中断和可屏蔽中断都处于关闭状态。

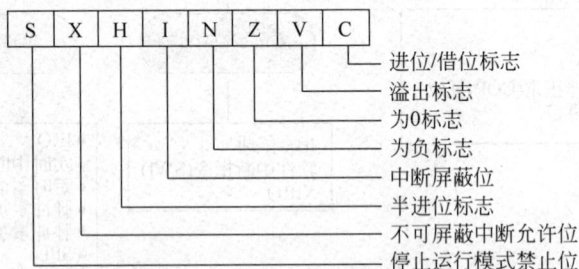

```
S  X  H  I  N  Z  V  C
                     └── 进位/借位标志
                  └───── 溢出标志
               └──────── 为0标志
            └─────────── 为负标志
         └────────────── 中断屏蔽位
      └───────────────── 半进位标志
   └──────────────────── 不可屏蔽中断允许位
└─────────────────────── 停止运行模式禁止位
```

图 7-2 条件代码寄存器(CCR)

X 位控制不可屏蔽中断,I 位控制可屏蔽中断。X、I 位为 0 时分别允许相应的中断。不同的是 X 位复位后一旦被清零就不能再次对其进行设置,无论是通过直接设置、堆栈弹出、位清除等都不能再次对该位置 1;而 I 位是任意时刻可设置的,随时可以打开和关闭可屏蔽中断。也就是说,不可屏蔽中断只能被设置一次,而可屏蔽中断则可以多次打开与关闭。不可屏蔽终端一旦打开,无法关闭,仅用于十分关键的环节。

1. 不可屏蔽中断

不可屏蔽中断包括软件中断、非法指令陷阱和 $\overline{\text{XIRQ}}$ 中断,下面简要介绍常用的几个不可屏蔽中断。

(1) 软件中断。SWI 实质上是一条指令,但其执行过程与中断相同,即通过中断向量确定目标地址,中断向量地址为 $FFF6～$FFF7,它自动保存 MCU 的寄存器和返回地址,最后必须通过 RTI 指令返回。

(2) 非法指令陷阱。MCU 正常工作时,每次获得的都是由汇编或编译程序生成的有效操作码。MCU 能够正确解释并执行它们,但当受到干扰或系统出现混乱时,可能得到无法识别的操作码(即非法指令),这时 MCU 自动产生一次中断,中断向量地址为 $FFF8～$FFF9。

(3) $\overline{\text{XIRQ}}$。$\overline{\text{XIRQ}}$ 是非屏蔽中断引脚。无论 MCU 处于哪种运行状态,该引脚一旦被拉成低电平,MCU 执行完当前指令后都会响应该中断。中断向量地址为 $FFF4～$FFF5。该中断一般用于系统掉电检测、硬件故障等重要事件处理,当 MCU 处于等待或暂停模式时,该中断将唤醒 MCU。

2. 可屏蔽中断

可屏蔽中断可以在程序控制下由用户开启或者关闭。可屏蔽中断的开关是条件代码寄存器(CCR)中的 I 位。通过清除 I 可以开启可屏蔽中断。S12 系列单片机中的可屏蔽中断数量非常多,这里仅对$\overline{\text{IRQ}}$作简要介绍,其他的可屏蔽中断可参见相关功能模块的章节。

S12 系列单片机配备一个标记为$\overline{\text{IRQ}}$的外部引脚,当该引脚出现低电平或者电平下降沿时,则会产生中断请求,这也是 S12 系列单片机接收外部事件中断的主要手段。有一个中断控制寄存器(INTCR)和$\overline{\text{IRQ}}$的设置相关,如图 7-3 所示。

	Bit7	Bit6	Bit5	Bit4	Bit3	Bit2	Bit1	Bit0
读	IRQE	IRQEN	0	0	0	0	0	0
写								
复位值	0	1	0	0	0	0	0	0

图 7-3　中断控制寄存器(INTCR)

通过该寄存器中的 IRQE 位和 IRQEN 位对$\overline{\text{IRQ}}$中断进行设置。

IRQE:中断电平/边沿有效选择。

0—$\overline{\text{IRQ}}$引脚配置为低电平有效;

1—$\overline{\text{IRQ}}$引脚配置为下降沿有效。

IRQEN:外部 IRQ 中断请求使能。

0—$\overline{\text{IRQ}}$中断关闭;

1—$\overline{\text{IRQ}}$中断允许。

7.1.3　中断优先级

S12 MCU 提供了丰富的中断源:2~122 个(I 位)可屏蔽中断向量、3 个不可屏蔽中断、3 个系统复位向量。同一时刻可能会有两个或两个以上的中断源同时请求中断,这就要求 S12 必须根据任务的轻重缓急给每个中断源分配不同的中断优先级。当两个或两个以上中断源同时发生时,优先级高的中断将先被处理。一般来说,不可屏蔽中断的优先级高于可屏蔽中断的优先级。实际上不可屏蔽中断也有优先级之分,高优先级中断将被优先处理。比如复位信号来临时,无论同时来临多少个中断,S12 都将立即响应复位信号。复位以及不可屏蔽中断的优先级从高到低依次为:

(1) 上电复位或者$\overline{\text{RESET}}$引脚触发;

(2) 时钟监视复位;

(3) COP 监控复位;

(4) 非法指令陷阱;

(5) 软件中断指令(SWI);

(6) 不可屏蔽外部中断XIRQ。

S12 采用一套独特的机制实现对异常的处理,在 0xFF80~0xFFFF 地址空间中设置了一个向量映射表,每一个向量对应一种异常的处理程序的地址。向量表中的每个向量占用

2KB 空间,所以 S12 最大可有 64 个中断向量,如表 7-1 所示。

S12 MCU 的每种复位操作均有相应的中断向量,存放在 64KB 内存区的最后 128KB,每个中断向量占用 2KB,指向中断服务程序入口。

MCU 在中断响应时,依据中断信号的来源在中断向量表中对应的位置取得中断向量的 2KB 地址(即读取中断处理程序的入口地址),进而依此地址转到相应的中断服务程序。

中断向量表的首地址固定在 $FF80 不变,其内容由用户在程序设计阶段给定,一般不能在运行阶段时更改。

(1) 第 1 列是中断向量地址,每个中断向量占用 2KB。

(2) 第 2 列是中断源。

(3) 第 3 列是 CCR 寄存器中对该中断的屏蔽设置位,即控制位。

(4) 第 4 列是对该中断使能进行的设置位。

(5) 第 5 列是用户在程序中设定该中断优先级时需要写 HPRIO 寄存器的代码。

表 7-1　中断向量表

序号	中断向量地址	中　断　源	CCR 屏蔽位	使　能　位	最高优先级设定
1	$FFFE、$FFFF	复位			
2	$FFFC、$FFFD	时钟监控复位		COPCTL(CME、FCME)	
3	$FFFA、$FFFB	COP 监控复位		COP 速率选择	
4	$FFF8、$FFF9	非法指令陷阱	控制位 X		
5	$FFF6、$FFF7	软件中断 SWI	控制位 X		
6	$FFF4、$FFF5	$\overline{XIRQ}$	控制位 X		
7	$FFF2、$FFF3	$\overline{IRQ}$	控制位 I	INTCR(IRQEN)	$F2
8	$FFF0、$FFF1	实时中断	控制位 I	CRGINT(RTIE)	$F0
9	$FFEE、$FFEF	定时器通道 0	控制位 I	TIE(C0I)	$EE
10	$FFEC、$FFED	定时器通道 1	控制位 I	TIE(C1I)	$EC
11	$FFEA、$FFEE	定时器通道 2	控制位 I	TIE(C2I)	$EA
12	$FFE8、$FFE9	定时器通道 3	控制位 I	TIE(C3I)	$E8
13	$FFE6、$FFE7	定时器通道 4	控制位 I	TIE(C4I)	$E6
14	$FFE4、$FFE5	定时器通道 5	控制位 I	TIE(C5I)	$E4
15	$FFE2、$FFE3	定时器通道 6	控制位 I	TIE(C6I)	$E2
16	$FFE0、$FFE1	定时器通道 7	控制位 I	TIE(C7I)	$E0
17	$FFDE、$FFDF	定时器溢出	控制位 I	TSCR2(TOF)	$DE
18	$FFDC、$FFDD	脉冲累加器 A 溢出	控制位 I	PACTL(PAOVI)	$DC
19	$FFDA、$FFDB	脉冲累加器有效沿	控制位 I	PACTL(PAI)	$DA
20	$FFD8、$FFD9	SPI0 串行口	控制位 I	SPICR1(SPIE、SPTIE)	$D8
21	$FFD6、$FFD7	SCI0 串行口	控制位 I	SCICR2（TIE、TCIE、RIE、ILIE)	$D6
22	$FFD4、$FFD5	SCI1 串行口	控制位 I	SCICR2（TIE、TCIE、RIE、ILIE)	$D4
23	$FFD2、$FFD3	ATD0	控制位 I	ATDCTL2(ASCIE)	$D2
24	$FFD0、$FFD1	ATD1	控制位 I	ATDCTL2(ASCIE)	$D0

续表

序号	中断向量地址	中 断 源	CCR 屏蔽位	使 能 位	最高优先级设定
25	$ FFCE、$ FFCF	J 口	控制位 I	PIEJ（PIEJ7、PIEJ6、PIEJ1、PIEJ0）	$ CE
26	$ FFCC、$ FFCD	H 口	控制位 I	PIEH（PIEH7～PIEH0）	$ CC
27	$ FFCA、$ FFCB	模数递减计数器下溢	控制位 I	MCCTL（MCZI）	$ CA
28	$ FFC8、$ FFC9	脉冲累加器 B 溢出	控制位 I	PBCTL（PBOVI）	$ C8
29	$ FFC6、$ FFC7	CRG PLL 锁	控制位 I	PLLCR（LOCKIE）	$ C6
30	$ FFC4、$ FFC5	CRG 自时钟模式	控制位 I	PLLCR（SCMIE）	$ C4
31	$ FFC2、$ FFC3	BDLC	控制位 I	DLCBCR1（IE）	$ C2
32	$ FFC0、$ FFC1	I² 总线	控制位 I	IBCR（IBIE）	$ C0
33	$ FFBE、$ FFBF	SPI1	控制位 I	SPICI1（SPIE，SPTIE）	$ BE
34	$ FFBC、$ FFBD				
35	$ FFBA、$ FFBB	EEPROM	控制位 I	ECNFG（CCIE，CBEIE）	$ BA
36	$ FFB8、$ FFB9	Flash	控制位 I	FCNFG（CCIE，CBEIE）	$ B8
37	$ FFB6、$ FFB7	CAN0 唤醒	控制位 I	CANRIER（WUPIE）	$ B6
38	$ FFB4、$ FFB5	CAN0 错误	控制位 I	CANRIER（CSCIE，OVRIE）	$ B4
39	$ FFB2、$ FFB3	CAN0 接收	控制位 I	CANRIER（RXFIE）	$ B2
40	$ FFB0、$ FFB1	CAN0 发送	控制位 I	CANRIER（TXEIE[2:0]）	$ B0
41	$ FFAE、$ FFAF	CAN1 唤醒	控制位 I	CANRIER（WUPIE）	$ AE
42	$ FFAC、$ FFAD	CAN1 错误	控制位 I	CANRIER（CSCIE，OVRIE）	$ AC
43	$ FFAA、$ FFAB	CAN1 接收	控制位 I	CANRIER（RXFIE）	$ AA
44	$ FFA8、$ FFA9	CAN1 发送	控制位 I	CANRIER（TXEIE[2:0]）	$ A8
45	$ FFA6、$ FFA7	BF 接收 FIFO 非空	控制位 I	BFRIER（RCVFIE）	$ A6
46	$ FFA4、$ FFA5	BF 接收	控制位 I	BFBUFCTL[15:0]（IENA）	$ A4
47	$ FFA2、$ FFA3	BF 同步	控制位 I	BFRIER（SYNAIE\SYNNIE）	$ A2
48	$ FFA0、$ FFA1	BF 常规	控制位 I	BFBUFCTL[15:0]（IENA），BFGIER（OVRNIE、ERRIE、SYNEIE、ILLPIE、LOCKIE、WAKEIE），BFRIER（SLMMIE）	$ A0
49	$ FF98、$ FF9F				
50	$ FF96、$ FF97	CAN4 唤醒	控制位 I	CANRIER（WUPIE）	$ 96
51	$ FF94、$ FF95	CAN4 错误	控制位 I	CANRIER（CSCIE，OVRIE）	$ 94
52	$ FF92、$ FF93	CAN4 接收	控制位 I	CANRIER（RXFIE）	$ 92
53	$ FF90、$ FF91	CAN4 发送	控制位 I	CANRIER（TXEIE[2:0]）	$ 90
54	$ FF8E、$ FF8F	端口 P 中断	控制位 I	PIEP（PIEP7～PIEP0）	$ 8E
55	$ FF8C、$ FF8D	PWM 紧急事件关闭	控制位 I	PWMSDN（PWMIE）	$ 8C
56	$ FF80～$ FF8B				

　　位于映射表较高位置中断向量的优先级比较低位置中断向量的优先级高,但可屏蔽中断的优先级可通过向最高优先级中断寄存器 HPRIO 写相应的代码值来修改。该寄存器可

在任意时刻读出,但只有当 I 位为 1(即禁止可屏蔽中断)时,才可以更改 HPRIO 寄存器的值。表 7-1 中的最后一列表示最高优先级中断设定寄存器 HPRIO 中可以设置的数值。通过设置该寄存器,可以将某个可屏蔽中断的优先级"推进"为可屏蔽中断中的最高优先级中断。最高优先级中断设定寄存器 HPRIO 如图 7-4 所示。

	Bit7	Bit6	Bit5	Bit4	Bit3	Bit2	Bit1	Bit0
读	PSEL7	PSEL6	PSEL5	PSEL4	PSEL3	PSEL2	PSEL1	PSEL0
写								
复位值	1	1	1	1	1	1	1	0

图 7-4 最高优先级设定寄存器 HPRIO

复位后,HPRIO 寄存器的默认值为 $F2,此时中断向量最高优先级是外部中断 $\overline{\text{IRQ}}$。最后一个写入 HPRIO 寄存器有效代码值所指定的中断为当前中断的最高优先级。某个中断的优先级被改变后,其他中断的优先级顺序保持不变。对该寄存器写入一个不合规定的数值,将使 $\overline{\text{IRQ}}$ 中断自动恢复为最高优先级。

需要注意的是,通过 HPRIO 寄存器设定的优先级并不表示当出现中断嵌套时,高优先级中断可以中止低优先级中断的服务程序执行,而转向高优先级中断的服务程序运行。这里高优先级作用只有当多个中断源同时请求中断时才能体现,这时 S12 系列单片机将首先响应高优先级的中断,低优先级的中断不会得到响应。S12 系列单片机默认的中断处理机制如图 7-5 所示。从图中可以看到,S12 系列单片机在默认状态下进入中断服务程序时,I 位自动置 1,所以禁止其他可屏蔽中断。尽管在处理中断 A 的服务程序过程中又来了更高级别的中断 B 的中断请求,单片机也无法及时处理,必须等待当前中断服务程序执行完以后才能响应。

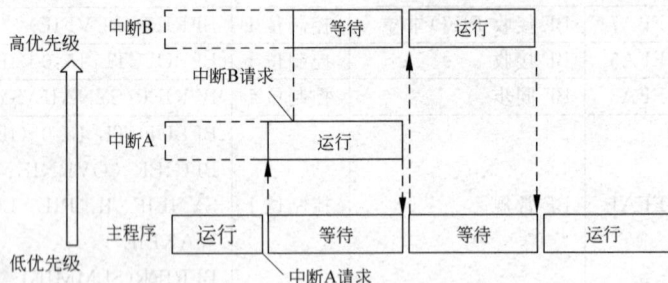

图 7-5 S12 系列单片机默认中断处理机制

如果希望在 S12 系列单片机中实现中断嵌套,一个比较简单的方法是进入中断服务程序时,将可屏蔽中断屏蔽位 I 清零,这样可以实现图 7-6 所示的中断嵌套。

从图 7-6 中可以看到,这样简单的处理也可能会带来问题,就是低优先级的中断请求会使得高优先级中断服务程序挂起。因为在中断 B 的服务程序中清除可屏蔽中断屏蔽位 I,所以此时任何可屏蔽中断请求都可以得到处理,出现了低优先级的中断 A 打断高优先级 B 中断服务程序的情况。为了解决这个问题,可以只在中断 A 的服务程序中清除可屏蔽中断屏蔽位 I,而在中断 B 的服务程序中不作处理,这样就可以得到图 7-7 所示的中断处理机制,这样只有高优先级的中断请求可以打断低优先级中断的服务程序。

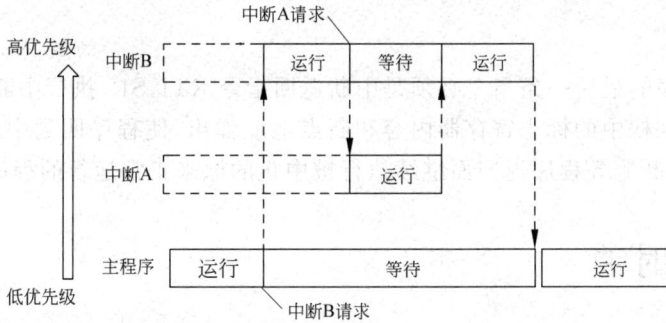

图 7-6　在中断服务程序中清除 I 后的中断处理机制

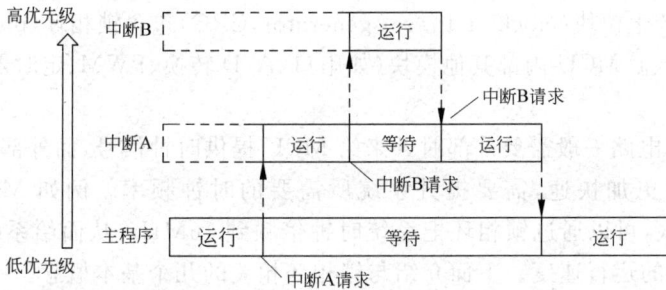

图 7-7　只在中断 A 服务程序中清除 I 后的中断处理机制

7.1.4　S12 中断处理基本流程

S12 MCU 的中断处理过程是硬件和软件编程相结合的处理过程,有些是通过硬件完成的,有些是通过编写程序实现的。

1. 中断请求

S12 MCU 的外部设备或者内部模块发生中断事件需要 S12 为其服务时,首先向 S12 发中断请求信号。若该中断源未被屏蔽,中断允许触发器被置位时,表示允许发出中断申请。

2. 中断响应

中断源的中断请求是随机的,S12 一般会在现行指令结束时去检测中断请求。当检测到有中断请求时,如果中断响应条件满足,则 S12 在当前指令执行结束时,使响应中断进入中断响应周期。在中断响应周期内,S12 通过内部硬件自动完成 3 件事:

(1) 关中断,即将 CCR 寄存器 I 位置 1,以禁止其他中断干扰将要执行的中断服务程序。

(2) 保护断点和标志寄存器内容,即将返回地址和欲保存的寄存器内容推入栈区。

(3) 跳转到中断服务程序的入口地址。

3. 中断程序处理

执行中断服务程序,完成要处理的功能。通常要求中断处理程序的设计应力求简短。

4. 中断返回

中断服务程序的最后一条指令必须是中断返回指令 RTI,S12 执行中断返回指令时,自动将保存在现行堆栈中的标志寄存器内容和断点地址弹出,使程序回到中断前的地址继续执行,即 S12 从中断服务程序返回而继续执行被中止的原来正常运行的程序。

7.2　系统时钟

7.2.1　时钟和复位产生模块概述

时钟和复位产生模块(clock and reset generator,CRG)包含锁相环(phase locked loop,PLL)电路,负责产生 MCU 内部其他模块(如串口、A/D 转换、PWM、定时器)所需要的时钟信号。

MCU 的支撑电路一般需要外部时钟来给 MCU 提供时钟信号,而外部时钟的频率可能偏低,为了使系统更加快速,需要提升系统所需要的时钟频率。例如 MCU 外部晶振用 8MHz 的无源晶振,可以通过锁相环把系统时钟倍频到 16MHz,从而给系统提供更高的时钟信号,提高程序的运行速度。下面介绍与锁相环相关的几个基本概念。

1. 锁相环技术与频率合成技术

在电子设备、仪器仪表中常常需要有稳定性强、精度高的频率源,而锁相环技术就是实现相位自动控制的一门科学,利用它可以得到频带范围宽、信道多、稳定性强、精度高的频率源。所谓频率合成技术,就是利用一个或几个具有高稳定性和高精度的频率源(一般由晶体振荡器产生),通过对它们进行加减(混频)、乘(倍频)、除(分频)运算,产生大量的具有相同频率稳定性和频率精度的频率信号。锁相环技术和频率合成技术在通信、雷达、导航、遥控遥测、电子技术测量等领域都有广泛的应用。

为了得到稳定性强、精度高的频率源,通常采用频率合成技术。频率合成技术主要有 2 种:直接频率合成技术和间接频率合成技术。直接频率合成技术是将一个或几个晶体振荡器产生的频率信号通过谐波发生器产生一系列频率信号,然后对这些频率信号进行倍频、分频和混频,最后得到大量的频率信号。直接频率合成技术的优点是:频率稳定性强、频率转换时间短(可达微秒量级),能做到很小的频率间隔;缺点是:系统中要用到大量的混频器、滤波器等,从而导致体积大、成本高、安装高度复杂,故只用于频率精度要求很高的场合。间接频率合成技术是利用锁相环技术来产生大量具有高稳定性和高精度的频率源。由于间接频率合成器的关键部件是锁相环,故通常称为锁相环频率合成器。由于锁相环频率合成器一般只加一个分频器和一个一阶低通滤波器,易于集成,故其具有体积小、重量轻、成本低、安装和调试简单等优点。锁相环频率合成器在性能上逐渐接近直接频率合成器,所以它在电子技术中得到了日益广泛的应用,并在应用中得到了迅速发展。

2. 锁相环频率合成器的基本原理

锁相环电路是一个负反馈环路。图 7-8 给出了一种最简单的锁相环频率合成器的框图。它由基准频率源、鉴相器、低通滤波器、压控振荡器和反馈分频器组成。

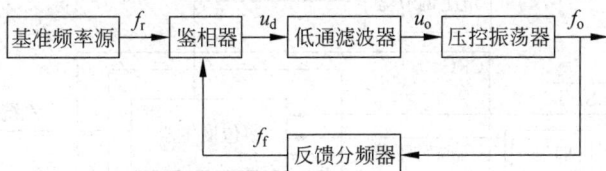

图 7-8   锁相环频率合成器的原理框图

基准频率源：基准频率源提供一个稳定频率源，其频率为 f_r，一般用精度很高的石英晶体振荡器产生，是锁相环的输入信号。

鉴相器：鉴相器是一个误差检测元件。它将基准频率源的输出信号 f_r 的相位与压控振荡器输出信号 f_o 的相位相比较，产生一个电压输出信号 u_d，其大小取决于两个输入信号的相位差。

低通滤波器：低通滤波器的输入信号是鉴相器的输出电压信号 u_d，经过低通滤波器后 u_d 的高频分量被滤除，输出控制电压 u_o 去控制压控振荡器。

压控振荡器（VCO）：压控振荡器的输出信号频率 f_o 与其输入控制电压 u_o 成一定比例。

反馈分频器：反馈分频器为环路提供反馈机制，是将锁相环的输出信号 f_o 反馈给鉴相器，形成一个负反馈，从而使输入信号和输出信号之间的相位差保持恒定。当分频系数 $N=1$ 时，锁相环系统的输出信号频率 f_o 等于输入信号频率 f_r，即

$$f_o = f_r$$

信号锁定后有

$$f_o = f_f = f_r$$

当分频器的分频系数 $N>1$ 时有

$$f_o = Nf_f \text{ 即 } f_f = f_o/N$$

环路锁定后有

$$f_f = f_r$$
$$f_o = Nf_f = Nf_r$$

当环路处于稳定状态时，输出和输入之间存在一定量相位误差。而对于输入信号频率和输出信号频率而言，两者却是成比例的，这时环路处于锁定状态，这是锁相环电路的一个特点。用这种方法可以得到非常精确的频率控制。而其他的频率控制方法在稳态时，总是存在一定的频率误差。

3. CRG 模块的结构框图

系统时钟与复位模块图如图 7-9 所示。

CRG 模块的主要引脚说明如下。

V_{DDPLL} 和 V_{SSPLL}：PLL 电路的电源和地引脚。

XFC：外接滤波电路引脚。使用 PLL 时，该引脚必须接一个外部的环路滤波器；不使用 PLL 时，该引脚必须接到 V_{DDPLL} 上。

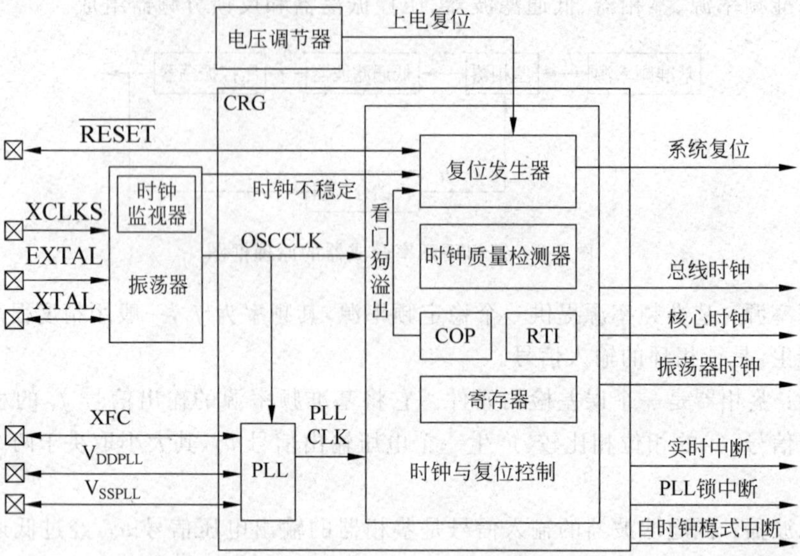

图 7-9 系统时钟与复位模块图

EXTAL、XTAL、XCLKS：EXTAL 是外部时钟输入引脚；XTAL 是时钟输出引脚；XCLKS 是晶振选择输入引脚（有内部上拉），它决定 EXTAL 与 XTAL 是接内部的科尔皮兹（Colpitts）晶振，还是接皮尔斯（Pierce）晶振或者外部时钟电路。在复位时，系统会探测 XCLKS 的电平信号，如果 XCLKS 是高电平，则 EXTAL 与 XTAL 一起接皮尔斯振荡器或者外部时钟电路；如果 XCLKS 是低电平，则 EXTAL 接内部的科尔皮兹振荡器，XTAL 不用接。

RESET：复位引脚。当程序开始运行或程序重新运行时，手工按该复位按键。

7.2.2　CRG 模块寄存器

1. CRG 合成器寄存器

CRG 合成器寄存器（SYNR）各位的定义如下：

	Bit7	Bit6	Bit5	Bit4	Bit3	Bit2	Bit1	Bit0
定义			SYN5	SYN4	SYN3	SYN2	SYN1	SYN0
复位	0	0	0	0	0	0	0	0

该寄存器在任何时候均可读。当 PLLSEL＝1 时，不可写入；其他情况均可写入。

2. CRG 参考分频寄存器

CRG 参考分频寄存器（REFDV）各位的定义如下：

	Bit7	Bit6	Bit5	Bit4	Bit3	Bit2	Bit1	Bit0
定义					REFDV3	REFDV2	REFDV1	REFDV0
复位	0	0	0	0	0	0	0	0

SYNR 和 REFDV 寄存器用于 PLLCLK 的频率计算,锁相环产生的时钟频率可由下面的公式得到:

$$f_{\text{PLLCLK}} = 2f_{\text{OSCCLK}}(\text{SYNR}+1)/(\text{REFDV}+1)$$

其中: f_{OSCCLK} 为振荡器频率;SYNR 为时钟合成寄存器的值;REFDV 为时钟分频寄存器的值。

对于 CPU12,可以选用 8MHz 或 16MHz 外部晶体振荡器作为外时钟。当选用 8MHz 晶振时,若将 SYNR 设为 2、REFDV 设为 1,可以得到 24MHz 的总线频率,接近 S12 MCU 的上限内部总线频率 25MHz。

3. CRG 标志寄存器

CRG 标志寄存器(CRGFLG)各位的定义如下:

	Bit7	Bit6	Bit5	Bit4	Bit3	Bit2	Bit1	Bit0
定义	RTIF	PORF		LOCKIF	LOCK	TRACK	SCMIF	SCM
复位	0	1	0	0	0	0	0	0

RTIF:实时中断(RTI)标志位。

1—发生实时中断;

0—未有发生实时中断。

PORF:上电复位标志位。

1—发生上电复位;

0—未发生上电复位。

LOCKIF:锁相环中断标志位。

1—锁相环锁定位发生变化时,产生中断请求;

0—锁相环锁定位未发生变化。

LOCK:锁相环频率锁定标志位。

1—锁相环频率已锁定;

0—锁相环频率未锁定。

TRACK:锁相环跟踪模式位。

1—系统处于跟踪模式;

0—系统处于正常模式。

SCMIF:自时钟模式中断标志位。

1—SCM 位发生变化;

0—SCM 位未发生变化。

SCM:自时钟模式状态位。

1—外部晶振停止工作,系统靠自给时钟工作;

0—系统靠外部晶振正常工作。

4. CRG 中断使能寄存器

CRG 中断使能寄存器(CRGINT)各位的定义如下:

	Bit7	Bit6	Bit5	Bit4	Bit3	Bit2	Bit1	Bit0
定义	RTIE			LOCKIE			SCMIE	
复位	0	0	0	0	0	0	0	0

RTIE：实时中断(RTI)使能位。

1—允许产生实时中断；

0—不允许产生实时中断。

LOCKIE：锁相环锁定中断的使能位。

1—允许产生锁相环锁定中断；

0—不允许产生锁相环锁定中断。

SCMIE：自时钟模式中断的使能位。

1—允许产生自时钟模式中断；

0—不允许产生自时钟模式中断。

5. CRG 时钟选择寄存器

CRG 时钟选择寄存器(CRG clock select register，CLKSEL)各位的定义如下：

	Bit7	Bit6	Bit5	Bit4	Bit3	Bit2	Bit1	Bit0
定义	PLLSEL	PSTP	SYSWAI	ROAWAI	PLLWAI	CWAI	RTIWAI	COPWAI
复位	0	0	0	0	0	0	0	0

PLLSEL：选定锁环位。

1—选定 PLLCLK 为系统时钟源；

0—选定 OSCCLK 为系统时钟源。

PSTP：晶振停振位。

1—在停止模式下晶振工作；

0—在停止模式下晶振停止工作。

SYSWAI：选定时钟停止位。

1—在等待模式下系统时钟停止；

0—在等待模式下系统时钟继续工作。

ROAWAI：在等待模式下降低晶振振幅位。

1—在等待模式下减小晶振振幅；

0—在等待模式下维持正常的晶振振幅。

PLLWAI：等待模式下锁相环停止工作位。

1—在等待模式下锁相环停止工作；

0—在等待模式下锁相环正常工作。

CWAI：在等待模式下内核时钟停止工作位。

1—在等待模式下内核时钟停止工作；

0—在等待模式下内核时钟正常工作。

RTIWAI：在等待模式下实时时钟停止工作位。

1—在等待模式下实时时钟停止工作；

0—在等待模式下实时时钟正常工作。

COPWAI：在等待模式下 COP 停止工作位。

1—在等待模式下 COP 停止工作；

0—在等待模式下 COP 正常工作。

6. CRG PLL 控制寄存器

CRG PLL 控制寄存器(PLLCTL)各位的定义如下：

	Bit7	Bit6	Bit5	Bit4	Bit3	Bit2	Bit1	Bit0
定义	CME	PLLON	AUTO	ACQ		PRE	PCE	SCME
复位	1	1	1	1	0	0	0	1

CME：时钟监控使能位。

1—时钟监控使能；

0—时钟监控禁止。

PLLON：锁相环电路使能位。

1—锁相环电路使能；

0—锁相环电路禁止。

AUTO：自动带宽控制位。

1—选择高频带宽控制；

0—选择低频带宽控制。

ACQ：自动带宽控制滤波器选择位(当 AUTO=1 时,该位无意义)。

1—选择片内高频滤波器；

0—选择片内低频滤波器。

PRE：在不完全停止模式下使能 RTI 位。

1—在不完全停止模式下使能 RTI；

0—在不完全停止模式下停止 RTI。

PCE：在不完全停止模式下使能 COP 位。

1—在不完全停止模式下使能 COP；

0—在不完全停止模式下停止 COP。

SCME：自时钟模式使能位。

1—探测到外部晶振失效时,强制 MCU 进入自时钟模式；

0—探测到外部晶振失效时,导致时钟监控器复位。

7. CRG 实时中断控制寄存器

CRG 实时中断控制寄存器(RTICTL)各位的定义如下：

	Bit7	Bit6	Bit5	Bit4	Bit3	Bit2	Bit1	Bit0
定义		RTR6	RTR5	RTR4	RTR3	RTR2	RTR1	RTR0
复位	0	0	0	0	0	0	0	0

RTR6～RTR4：实时中断周期的系数选择位。

RTR3～RTR0：实时中断计数器选择位。

RTI 的源时钟是 OSCCLK，RTI 的基频是振荡频率 f_{OSCCLK}，通过 RTI 控制寄存器的 RTR[6:4] 位对振荡频率分频，分频后的频率作为计数器的输入时钟信号，计数器的值通过 RTI 控制寄存器的 RTR[3:0] 位设定，如表 7-2 所示。

表 7-2　实时中断 RTI 溢出周期设置表

RTR[3:0]	RTR[6:4]							
	$111(2^{16})$	000(OFF)	$001(2^{10})$	$010(2^{11})$	$011(2^{12})$	$100(2^{13})$	$101(2^{14})$	$110(2^{15})$
0000(÷1)	OFF *	2^{10}	2^{11}	2^{12}	2^{13}	2^{14}	2^{15}	2^{16}
0001(÷2)	OFF *	2×2^{10}	2×2^{11}	2×2^{12}	2×2^{13}	2×2^{14}	2×2^{15}	2×2^{16}
0010(÷3)	OFF *	3×2^{10}	3×2^{11}	3×2^{12}	3×2^{13}	3×2^{14}	3×2^{15}	3×2^{16}
0011(÷4)	OFF *	4×2^{10}	4×2^{11}	4×2^{12}	4×2^{13}	4×2^{14}	4×2^{15}	4×2^{16}
0100(÷5)	OFF *	5×2^{10}	5×2^{11}	5×2^{12}	5×2^{13}	5×2^{14}	5×2^{15}	5×2^{16}
0101(÷6)	OFF *	6×2^{10}	6×2^{11}	6×2^{12}	6×2^{13}	6×2^{14}	6×2^{15}	6×2^{16}
0110(÷7)	OFF *	7×2^{10}	7×2^{11}	7×2^{12}	7×2^{13}	7×2^{14}	7×2^{15}	7×2^{16}
0111(÷8)	OFF *	8×2^{10}	8×2^{11}	8×2^{12}	8×2^{13}	8×2^{14}	8×2^{15}	8×2^{16}
1000(÷9)	OFF *	9×2^{10}	9×2^{11}	9×2^{12}	9×2^{13}	9×2^{14}	9×2^{15}	9×2^{16}
1001(÷10)	OFF *	10×2^{10}	10×2^{11}	10×2^{12}	10×2^{13}	10×2^{14}	10×2^{15}	10×2^{16}
1010(÷11)	OFF *	11×2^{10}	11×2^{11}	11×2^{12}	11×2^{13}	11×2^{14}	11×2^{15}	11×2^{16}
1011(÷12)	OFF *	12×2^{10}	12×2^{11}	12×2^{12}	12×2^{13}	12×2^{14}	12×2^{15}	12×2^{16}
1100(÷13)	OFF *	13×2^{10}	13×2^{11}	13×2^{12}	13×2^{13}	13×2^{14}	13×2^{15}	13×2^{16}
1101(÷14)	OFF *	14×2^{10}	14×2^{11}	14×2^{12}	14×2^{13}	14×2^{14}	14×2^{15}	14×2^{16}
1110(÷15)	OFF *	15×2^{10}	15×2^{11}	15×2^{12}	15×2^{13}	15×2^{14}	15×2^{15}	15×2^{16}
1111(÷16)	OFF *	16×2^{10}	16×2^{11}	16×2^{12}	16×2^{13}	16×2^{14}	16×2^{15}	16×2^{16}

该寄存器选择实时中断的溢出时钟周期。溢出时钟周期计算公式为

$$溢出时钟周期 = (RTR[3:0] + 1) \times 2^{(RTR[6:4]+9)} / OSCCLK$$

例如：假设系统的振荡周期为 T，RTR[6:4]=011，RTR[3:0]=1010，则对振荡频率进行 2^{12} 分频，计数器设置为 11，则中断周期 $T' = T \times 2^{12} \times 11$。

当 RTI 中断周期到时，RTIF 置位 1，进入中断子程序，同时下个中断周期立即开始。

注意：当 RTR[6:4]=000 时，禁止实时时钟。

8. CRG 看门狗控制寄存器

CRG 看门狗控制寄存器(COPCTL)各位的定义如下：

	Bit7	Bit6	Bit5	Bit4	Bit3	Bit2	Bit1	Bit0
定义	WCOP	RSBCK				CR2	CR1	CR0
复位	0	0	0	0	0	0	0	0

写：WCOP、CR2、CR1 和 CR0 位在用户模式只能写一次，在特殊模式随时可写，但 RSBCK 位只能写一次。

WCOP：COP 窗口模式位。

1—COP 窗口模式有效；

0—COP 窗口模式无效。

RSBCK：在 BDM 模式下的 COP 和 RTI 停止位。

1—只要进入 BDM 模式，就停止 COP 和 RTI；

0—在 BDM 模式下，允许 COP 和 RTI 运行。

CR：COP 计时速率选择位。COP 溢出时钟周期=OSCCLK/CR[2:0]。

看门狗溢出周期与 CR[2:0] 的关系如表 7-3 所示。溢出周期是振荡周期 OSCCLK 被 CR[2:0] 位分频后的周期。CR[2:0] 写入非 0 值，启动 COP 功能。如果看门狗溢出，则引起系统复位。为避免看门狗引起复位，必须周期性初始化 COP 计数器，即向 ARMCOP 寄存器写入数据。

表 7-3 COP 计时速率分频值

CR2	CR1	CR0	分频值
0	0	0	COP 功能无效
0	0	1	2^{14}
0	1	0	2^{16}
0	1	1	2^{18}
1	0	0	2^{20}
1	0	1	2^{22}
1	1	0	2^{23}
1	1	1	2^{24}

7.2.3 CRG 模拟的其他功能

1. 工作模式

CRG 模块有 3 种工作模式：正常模式、自时钟模式和低功耗模式。下面将分别介绍自时钟模式和低功耗模式。

(1) 自时钟模式。锁相环电路内的压控振荡器(VCO)有一个最小工作频率 f_{SCM}，若外部时钟因晶振启动时间过长或者其他原因导致时钟不稳，则总线时钟和核心时钟(CPU 执行所用的时钟)会自动衍生 f_{SCM}，这种模式称为自时钟模式。当外部时钟电路不能正常工作时，自时钟模式可确保程序继续正常运行。

启用该模式，需要设置 CRG 模块的锁相环控制寄存器(PLLCTL)的两位：CME=1 和 SCME=1。当外部时钟电路工作不正常时，首先将 CLKSEL 寄存器的 PLLSEL 清零，接着 MCU 自动转入自时钟模式，在 f_{SCM} 时钟频率下继续正常工作；当外部时钟信号稳定后，系统自动用 OSCCLK 作为系统时钟，但这时 PLLSEL 位还是为 0，若要继续选用 PLLCLK 作为系统时钟，则必须开放 PLL LOCK 中断，并在 PLL LOCK 中断例程中设置 CLKSEL 寄存器的 PLLSEL 位为 1，使用锁相环时钟为系统时钟源。

(2) 低功耗模式。MC9S12DG128 有两种低功耗模式：WAIT 模式和 STOP 模式，通过执行 WAIT 和 STOP 指令可以进入这两种模式。

若要使 MCU 在低功耗模式下运行，可以通过时钟选择寄存器(CLKSEL)来设置系统时钟、锁相环时钟、核心时钟、实时中断、看门狗等在等待模式下是否使能。若需要在等待模式禁止实时中断,可通过将 CLKSEL 的 RTIWAI 位置 1 来实现。有五种方法可以让 MCU 离开等待模式:外部复位、时钟监控器复位、看门狗复位、实时中断、自时钟模式中断。

STOP 模式有两种类型,取决于 CLKSEL 寄存器中 PSTP 位的状态:PSTP=0,完全停止模式;PSTP=1,不完全停止模式。

在不完全停止模式下,振荡器仍工作,但大部分系统与核心时钟停止工作。在此模式下,可选择配置 PCE 与 PRE 位的值以决定看门狗和实时中断继续运行或停止工作(若值为 1,则对应功能继续工作;若值为 0,则停止工作)。在完全停止模式下,振荡器被停用后所有系统和核心时钟也停止工作,看门狗和实时中断也停止工作。

外部中断和外部复位能够让 MCU 离开完全 STOP 模式,外部复位、时钟监控器失败和唤醒中断可以让 MCU 离开不完全 STOP 模式。

2. CRG 的复位信号产生功能

CRG 通过控制复位信号的产生来复位 MCU。共有 4 种复位操作能够引起复位,分别是上电复位、$\overline{\text{RESET}}$ 引脚的低电平复位、时钟监视复位和看门狗复位。各个寄存器及引脚信号复位后的值参见相关寄存器说明及引脚描述。所有的复位源如表 7-4 所示。

表 7-4   复位一览表

复位源	控制寄存器位
上电复位	无
低电平复位	无
外部复位	无
时钟监控复位	PLLCTL(CME=1,SCME=0)
看门狗复位	COPCTL(CR[2:0]不为 0)

检测到复位事件之后,内部电路首先会保持 $\overline{\text{RESET}}$ 引脚为低,持续时间为 128 个 SYSCLK,然后 $\overline{\text{RESET}}$ 引脚被释放,复位产生模块会等待接下来的 64 个 SYSCLK,最后采样 $\overline{\text{RESET}}$ 引脚来判断复位源。

3. 中断

CRG 模块支持的中断有实时中断(RTI)、PLL LOCK 中断和自时钟模式中断,这 3 种中断均可在 CRG 中断使能寄存器(CRGINT)中打开或禁止。

(1) 实时中断。实时中断在默认情况下是关闭的,当设置了实时中断寄存器(RTICTL)并在 CRGINT 寄存器中将 RTIE 位置 1 即可开启此中断。在实时中断每个周期结束时,就会产生中断请求。

对 RTI 控制寄存器 RTICTL 的写操作,将重新开始中断周期计时操作。如果 CRG PLL 控制寄存器 PRE 位置 1,则实时中断在不完全停止模式下继续有效。

(2) PLL LOCK 中断。当 CRG 标志寄存器的 LOCK 位变化时将产生中断,这表示外部时钟从稳定变为不稳定或从不稳定变为稳定。

(3) 自时钟模式中断。当系统的自时钟模式状态发生变化(包括进入或者离开自时钟模式)时,MCU 将会产生自时钟模式中断。自时钟模式是由上电复位(POR)、低电压复位(LVR)、从完全停止状态恢复(PSTP＝0)或时钟监视器失效而导致时钟检查失效等的状态。若时钟监视器处于激活状态(CME＝1),外部时钟源的失效错误也同样会触发自时钟模式(SCME＝1)状态。

禁止自时钟模式中断是通过设置 SCMIE 位为 0 而实现的。当自时钟模式状态改变时,自时钟模式中断标记位(SCMIF)为 1,向 SCMIF 位写入 1 可将该位清零。

7.3　汽车电子控制技术中实时中断的应用实例

在硬件连接上,PA0 接流水灯 0;流水灯的 5V 要接电源 5V。下面给出中断程序的编程实例。

【例 7.1】　中断测试程序。

```
/* ---------------------------------------------------------------- */
/* 硬件连接:                                                         */
/*   D1 接口与 MCU 的 PORTA0 相接,LED 灯模块的 5V 接电源模块的 5V      */
/* 描述:控制发光二极管 D1 闪烁                                        */
/* 目的:实现中断测试                                                  */
/* 注意:D1 的闪烁频率可调节                                           */
/* ---------------------- 《汽车电子控制原理与技术应用》教学实例 ----------- */
#include <hidef.h>           /* common defines and macros */
#include "derivative.h"      /* derivative-specific definitions */
int wTimeCnt;
void main(void)
{
    asm("sei");
    //foscclk = 16MHz, T_rti = (RTR3:0 + 1) * 2 ^ (RTR6:4 + 10)/foscclk = 1.024ms
    RTICTL = 0x27;           //RTR6:4 = 001, RTR3:0 = 0111
    CRGINT = 0x80;           //RTIE enable
    DDRA = 0xFF;
    asm("cli");
    for(;;);
}


#pragma CODE_SEG __NEAR_SEG NON_BANKED
__interrupt 7 void isrVrti(void)
{
    CRGINT& = 0x7F;          //关实时溢出中断
    CRGFLG| = 0x80;          //清除实时溢出标志位
    wTimeCnt++;
    if(wTimeCnt >= 1000)
    {
        wTimeCnt = 0;
    }
    if(wTimeCnt < 500)
    {
```

```
        PORTA = 0xFF;
    }
    else
    {
        PORTA = 0x00;
    }
    CRGINT | = 0x80;              //开实时溢出中断
}
```

测试结果：观察 D1 闪烁情况，可通过修改延时程序段来调节闪烁的频率。

第 **8** 章 微控制器的定时器模块

8.1 计数器/定时器的基本工作原理

在嵌入式应用系统中,有时要求能对外部脉冲信号或开关信号进行计数,这可通过计数器来完成。有些设备要求每间隔一定时间开启并在一段时间后关闭,有些指示灯要求不断闪烁,这可利用定时信号来完成。个人计算机也经常要用到定时信号,如系统日历时钟的计时、产生不同频率的声源等。在计算机系统中,计数与定时问题的解决方法是一致的,只不过是同一个问题的两种表现形式。

实现计数与定时的基本方法有 3 种:完全硬件方式、完全软件方式、可编程计数/定时器。

1. 完全硬件方式

在过去的许多仪器仪表或设备中,需要进行延时、定时或计数,经常使用数字逻辑电路实现,即完全用硬件电路实现计数/定时功能;若要改变计数/定时的要求,则必须改变电路参数,通用性和灵活性差。微型电子计算机出现以后,特别是随着单片微型计算机的发展与普及,这种完全硬件方式实现定时与计数的方法已较少使用。

2. 完全软件方式

在计算机中,通过编程利用计算机执行指令的时间实现定时,称为完全软件方式,简称软件方式。在这种方式中,一般是根据所需要的时间常数来设计一个延时子程序,延时子程序中包含一定的指令,设计者要对这些指令的执行时间进行精确的计算和测试,以便确定延时时间是否符合要求。当时间常数比较大时,常常将延时子程序设计为一个循环程序,通过循环常数和循环体内的指令来确定延时时间。这样,每当延时子程序结束以后,可以直接转入下面的操作,也可以用输出指令产生一个信号作为定时输出。这种方法的优点是节省硬件。主要缺点是执行延时子程序期间 CPU 一直被占用,所以降低了 CPU 的使用效率,也不容易提供多作业环境;另外,设计延时子程序时,要用指令执行时间来拼凑延时时间,显得比较麻烦。不过,这种方法在实际应用中还是经常使用的,尤其是在已有系统上作软件开发以及延时时间较小而重复次数又较少的情况。在计算机控制软件开发过程中,作为粗略的延时,经常使用软件方法来实现定时。

3. 可编程计数/定时器

利用专门的可编程计数/定时器实现计数与定时,克服了完全硬件方式与完全软件方式的缺点,综合利用了它们各自的优点,其计数/定时功能可由程序灵活设置,之后与 CPU 并行工作,不占用 CPU 的工作时间。应用可编程计数/定时器,在简单的软件控制下可以产生准确的时间延时。这种方法的主要思想是根据需要的定时时间,用指令对计数/定时器设置定时常数,并用指令启动计数/定时器开始计数,当计数到预定值时,便自动产生一个定时输出。在计数/定时器开始工作以后,CPU 不必去管它而可以去做其他工作。这种方法最突出的优点是计数时不占用 CPU 的时间,如果利用计数/定时器产生中断信号还可以建立多作业的环境,所以可大大提高 CPU 的利用率。加上计数/定时器本身的开销并不很大,因此这种方法在微机应用系统中得到广泛使用。

在嵌入式系统中,定时器/计数器一般适用于以下 4 种不同的场合。

(1)产生波形输出:从 MCU 的 I/O 引脚上向外部电路输出一系列符合一定时序规范的周期信号。

(2)测量输入波形:从 MCU 的 I/O 引脚上检测外部电路输入的一系列周期信号的脉冲宽度、周期或频率。

(3)统计脉冲或边沿个数:对端口引脚输入的由外部事件产生的触发信号进行计数。

(4)作为定时基准:产生内部定时,例如用于定时采样等。

8.1.1 ECT 模块的基本组成与工作原理

S12 系列 MCU 的定时器模块在 HCS12 的标准定时器(standard timer module,STM)基础上增加了一些新的功能,因此 S12 的定时器模块称为增强型捕捉定时器(enhanced capture timer,ECT)模块,并将其称为 ECT_16B8C 模块。与 STM 相比,ECT 模块最重要的变化是增加了脉冲累加器通道数量并设置了保持寄存器,前者大大增加了正、负脉冲宽度的测量能力,而且可以根据需要灵活地调整测量范围和通道数量;后者放宽了对输入捕捉(IC)事件响应时间的要求。ECT 的输出比较(OC)通道功能没有变化,但由于预分频系统调整范围扩大,使得 OC 的时间跨度可以更大。

需要说明的是,S12 中的时钟模块的实时中断也可以产生定时信号,用户可以利用实时中断实现某些任务,但实时中断独立于 ECT 模块,只能完成单纯的计时操作,而 ECT 模块的功能要比其强大得多。

在 MC9S12DG128B 芯片中,ECT_16B8C 模块的核心是一个处于不断加 1 的 16 位计数寄存器,简称为计数器。该计数器的时钟频率由总线时钟经过预定的分频得到,定时器的所有动作都以这个经过分频的频率作为参考。从 MCU 的角度看,真正的时间间隔被这个计数器的定时计数所代替,所以在任何时候可以通过读取计数器的值来确定经历的时间。

在定时器内部有个控制和状态寄存器,通过对其某些位的设置,就可以确定多少时间计数器加 1(即定时间隔),定时间隔可达到几毫秒到几秒。

在定时器内部还有个预置寄存器,当计数器的值等于预置寄存器的值时,称为计数器溢出。当计数器溢出时计数器的值被赋 0,同时将计数器溢出标志等状态置于控制和状态寄存器中。

通过对控制和状态寄存器的某位进行设置,可以决定在计数器溢出时是否允许中断。利用该中断,可以编写中断例程,实现预定的功能。

使用预置计数功能可以得到精确的溢出时间,可以在任何时候暂停或清除计数器的计数。溢出功能是计数器的最基本功能。

另外,MC9S12DG128B MCU 的定时器还具有输入捕捉、输出比较、脉冲累加功能。该定时器包含 8 个完整的输入捕捉/输出比较通道和 4 个 8 位的脉冲累加器。8 个输入捕捉通道中有 4 个是带缓冲的通道,4 个是不带缓冲的通道;4 个脉冲累加器可以进行两两组合构成 2 个 16 位的脉冲累加器。输入捕捉功能可用于检测选定的跳变沿并记录发生跳变的时间;输出比较功能可用于产生一个输出信号,或用于定时器软件延时;脉冲累加器可当作事件计数器来使用,或作为门控时间累加器来使用。以下简要给出 MC9S12DG128B MCU 的定时器的主要特征:

(1) 为 4 个输入捕捉通道配置了一个 16 位的缓冲用寄存器。

(2) 4 个带有 8 位缓冲的 8 位脉冲累加器,这 4 个脉冲累加器与 4 个带缓冲的输入捕捉通道复用引脚;同时也可以将这 4 个 8 位的脉冲累加器配置成 2 个 16 位的脉冲累加器来使用。

(3) 16 位模数减 1 计数器,4 位预分频因子。

(4) 4 个用户可选的延迟计数器,用于增强输入的噪声隔离效果。

MC9S12DG128B MCU 的定时器有 8 个输入捕捉/输出比较通道,每一个通道都有一个输入/输出引脚 IOCx(x 的取值范围为 0～7),共 8 个引脚,如图 8-1 所示。

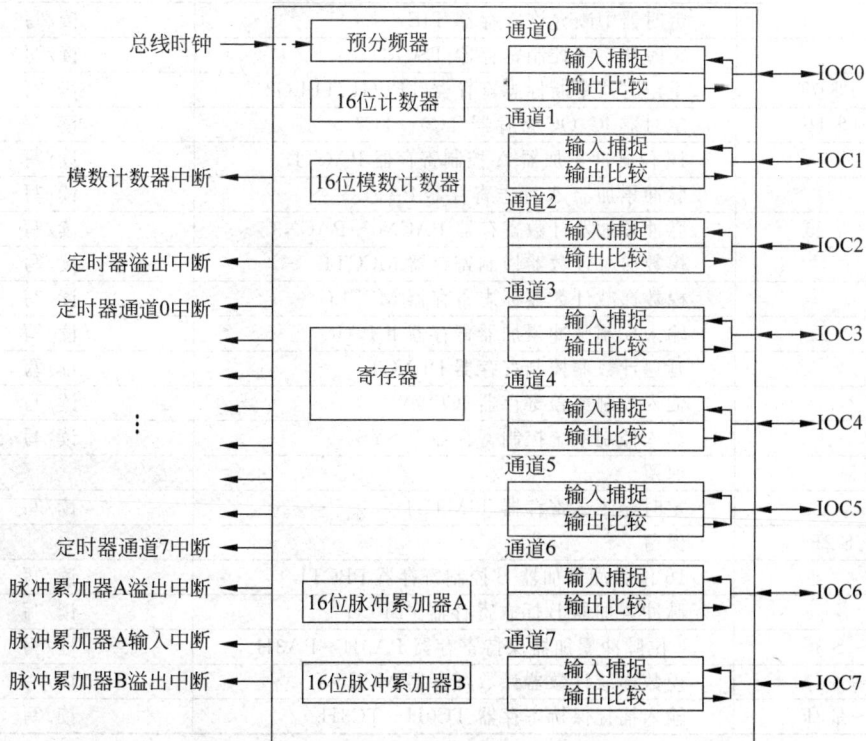

图 8-1　定时器接口模块功能框图

4 个 8 位的脉冲累加器与 4 个带有缓冲的输入捕捉通道相对应。每一个脉冲累加器都配有一个保持寄存器,用于记录外部引脚上的动作。同时还可以将 4 个脉冲累加器组合成 2 个 16 位的脉冲累加器来使用。

虽然计数器每次溢出时也产生中断请求,可以用来进行定时操作,但是其溢出周期需要根据输入捕捉/输出比较功能的要求确定,因此作为定时器使用时没有实时中断方便。

8.1.2　ECT 模块的内存映射

MC9S12DG128B MCU 的定时器提供了 64 个寄存器,其中 3 个是系统保留的寄存器,1 个是测试用寄存器。表 8-1 给出了这些寄存器的地址、名称和访问权限。对于每个寄存器,所列的地址是地址偏移量,每个寄存器的绝对地址是 ECT 模块的基本地址与每个寄存器地址偏移量之和。

表 8-1　ECT 模块的寄存器

地址	寄存器名称	访问权限
$ 00	定时器 IC/OC 选择寄存器 TIOS	读/写
$ 01	定时器强制输出比较寄存器 CFORC	读/写
$ 02	输出比较 7 屏蔽寄存器 OC7M	读/写
$ 03	输出比较 7 数据寄存器 OC7D	读/写
$ 04～$ 05	定时器计数寄存器 TCNT	读/写
$ 06	定时器系统控制寄存器 TSCR1	读/写
$ 07	定时器溢出触发寄存器 TTOV	读/写
$ 08～$ 0B	定时器控制寄存器 TCTL1～TCTL4	读/写
$ 0C	定时器中断允许寄存器 TIE	读/写
$ 0D	定时器系统控制寄存器 TSCR2	读/写
$ 0E～$ 0F	主定时器中断标志寄存器 TFLG1、TFLG2	读/写
$ 10～$ 1F	定时器 IC/OC 寄存器 TC0～TC7	读/写
$ 20	16 位脉冲累加器 A 控制寄存器 PACTL	读/写
$ 21	脉冲累加器 A 标志寄存器 PAFLG	读/写
$ 22～$ 25	脉冲累加器计数寄存器 PACN0～PACN3	读/写
$ 26	模数递减计数器控制寄存器 MCCTL	读/写
$ 27	模数递减计数器标志寄存器 MCFLG	读/写
$ 28	输入控制脉冲累加器寄存器 ICPAR	读/写
$ 29	延迟计数器控制寄存器 DLYCT	读/写
$ 2A	输入控制覆盖寄存器 ICOVW	读/写
$ 2B	输入控制系统控制寄存器 ICSYS	读/写
$ 2C	保留	
$ 2D	定时器测试寄存器 TIMTST	读/写
$ 2E、$ 2F	保留	
$ 30	16 位脉冲累加器 B 控制寄存器 PBCTL	读/写
$ 31	脉冲累加器 B 标志寄存器 PBFLG	读/写
$ 32～$ 35	8 位脉冲累加器保持寄存器 PA0H～PA3H	读/写
$ 36～$ 37	模数递减计数器计数寄存器 MCCNT	读/写
$ 38～$ 3F	输入捕捉保持寄存器 TC0H～TC3H	读/写

ECT 模块的寄存器分为 3 类,即控制寄存器、数据寄存器和状态寄存器。各类寄存器的功能如表 8-2～表 8-4 所示。

表 8-2　ECT 模块的控制寄存器

寄存器名称	功　能
定时器系统控制寄存器 TSCR1、TSCR2	控制定时器是否工作,设置是否允许定时器溢出中断,设置计数器预分频器的分频因子,设置是否允许通过通道 7 输出比较事件复位定时器计数寄存器 TCNT
定时器控制寄存器 TCTL1～TCTL4	设置输出比较成功后的输出模式和输出电平,设置输入捕捉的信号边沿类型
定时器 IC/OC 选择寄存器 TIOS	定义通道 0～7 输入捕捉或输出比较功能
输入控制覆盖寄存器 ICOVW	用来选择 8 个 IC 通道的输入捕捉寄存器和保持寄存器的内容是否允许被新值所覆盖
延迟计数器控制寄存器 DLYCT	延迟计数器延迟时间选择
定时器中断允许寄存器 TIE	设置是否允许各通道输入捕捉/输出比较中断
输入控制系统控制寄存器 ICSYS	设置输入捕捉是否共享通道,输入捕捉和脉冲累加器保持寄存器使能控制,8 位脉冲累加器计数值饱和控制,输入捕捉和脉冲累加器队列方式或锁存方式允许、定时器标志置位模式选择
定时器强制输出比较寄存器 CFORC	使各通道强制产生输出比较动作
输出比较 7 屏蔽寄存器 OC7M	设置输出比较通道为输出口
定时器溢出触发器 1 TTOV	定义输出比较方式下定时器溢出时是否允许产生比较输出
16 位脉冲累加器 A 控制寄存器 PACTL	控制脉冲累加器 A 是否工作,确定脉冲累加器 A 的工作模式(事件计数或门控时间累加),设置是否允许脉冲累加器 A 溢出中断和输入中断,选择脉冲累加器 A 时钟,设置脉冲累加器 A 输入信号有效边沿或门控信号有效电平
16 位脉冲累加器 B 控制寄存器 PBCTL	控制脉冲累加器 B 是否工作,设置是否允许脉冲累加器 B 溢出中断
模数递减计数器控制寄存器 MCCTL	控制模数递减计数器是否工作,设置是否允许模数递减计数器向下溢出中断,模数模式允许控制,定时常数装载控制,模数递减计数器读控制,设置模数递减计数器预分频器的分频因子,输入捕捉强制锁存控制
输入控制脉冲累加器寄存器 ICPAR	控制 8 位脉冲累加器是否工作

表 8-3　ECT 模块的数据寄存器

寄存器名称	功　能
定时器计数寄存器 TCNT	用来对 TIMCLK 时钟计数
定时器 IC/OC 寄存器 TC0～TC7	在输入捕捉方式下,用于锁存计数器的值;在输出比较方式下,存放比较值

续表

寄存器名称	功　能
输入捕捉保持寄存器 TC0H～TC3H	锁存对应的输入捕捉寄存器的值
输出比较 7 数据寄存器 OC7D	当 OC7M 寄存器某位为 1 且输出比较通道 7 比较成功时,该寄存器中对应位的状态被传送至 T 口数据寄存器的相应位
脉冲累加器计数寄存器 PACN0～PACN3	4 个 8 位或 2 个 16 位脉冲累加器计数寄存器的内容为计数值
8 位脉冲累加器保持寄存器 PA0H～PA3H	锁存对应的脉冲累加器计数寄存器中的计数值
模数递减计数器计数寄存器 MCCNT	模数递减计数器工作寄存器用来对分频后的总线时钟计数

表 8-4　ECT 模块的状态寄存器

寄存器名称	功　能
主定时器中断标志寄存器 TFLG1、TFLG2	输入捕捉/输出比较通道 0～通道 7 中断标志;主定时器溢出中断标志
脉冲累加器 A 标志寄存器 PAFLG	脉冲累加器 A 溢出标志和输入有效边沿标志
脉冲累加器 B 标志寄存器 PBFLG	脉冲累加器 B 溢出标志
模数递减计数器标志寄存器 MCFLG	模数递减计数器向下溢出中断标志,输入捕捉首次到的捕捉信号边沿极性标志

8.1.3　ECT 模块的中断系统

定时器模块提供了 13 个中断源,分别是 8 个定时器通道中断、1 个模数递减计数器向下溢出中断、1 个脉冲累加器 A 输入中断、1 个脉冲累加器 A 溢出中断、1 个脉冲累加器 B 溢出中断及 1 个定时器溢出中断。

表 8-5 列出了 MC9S12DG128B 定时器模块的中断源名称、所对应的中断标志寄存器中的中断标志、中断向量地址、中断屏蔽寄存器及其相应的控制位名称、默认中断优先级次序(按从上到下排列优先级为从高到低)和写入最高中断优先级寄存器 HPRIO 中的有效代码值。其中,写入 HPRIO 中的代码值实际上是中断向量起始地址的低位字节。例如,将 $DE 写入到 HPRIO 寄存器,则定时器溢出中断(中断向量地址为 $FFDE～$FFDF)被设定为最高优先级。

定时器模块 ECT_16B8C 只检测中断并产生中断请求,不会对中断请求进行处理,因而用户需要编写中断服务程序来处理相应的中断事件。

表 8-5　ECT 模块的中断描述

中断源	中断标志	中断描述	中断向量地址	全局屏蔽位	局部屏蔽位	HPRIO值
ECTCH0	C0F	定时器通道 0 输入捕捉/输出比较中断,高电平有效	$ FFEE、$ FFEF	控制位 I	TIE(C0I)	$ EE
ECTCH1	C1F	定时器通道 1 输入捕捉/输出比较中断,高电平有效	$ FFEC、$ FFED	控制位 I	TIE(C1I)	$ EC
ECTCH2	C2F	定时器通道 2 输入捕捉/输出比较中断,高电平有效	$ FFEA、$ FFEE	控制位 I	TIE(C2I)	$ EA
ECTCH3	C3F	定时器通道 3 输入捕捉/输出比较中断,高电平有效	$ FFE8、$ FFE9	控制位 I	TIE(C3I)	$ E8
ECTCH4	C4F	定时器通道 4 输入捕捉/输出比较中断,高电平有效	$ FFE6、$ FFE7	控制位 I	TIE(C4I)	$ E6
ECTCH5	C5F	定时器通道 5 输入捕捉/输出比较中断,高电平有效	$ FFE4、$ FFE5	控制位 I	TIE(C5I)	$ E4
ECTCH6	C6F	定时器通道 6 输入捕捉/输出比较中断,高电平有效	$ FFE2、$ FFE3	控制位 I	TIE(C6I)	$ E2
ECTCH7	C7F	定时器通道 7 输入捕捉/输出比较中断,高电平有效	$ FFE0、$ FFE1	控制位 I	TIE(C7I)	$ E0
ECTOVI	TOF	定时器溢出中断	$ FFDE、$ FFDF	控制位 I	TSCR2(TOF)	$ DE
ECTPAAO	PAOVF	脉冲累加器 A 溢出中断	$ FFDC、$ FFDD	控制位 I	PACTL(PAOVI)	$ DC
ECTPAAI	PAOVI	脉冲累加器 A 输入边沿中断,高电平有效	$ FFDA、$ FFDB	控制位 I	PACTL(PAI)	$ DA
ECTMCUFI	MCZF	模数递减计数器向下溢出中断,高电平有效	$ FFCA、$ FFCB	控制位 I	MCCTL(MCZI)	$ CA
ECTPABO	PBOVF	脉冲累加器 B 溢出中断	$ FFC8、$ FFC9	控制位 I	PBCTL(PBOVI)	$ C8

8.2　定时器模块的编程基础

16 位自由运行主定时器的工作频率决定输入捕捉/输出比较的分辨能力。定时器计数寄存器(TCNT)对多路转换器输出的时钟信号进行计数,当计数值从 $ FFFF 溢出变为 $ 0000 时,主定时器中断标志寄存器 TFLG2 中的中断标志 TOF 置位。如果此时定时器系统控制寄存器 TSCR2 中的中断允许位 TOI=1,将向 CPU 申请中断。设置 TOI=0 可以禁止自由运行计数器溢出中断,向 TFLG2 中写入 $ 80 将清除 TOF 标志。

自由运行主定时器的时钟 TIMCLK 由 4 选 1 多路转换器提供,时钟源的切换由 16 位脉冲累加器 A 控制寄存器(PACTL)中的 CLK1 和 CLK0 控制,时钟可以是 PCLK、PACLK、PACLK/256、PACLK/65536。其中,PCLK 称为 P 时钟,由预分频器将总线时钟进行 2k(k=0~7)分频后得到,分频因子由定时器系统控制寄存器 TSCR2 中的 PR2、PR1

和 PR0 决定。PACLK 是 16 位脉冲累加器 A 的时钟,频率为 ECLK/64。定时器系统控制寄存器 TSCR1 中的 TEN 位是 TIMCLK 的总开关,当 TEN＝0 时 TIMCLK 被切断,定时器停止工作,但并不影响脉冲累加器在事件计数方式下正常工作。

输出比较通道 7(OC7)对自由运行主定时器具有特殊的控制功能。当定时器系统控制寄存器 TSCR2 中的控制位 TCRE＝1 时,如果通道 7 输出比较成功,则 TCNT 自动复位到 \$0000,因而可利用 OC7 实现 TCNT 在 \$0000～\$××××(＜\$FFFF)之间循环计数。从而在保持较高的时钟频率(高分辨能力)前提下缩短计数周期,以满足特殊需要。

8.2.1　定时器模块的基本寄存器

ECT 模块的基本寄存器是定时器系统控制寄存器 1(timer system control register 1, TSCR1)和定时器系统控制寄存器 2(timer system control register 2,TSCR2)、定时器计数寄存器(timer count register,TCNT)、主定时器中断标志寄存器 2(main timer interrupt flag 2,TFLG2)。TSCR1 和 TSCR2 用于决定定时器是否工作,设置是否允许定时器溢出中断,设置计数器预分频器的分频因子,设置是否允许通过通道 7 输出比较事件复位定时器计数寄存器 TCNT。TCNT 作为计数器数据寄存器,用来对 TIMCLK 时钟计数。TFLG2 反映主定时器是否产生溢出中断。

1. 定时器系统控制寄存器 1

定时器系统控制寄存器 1(TSCR1)是 ECT 模块的总开关,决定着定时器是否启动和在等待、冻结模式下的行为、标志清除方式。TSCR1 寄存器中各位的定义如下:

寄存器偏移量:\$0006							
Bit7	Bit6	Bit5	Bit4	Bit3	Bit2	Bit1	Bit0
读: 写: TEN	TSWAI	TSFRZ	TFFCA	0	0	0	0
复位值: 0	0	0	0	0	0	0	0

TEN:定时器允许位。

1—允许定时器正常运行;

0—禁止主定时器(包括计数器),可用于降低功耗。

TSWAI:在等待模式下定时器模块停止位。

1—当 MCU 处于等待模式时,禁止定时器模块。定时器中断不能使 MCU 退出等待模式。

0—在等待期间允许 ECT 模块继续运行。

TSFRZ:在冻结模式下定时器和模数计数器停止位。

1—只要 MCU 处于冻结模式,禁止定时器和模数计数器;

0—在冻结模式下允许定时器和模数计数器继续运行。

TFFCA:快速清除定时器所有标志位。

1—对于 TFLG1 寄存器,读输入捕捉或写输出比较通道将清除相应通道的标志 CnF;对于 TFLG2 寄存器,对 TCNT 寄存器的任何访问将清除 TOF 标志;对 PACN3 和 PACN2 寄存器的任何访问将清除 PAFLG 寄存器中的 PAOVF 和 PAIF 标志;

对 PACN1 和 PACN0 寄存器的任何访问将清除 PBFLG 寄存器中的 PBOVF 标志。

0—定时器标志普通清除方式。允许清除定时器标志,使其正常运行。

2.定时器系统控制寄存器 2

定时器系统控制寄存器 2(TSCR2)是 ECT 模块的计数器预分频器的分频因子,是否允许定时器溢出中断、是否允许通过通道 7 输出比较事件复位定时器计数寄存器 TCNT。TSCR2 寄存器中各位的定义如下:

寄存器偏移量:$000D							
	Bit7	Bit6	Bit5	Bit4	Bit3	Bit2	Bit1	Bit0
读: 写:	TOI	0	0	0	TCRE	PR2	PR1	PR0
复位值:	0	0	0	0	0	0	0	0

TOI:定时器溢出中断允许位。

1—当 TOF 标志置位时,允许请求硬件中断;

0—禁止定时器溢出中断。

TCRE:定时器计数器复位允许。

1—通过成功的输出比较 7 复位自由运行计数器;

0—禁止计数器复位,计数器自由运行。

如果 TC7 = \$0000 且 TCRE = 1,TCNT 一直保持 \$0000。如果 TC7 = \$FFFF 且 TCRE = 1,当 TCNT 从 \$FFFF 复位到 \$0000 时,TOF 将不会置位。

PR2~PR0:定时器预分频器选择位。这 3 位规定了插入在总线时钟与主定时器计数器之间 2 分频的级数,如表 8-6 所示。

新设置的分频因子不会立即生效,直到所有预分频计数器状态等于 0 的下一个同步时钟边沿,新选择的预分频因子才生效。

表 8-6　预分频因子选择

PR2~PR0	000	001	010	011	100	101	110	111
预分频因子	1	2	4	8	16	32	64	128

现举例说明要产生给定的时间间隔应如何计算分频因子:假定总线时钟的频率 f_{BUS} 为 4MHz,希望产生 $t=1s$ 的定时间隔,并设分频因子为 p,则它们的关系为 $t=n/(f_{BUS}/p)$。其中 $n=2^{16}=65536$,所以分频因子 $p=(t/n) \times f_{BUS}=1/65536 \times 4\,000\,000 \approx 61$,但是分频因子只能是 2 的整数幂,因此这里选择 64 分频,这时产生的定时间隔就稍微小于 1s。因此可以将 1s 的定时间隔分成几次定时中断来完成。

3.定时器计数寄存器

16 位主定时器是一个递增计数器,不停地对时钟信号 TIMCLK 进行计数,定时器计数寄存器(TCNT)的内容即为计数结果。TCNT 寄存器中各位的定义如下:

寄存器偏移量:$0004~$0005															
	Bit15	Bit14	Bit13	Bit12	Bit11	Bit10	Bit9	Bit8	Bit7	Bit6	Bit5	Bit4	Bit3	Bit2	Bit1	Bit0
读: 写:	TCNT 15	TCNT 14	TCNT 13	TCNT 12	TCNT 11	TCNT 10	TCNT 9	TCNT 8	TCNT 7	TCNT 6	TCNT 5	TCNT 4	TCNT 3	TCNT 2	TCNT 1	TCNT 0
复位值:	0	0	0	0	0	0	0	0	0	0	0	0	0	0	0	0

对计数器寄存器的完整访问应该在一个时钟周期内完成,且应该按字来访问,分别读/写高位字节和低位字节可能会产生不同的结果。例如,如果先读高 8 位后读低 8 位,当高 8 位读出后,低 8 位可能出现溢出复 0;如果先读低 8 位后读高 8 位,当低 8 位读出后,高 8 位可能出现溢出得 0。无论哪种情况,都可能导致不同步,从而使读出的结果是错误的。

因为写操作与预分频器时钟不同步,所以写 TCNT 寄存器后的第 1 个计数周期可能具有不同的长度。

4. 主定时器中断标志寄存器 2

主定时器中断标志寄存器 2(TFLG2)中各位的定义如下:

寄存器偏移量:$000F							
	Bit7	Bit6	Bit5	Bit4	Bit3	Bit2	Bit1	Bit0
读: 写:	TOF	0	0	0	0	0	0	0
复位值:	0	0	0	0	0	0	0	0

TOF:主定时器溢出标志。当自由运行定时器溢出时,TOF = 1。如果允许中断(TSCR2 寄存器中 TOI = 1),则将引发溢出中断。向该位写 1 将清除 TOF 标志。

如果 TSCR1 寄存器中的 TFFCA = 1,对 TCNT 的任何访问将清零 TFLG2 寄存器。

8.2.2 汽车电子控制技术中定时溢出中断的应用实例

【例 8.1】 定时器溢出中断测试程序。

```
/* --------------------------------------------------------------------- */
/* 硬件连接:                                                              */
/*    D1 接口与 MCU 的 PORTA0 相接,LED 灯模块的 5V 接电源模块的 5V        */
/* 描述:控制发光二极管 D1 闪烁                                            */
/* 目的:定时器溢出中断测试                                                */
/* 注意:D1 的闪烁频率可调节                                               */
/* ------------------------- 《汽车电子控制原理与技术应用》教学实例 ----------- */

# include < hidef. h >        /* common defines and macros */
# include "derivative. h"     /* derivative - specific definitions */

int wTimeCnt;

void main(void)
{
    asm("sei");

    TSCR1 = 0x80;             //允许主定时器开始计数
    TSCR2 | = 0x80;           //允许溢出中断,p = 1;溢出中断时间计算: t = n/(fbus/p) =
```

8.192ms,其中 n = 65536, fbus = 8MHz

```
    TFLG2| = 0x80;              //清除定时器溢出标志位

    DDRA = 0xFF;

    asm("cli");

    for(;;)
    {

    }
}

#pragma CODE_SEG __NEAR_SEG NON_BANKED
__interrupt 16 void isrTimOver(void)
{
    TSCR2& = 0x7F;              //关定时器溢出中断
    TFLG2| = 0x80;             //清除定时器溢出标志位

    wTimeCnt++;
    if(wTimeCnt > = 122)
    {
        wTimeCnt = 0;
    }
    if(wTimeCnt < 61)
    {
        PORTA = 0xFF;
    }
    else
    {
        PORTA = 0x00;
    }

    TSCR2| = 0x80;             //开定时器溢出中断
}
```

8.3 定时器模块的输入捕捉功能

S12 的 ECT 模块具有 8 个输入捕捉(input capture, IC)/输出比较(output compare, OC)通道, IOC0~IOC7 对应于端口 PT0~PT7。每个通道同一时刻只能启用其中一个功能, 可以通过设置 TIOS 寄存器的 IOS_x 位选择输入捕捉/输出比较(IC/OC)功能, 8 个输入捕捉/输出比较通道各自具有向量中断和控制寄存器。

当定时器 IC/OC 选择寄存器 TIOS 中的 $IOS_x=0$ 时, 通道定义为输入捕捉。自由运行定时器启动后, 边沿检测器便开始监视引脚事件, 一旦引脚电平出现设定的有效跳变, 自由运行计数器寄存器 TCNT 的当前值便被捕捉到捕捉寄存器 TCn 中($n=0\sim7$)。有效跳变边沿可以是上升沿、下降沿或任意跳变, 由定时器控制寄存器 TCTL3 和 TCTL4 中的

EDGxB 和 EDGxA 位决定。也可以设置 EDGxB：EDGxA＝00，关闭边沿检测器，停止该通道的捕捉。由于同步电路的原因，要求引脚输入的最小脉宽大于 2 个模块时钟周期。

捕捉完成后，主定时器中断标志寄存器 TFLG1 中的中断请求标志 CnF 置位。如果定时器中断允许寄存器 TIE 中的中断允许位 CnI＝1，且 CCR 中的控制位 I＝1，则系统会产生一次输入捕捉中断。如果不采用中断方式响应引脚事件，可以置 CnI＝0，通过软件查询标志 CnF 来进行处理。各个 IC/OC 通道可以单独发出中断请求，也可以分别关闭中断。事件处理后，可以向 TFLG1 寄存器的对应位写入 1，清除标志 CnF。

ECT 的 IC 通道组由 4 个标准的带缓冲通道 IC0～IC3（引脚 PT0～PT3）和 4 个非缓冲通道 IC4～IC7（引脚 PT4～PT7）组成。每个通道的 IC/OC 寄存器中 TCn 都具有覆盖保护功能，以防止 IC 寄存器内容尚未读出之前，上一次捕捉的值被新值所覆盖。用户可以通过设置输入控制覆盖寄存器 ICOVW 的相应位，决定是否允许某个通道用新的捕捉值覆盖上一次的捕捉值。

1. 带缓冲的 IC 通道

1）带缓冲的 IC 通道组成

带缓冲的 IC 通道组成：边沿检测、延迟滤波、输入捕捉和锁存。

（1）边沿检测。引脚逻辑电平的变化由内部边沿检测电路判别，判别规则由定时器控制寄存器 TCTL3 和 TCTL4 中的控制位 EDGxB 和 EDGxA 的状态决定，判别结果送到延迟计数器进行滤波处理。

（2）延迟滤波。在通道入口设置有延迟计数器，当延迟功能有效时，输入引脚检测到一个有效边沿后，延迟计数器按照预先选择的 M 时钟（模块时钟，等于内部总线时钟）周期数延迟给定的时间间隔，才产生输出脉冲。延迟时间由延迟计数器控制寄存器 DLYCT 中的 DLY1、DLY0 决定。延迟计数结束后，延迟计数器自动清零。要求输入信号两个有效边沿之间的持续时间必须大于设定的延迟时间。

（3）输入捕捉与锁存。延迟后的有效信号送到输入捕捉逻辑，根据输入控制系统控制寄存器 ICSYS 控制位 BUFEN 的状态和输入控制覆盖寄存器 ICOVW 相关位的设置，决定是否将 TCNT 的当前值捕捉到捕捉寄存器 TCn 中，以及是否将 TCn 中原来的捕捉值锁存到保持寄存器 TCnH 中。保持寄存器允许在不产生中断的条件下，连续捕捉两次不同时刻的值。

当输入捕捉寄存器 TCn 的值被读取后或被锁存到保持寄存器 TCnH 中时，相应的 TCn 被清空。同样，当保持寄存器的内容被读出时，TCnH 也被清空。

根据中断允许寄存器 TIE 中 CnI 位的设置，决定是否向 CPU 提出中断请求。

2）带缓冲的 IC 通道工作模式

带缓冲的 IC 通道有两种工作模式：锁存模式和队列模式，由输入控制系统控制寄存器 ICSYS 的控制位 LATQ 决定。

（1）锁存模式。每个有效的引脚事件只将自由定时器的值放入捕捉寄存器 TCn 中，而 TCn 到 TCnH 的传送必须依赖模数递减计数器复 0 或其他强制锁存命令实现。

如图 8-2 所示，当输入控制系统控制寄存器 ICSYS 中的 LATQ＝1 时，为输入捕捉锁存模式。通过一个有效的输入引脚跳变，主定时器中的值被复制到捕捉寄存器 TCn 中（$n＝$

0～3)。在下述情况下,TCn 中原来的捕捉值被锁存到各自的保持寄存器 TCnH 中。这些情况包括:

模数递减计数器自然回零;

向模数计数器直接写入 $0000;

向模数计数器控制寄存器 MCCTL 强制锁存控制位 ICLAT 直接写 1。

① 如果输入控制覆盖寄存器 ICOVW 中的相应位 NOVWx=0,当发生新的输入捕捉时,输入捕捉寄存器 TCn 的值将被新值所覆盖。如果发生锁存操作,其保持寄存器 TCnH 的内容也会被覆盖。

② 如果 ICOVW 寄存器中的相应位 NOVWx=1,TCn 或 TCnH 必须处于清空状态才允许写入,否则不能写入新值。这样就可以在读取捕捉值或将该捕捉值转移到保持寄存器之前,避免 TCn 和 TCnH 被覆盖。

③ 对于一个给定的周期,当模数递减计数器向下溢出(计数值等于 0)时,TCn 中的内容被锁存到各自的保持寄存器 TCnH 中。

④ 当输入控制系统控制寄存器 ICSYS 中的控制位 BUFEN=1 时,向模数递减计数器和其计数寄存器 MCCNT 写入 $0000,将使 TC$n$ 的内容锁存到各自的保持寄存器 TCnH 中。

⑤ 当 ICSYS 寄存器中的控制位 BUFEN=1 时,向模数计数器控制寄存器 MCCTL 强制锁存控制位 ICLAT 写 1,将使 TCn 中的内容锁存到各自的保持寄存器 TCnH 中。

(2) 队列模式。TCn 与 TCnH 形成一个类似先进先出的队列,每次捕捉值从 TCn 寄存器进入,随着下一个捕捉值的到来移入 TCnH 寄存器中,程序可以从 TCnH 取得结果。然而,这个队列是开放的,即程序也可以直接从 TCn 取得捕捉结果。

如图 8-3 所示,当输入控制系统控制寄存器 ICSYS 中的 LATQ=0 时,为输入捕捉队列模式。一旦输入引脚上出现一个有效的电平跳变,主定时器中的值被复制到捕捉寄存器 TCn 中。

① 如果输入控制覆盖寄存器 ICOVW 中的相应位 NOVWx=0,当发生新的输入捕捉时,IC 寄存器中的值将被锁存到其保持寄存器中,IC 寄存器储新的定时器值。

② 如果 ICOVW 寄存器中的相应位 NOVWx=1,TCn 或 TCnH 必须处于清空状态才允许写入,否则不能写入新值。

③ 在队列模式下,读 TCnH 将使相应的脉冲累加器的值锁存到其保持寄存器中。

在上述两种模式下,ECT 通道 0～3 中断标志 C0F～C3F 的建立条件如图 8-4 所示。

在锁存模式下,LATQ=1,无论输入控制系统控制寄存器 ICSYS 中的输入捕捉缓冲允许位 BUFEN 和定时器标志置位模式位 TFMOD 的状态如何,只有发生捕捉时才会置位中断标志 CnF。

在队列模式下,LATQ=0,如果 BUFEN 和 TFMOD 中任意一个状态为 0,中断标志 CnF 置位条件与 LATQ=1 时相同。只有当 BUFEN=1 和 TFMOD=1 时,捕捉时不会置位中断标志 CnF,TCn 到 TCnH 的锁存操作才会置位标志 CnF,这样就可以在不产生中断的条件下,连续捕捉两次不同时刻的值。

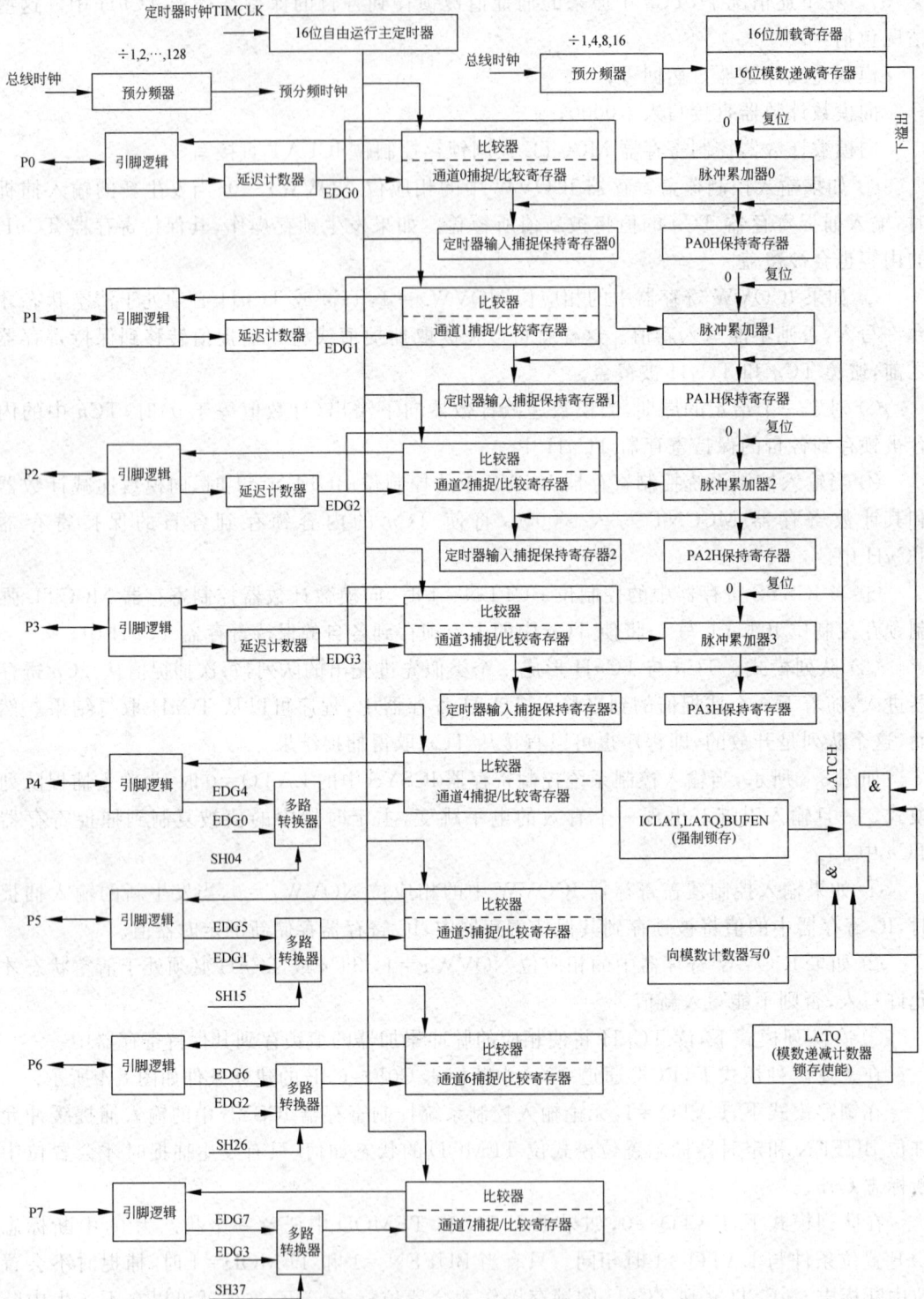

图 8-2 在锁存模式下的 ECT 模块框图

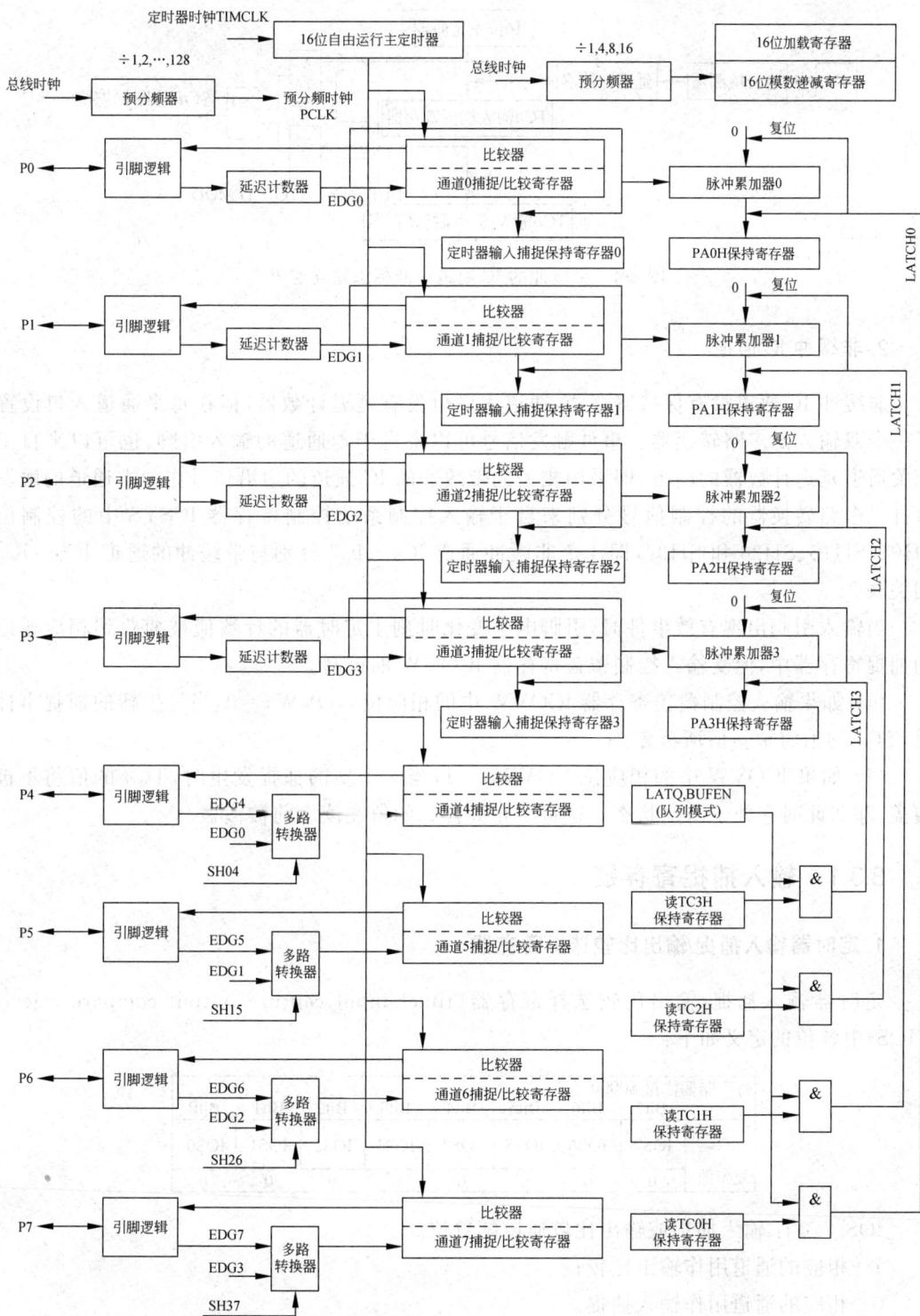

图 8-3 队列模式下定时器模块框图

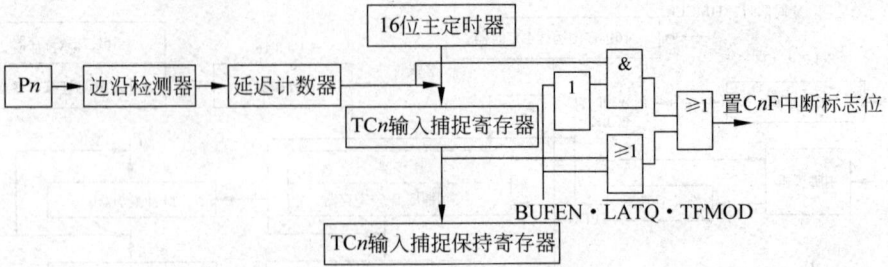

图 8-4　带缓冲的 IC 通道中断标志建立逻辑

2. 非缓冲 IC 通道

非缓冲 IC 通道没有保持寄存器,通道入口也没有延迟计数器,但在每个通道入口设置了一个双输入的多路转换器。事件触发信号可以来自于本通道的输入引脚,也可以来自于相关通道延迟计数器的输出,即采用相关的带缓冲的 IC 通道的边沿信号作为本通道的触发事件。多路转换器的控制信号分别来自于输入控制系统控制寄存器 ICSYS 中的控制位 SH04、SH15、SH26 和 SH37,即 4 个非缓冲通道 IC4~IC7 分别与带缓冲的通道 IC0~IC3 相关联。

当输入引脚出现有效事件时,引脚电平变化时刻主定时器的计数值被捕获到相应通道的捕捉寄存器中,但受输入控制覆盖寄存器 ICOVW 的控制。

(1) 如果输入控制覆盖寄存器 ICOVW 中的相应位 NOVWx=0,当发生新的捕捉事件时,TCn 的值将被新值所覆盖。

(2) 如果 ICOVW 中的相应位 NOVWx=1,当一个新的捕捉发生时,TCn 的值将不被覆盖,除非此时它处于清空状态。这将防止捕捉到的值在读之前被覆盖。

8.3.1　输入捕捉寄存器

1. 定时器输入捕捉/输出比较选择寄存器

定时器输入捕捉/输出比较选择寄存器(timer input capture/output compare select, TIOS)中各位的定义如下:

寄存器偏移量:$0000							
Bit7	Bit6	Bit5	Bit4	Bit3	Bit2	Bit1	Bit0
IOS7	IOS6	IOS5	IOS4	IOS3	IOS2	IOS1	IOS0
0	0	0	0	0	0	0	0

IOS[7:0]:输入捕捉或输出比较通道配置位。

1—相应的通道用作输出比较;

0—相应的通道用作输入捕捉。

2. 定时器 IC/OC 寄存器 0~7

定时器 IC/OC 寄存器 0~7(timer input capture/output compare registers 0~7,TC0~TC7)

中各位的定义如下：

寄存器偏移量:$0011:$0010~$001F:$001E															
Bit15	Bit14	Bit13	Bit12	Bit11	Bit10	Bit9	Bit8	Bit7	Bit6	Bit5	Bit4	Bit3	Bit2	Bit1	Bit0
读: 写: TCn 15	TCn 14	TCn 13	TCn 12	TCn 11	TCn 10	TCn 9	TCn 8	TCn 7	TCn 6	TCn 5	TCn 4	TCn 3	TCn 2	TCn 1	TCn 0
复位值: 0	0	0	0	0	0	0	0	0	0	0	0	0	0	0	0

每个 IC/OC 通道都有一个 16 位的寄存器。对于 IC 通道，$TCn(n=0\sim7)$ 用于锁存自由运行定时器/计数器的计数值。对于 OC 通道，TCn 用于存放比较值。

3. 定时器输入捕捉保持寄存器 0～3

定时器输入捕捉保持寄存器 0～3(timer input capture holding registers 0～3,TC0H～TC3H)中各位的定义如下：

寄存器偏移量:$0039:$0038~$003F:$003E															
Bit15	Bit14	Bit13	Bit12	Bit11	Bit10	Bit9	Bit8	Bit7	Bit6	Bit5	Bit4	Bit3	Bit2	Bit1	Bit0
读: TC15	TC14	TC13	TC12	TC11	TC10	TC9	TC8	TC7	TC6	TC5	TC4	TC3	TC2	TC1	TC0
写:															
复位值: 0	0	0	0	0	0	0	0	0	0	0	0	0	0	0	0

$TCnH$ 寄存器($n=0\sim3$)被用来锁存带缓冲的 IC 通道的输入捕捉寄存器 TC0～TC3 的值。

4. 定时器控制寄存器 3 和 4

定时器控制寄存器 3 和 4(timer control registers 3 and 4,TCTL3/ TCTL4)用于设置对应通道的输入捕捉极性。

TCTL3 寄存器的地址是 $0A,各位的定义如下：

寄存器偏移量:$000A							
Bit7	Bit6	Bit5	Bit4	Bit3	Bit2	Bit1	Bit0
读: 写: EDG7B	EDG7A	EDG6B	EDG6A	EDG5B	EDG5A	EDG4B	EDG4A
复位值: 0	0	0	0	0	0	0	0

TCTL4 寄存器的地址是 $0B,各位的定义如下：

寄存器偏移量:$000B							
Bit7	Bit6	Bit5	Bit4	Bit3	Bit2	Bit1	Bit0
读: 写: EDG3B	EDG3A	EDG2B	EDG2A	EDG1B	EDG1A	EDG0B	EDG0A
复位值: 0	0	0	0	0	0	0	0

$EDGnB$、$EDGnA$：输入捕捉边沿控制位。

这 8 对控制位对输入捕捉边沿检测电路进行设置，控制位的设置如表 8-7 所示。

表 8-7　边沿检测器电路设置

EDGnB	EDGnA	设　　置
0	0	捕捉禁止
0	1	上升沿捕捉
1	0	下降沿捕捉
1	1	在任何边沿(上升沿或下降沿)捕捉

当 $EDGnB=EDGnA=0$ 时,第 n 通道的 IC 功能与输入引脚断开。TCTL4 中的 4 对控制位还用来设置 8 位脉冲累加器 PAC0～PAC3。对于 16 位脉冲累加器 PACB,TCTL4 中的控制位 EDG0B 和 EDG0A 将决定触发的边沿。

5. 延迟计数器控制寄存器

延迟计数器控制寄存器(delay counter control register,DLYCT)中各位的定义如下:

寄存器偏移量:$0029								
	Bit7	Bit6	Bit5	Bit4	Bit3	Bit2	Bit1	Bit0
读: 写:	0	0	0	0	0	0	DLY1	DLY0
复位值:	0	0	0	0	0	0	0	0

$DLYx$:延迟计数器选择位。延迟时间的确定如表 8-8 所示。

表 8-8　延迟计数器选择

DLY1	DLY0	延迟时间
0	0	禁止延迟(被旁通)
0	1	256 个 M 时钟周期
1	0	512 个 M 时钟周期
1	1	1024 个 M 时钟周期

如果允许,检测到输入捕捉引脚上的有效边沿后,延迟计数器对预先选择的总线时钟周期进行计数,然后在其输出产生一个脉冲。在预设的延迟后,只有当输入信号的电平与跳变前的电平相反时才产生脉冲输出。

延迟计数之后,延迟计数器将自动清零。输入信号周期两个有效边沿之间的间隔应该大于选定的计数器延迟。

6. 输入控制覆盖寄存器

输入控制覆盖寄存器(input control overwrite register,ICOVW)中各位的定义如下:

寄存器偏移量:$002A								
	Bit7	Bit6	Bit5	Bit4	Bit3	Bit2	Bit1	Bit0
读: 写:	NOVW7	NOVW6	NOVW5	NOVW4	NOVW3	NOVW2	NOVW1	NOVW0
复位值:	0	0	0	0	0	0	0	0

$NOVWx$:输入捕捉覆盖允许位。

1—不能由事件对相应的捕捉寄存器或保持寄存器写操作,即不允许被覆盖。

0—当发生新的输入捕捉或锁存动作时,相应的捕捉寄存器或保持寄存器中的内容可以被覆盖。

当 IC 寄存器的内容被读出或锁存到保持寄存器中时,该 IC 寄存器被清空。当保持寄存器内容被读出时,该保持寄存器被清空。

7. 输入控制系统控制寄存器

输入控制系统控制寄存器（input control system control register，ICSYS）中各位的定义如下：

寄存器偏移量:$002B							
	Bit7	Bit6	Bit5	Bit4	Bit3	Bit2	Bit1	Bit0
读写:	SH37	SH26	SH15	SH04	TFMOD	PACMX	BUFEN	LATQ
复位值:	0	0	0	0	0	0	0	0

$SHxy$：输入捕捉通道 x 和 y 共享输入动作控制位。非缓冲通道 IC4～IC7 分别可以共享带缓冲通道 IC0～IC3 的输入信号，取决于 $SHxy$ 位的设置。

1—输入通道 x 的动作在通道 y 上产生同样的效果。端口引脚 x 和相应的边沿检测器对通道 y 有效，即通道 x 的边沿检测器和延迟电路同时作用于 x、y 通道。其中，通道配对情况为 $xy = 04,15,26,37$。

0—正常操作。x、y 通道各自使用对应的端口引脚。

TFMOD：定时器标志置位模式位。该位用来设置定时器中断标志产生的条件。

1—在队列模式（BUFEN＝1 且 LATQ＝0）下，仅当相应的保持寄存器出现锁存时，TFLG1 寄存器中的定时器标志 C3F～C0F 置位。

如果未使用队列模式，定时器标志 C3F～C0F 置位情况与 TFMOD＝0 时相同。

0—当端口引脚 PTn 上出现有效的输入捕捉跳变时，TFLG1 寄存器中的定时器标志 C3F～C0F 置位。

通过设置输入捕捉为队列模式（LATQ＝0）且输入缓冲允许（BUFEN＝1），当 TFMOD＝1 和 NOVW 寄存器中的 $NOVWx=1$，且相应的 TCn 和 $TCnH$ 被清空时，输入捕捉事件将首先用主定时器的内容更新相应的 TCn。下一个事件发生时，TCn 数据被传送到 $TCnH$ 寄存器，TCn 被更新，TFLG1 中的 CnF 中断标志置位。因此，ICSYS 寄存器中的 TFMOD 位与 ICOVW 寄存器一起使用，可以使 TCn 和 $TCnH$ 捕捉到两个值后定时器才产生中断，而不是每次捕捉产生一次中断。两次捕捉的结果分别存放在捕捉寄存器和保持寄存器中。

在所有其他输入捕捉情况下，中断标志 CnF 由 PTn 上的有效外部事件置位。

PACMX：8 位脉冲累加计数器最大计数值控制位。

1—当 8 位脉冲累加器等于 $FF 时，将不再继续递增，即进入饱和状态。$FF 值表示计数值大于或等于 255。

0—正常计数。当计数值达到 $FF 时，在下一个有效边沿计数值将变为 $00，并在此基础上计数值继续递增。

BUFEN：IC 缓冲器允许位。

1—输入捕捉保持寄存器和脉冲累加器保持寄存器允许，即允许使用缓冲。

当 LATQ＝1 时，向 MCCTL 寄存器中的 ICLAT 位写 1，将使输入捕捉寄存器和脉冲累加器寄存器的内容锁存到其保持寄存器中。

0—输入捕捉和脉冲累加器保持寄存器禁止。

LATQ：输入控制锁存或队列模式允许位。

1—输入捕捉锁存模式允许。输入捕捉通道和脉冲累加器工作在锁存模式，当模数递减计数器自然复 0 或将 0 写入到 MDC 计数寄存器 MCCNT 中时,产生锁存操作。当锁存事件发生时,IC 寄存器和 8 位脉冲累加器中的内容被传送到其保持寄存器中,同时 8 位脉冲累加器被清零。

0—输入捕捉队列模式允许。输入捕捉通道和脉冲累加器工作在队列模式,通过一个有效的输入引脚跳变,主定时器的值被存储到 IC 寄存器中。当发生新的捕捉时,IC 寄存器中的值将被传送到其保持寄存器中,IC 寄存器存入新的定时器值。

为了使能 IC 保持寄存器和脉冲累加器保持寄存器,控制位 BUFEN 应该被置 1,否则 LATQ 锁存模式被禁止。

当 LATQ 和 BUFEN 同时置 1 时,向 MCCTL 寄存器中的 ICLAT 位写 1,将使输入捕捉寄存器和脉冲累加器寄存器的内容锁存到其保持寄存器中。

8. 定时器中断允许寄存器

定时器中断允许寄存器(timer interrupt enable register,TIE)中各位的定义如下:

寄存器偏移量:$000C								
	Bit7	Bit6	Bit5	Bit4	Bit3	Bit2	Bit1	Bit0
读: 写:	C7I	C6I	C5I	C4I	C3I	C2I	C1I	C0I
复位值:	0	0	0	0	0	0	0	0

C7I~C0I:输入捕捉/输出比较"x"中断允许位。

1—允许输入捕捉/输出比较中断。

0—禁止输入捕捉/输出比较中断。

9. 定时器中断标志寄存器

主定时器中断标志寄存器 1(main timer interrupt flag 1,TFLG1)中各位的定义如下:

寄存器偏移量:$000E								
	Bit7	Bit6	Bit5	Bit4	Bit3	Bit2	Bit1	Bit0
读: 写:	C7F	C6F	C5F	C4F	C3F	C2F	C1F	C0F
复位值:	0	0	0	0	0	0	0	0

C7F~C0F:输入捕捉/输出比较通道"n"标志位。

1—输入捕捉/输出比较通道已经出现有效动作。

0—上次清除标志以来,输入捕捉/输出比较通道没有出现有效动作。

8.3.2　汽车电子控制技术中输入捕获的应用实例

【例 8.2】　按键输入捕获测试程序。

```
/* ---------------------------------------------------------------- */
/* 硬件连接:                                                         */
/*   按键模块的 L1 端子接到 PT0                                      */
/*   LED 灯模块的 D1 端子与 MCU 的 PORTA0 相接                        */
/*   LED 灯模块的 5V 接电源模块的 5V                                 */
```

```
/* 描述:捕获按键输入时,D1 亮                                    */
/* 目的:按键输入捕获测试                                        */
/* 注意:按键未消抖                                              */
/* ------------------------«汽车电子控制原理与技术应用»教学实例------------ */
# include < hidef. h >
# include "derivative. h"

void main(void)
{
    asm("sei");

    TSCR1 = 0x80;              //允许主定时器开始计数
    TCTL4 = 0x01;              //设置 ch0 捕获上升沿
    TIE| = 0x01;               //允许 ch0 中断
    TFLG1| = 0x01;             //置 1 清 ch0 中断标志位

    DDRH = 0x80;               //按键第 3 行第一个键
    PTH_PTH7 = 1;

    DDRA = 0xFF;

    asm("cli");

    for(;;)
    {

    }
}


# pragma CODE_SEG __NEAR_SEG NON_BANKED
__interrupt 8 void isrVtimch0(void)
{
    TIE& = 0b11111110;         //关 IC0 中断
    TFLG1| = 0b00000001;       //清除 IC0 中断标志位

    PORTA = ~PORTA;

    TIE| = 0b00000001;         //开 IC0 中断
}
```

【例 8.3】　按键消抖输入捕获测试程序。

```
/* --------------------------------------------------------------- */
/* 硬件连接:                                                       */
/*   按键模块的 L1 端子接到 PT0                                    */
/*   LED 灯模块的 D1 端子与 MCU 的 PORTA0 相接                     */
/*   LED 灯模块的 5V 接电源模块的 5V                               */
/* 描述:捕获按键输入时,D1 亮                                      */
/* 目的:按键输入捕获测试                                          */
/* 注意:按键要消抖                                                */
```

```c
/* ----------------------- 《汽车电子控制原理与技术应用》教学实例 ----------- */
# include < hidef. h >
# include "derivative. h"

int wCnt, i;

void main(void)
{
    asm("sei");

    TSCR1 = 0x80;                  //允许主定时器开始计数
    TCTL4 = 0x01;                  //设置 ch0 捕获上升沿
    TIE| = 0x01;                   //允许 ch0 中断
    TFLG1| = 0x01;                 //置 1 清 ch0 中断标志位

    DDRH = 0x80;                   //按键第三行第一个键
    PTH_PTH7 = 1;

    DDRA = 0xFF;

    asm("cli");

    for(;;)
    {

    }
}

# pragma CODE_SEG __NEAR_SEG NON_BANKED
__interrupt 8 void isrVtimch0(void)
{
    TIE& = 0b11111110;            //关 IC0 中断
    TFLG1| = 0b00000001;          //清除 IC0 中断标志位

    while(1)
    {
        if(PTH_PTH0 == 1)
        {
            wCnt++;
            if(wCnt > = 100)
            {
                wCnt = 0;
                PORTA = ~PORTA;
                break;
            }
        }
        else
        {
            wCnt = 0;
            break;
        }
```

```
        for( i = 1 ; i < = 1000 ; i++ );
    }

    TIE | = 0b00000001;              //开 IC0 中断
}
```

8.4　定时器模块的输出比较功能

输出比较用于产生程序控制下的输出动作或定时器事件,该动作或事件与自由运行计数器同步。输出比较通道由 16 位比较器和主定时器计数寄存器 TCNT 组成,与输入捕捉共享引脚、通道寄存器、中断逻辑等。当定时器通道配置成输出比较方式时,定时器通道寄存器 TCn 便作为输出比较寄存器,16 位比较器将 TCNT 的计数值与比较寄存器中的内容进行比较,若两者相等,便会在该通道的引脚上输出预设的电平,同时置位中断标志 CnF。在产生输出动作时如果允许中断,还会产生一个硬件定时中断。

输出比较通道 OC7 具有特殊的权限,可以废止其他 OC 通道的动作,直接决定各个输出通道的状态。

如果定时器输入捕捉/输出比较选择寄存器 TIOS 的相应位 TIOS$n=1$,则定时器通道 IOC$n(n=0\sim7)$ 被设置成输出比较(OC)通道,对应的引脚 PTn 强制为 OC 输出引脚。可以根据需要,计算出希望事件出现的时刻,对 TCn 寄存器赋值。

当定时器系统控制寄存器 TSCR1 中的 TEN$=1$ 时,自由运行定时器启动,16 位比较器开始监视 TCNT 的计数值,一旦 TCNT$=$TCn,则根据寄存器 TCTL1 或 TCTL2 中的输出模式选择位 OMn 和输出电平选择位 OLn 的设置,在对应引脚产生预定的动作。也可以设置 OMn:OL$n=00$,切断输出控制逻辑与引脚的联系,禁止该通道输出。

产生输出动作的同时,内部逻辑还将主定时器中断标志寄存器 TFLG1 中的中断请求标志 CnF 置 1。如果定时器中断允许寄存器 TIE 中的 CnI$=1$,且 CCR 中的控制位 I$=1$,则转向 TCn 中断服务程序。也可以置 CnI$=0$,通过软件查询标志 CnF 来确定是否出现 OC 事件。事件处理后,可以向 TFLG1 寄存器的对应位写入 1,以清除中断请求标志 CnF。为了响应随后的事件,需要向 TCn 寄存器重赋定时常数,然后等待下一次事件发生。

ECT 模块允许通过设置定时器强制输出比较寄存器 CFORC 中的强制输出比较位 FOC$n(n=0\sim7)$,迫使某个或几个通道立即产生 OMn 和 OLn 所规定的输出比较动作,但强制输出比较不会置位通道标志位 CnF。

定时器通道 7 输出比较的输出控制部分具有特殊功能,在 OC7 通道比较成功后,可以"越权"强行设置通道 OC0~OC6 的输出。TC7 的输出比较不同于其他通道的输出比较,它能够设置在定时器任何一个 I/O 引脚上产生输出动作,并且能够设置在比较事件发生时将自由运行计数器复位。如果通道 OC7 的动作与通道 OC0~OC6 的动作同时发生,通道 OC7 对它们的强行设置具有更高的优先权。

可以通过对输出比较 7 屏蔽寄存器 OC7M 的设置,使 OC7M$n=1$,OC7 强行参与管理通道 n 的输出,但通道 OC7 对通道 OC0~OC6 的管理仅限于使其引脚 PT0~PT6 清零或置 1,不能将引脚电平翻转,引脚的动作来自于输出比较 7 数据寄存器 OC7D 中的对应位 OC7Dn 定义的电平状态,必须事先通过程序设置。

当定时器系统控制寄存器 TSCR1 中的控制位 TCRE＝1 时,如果 OC7 通道比较成功,则定时器计数寄存器 TCNT 自动复位到 $0000。

8.4.1 输出比较寄存器

1. 定时器控制寄存器 1 和 2

定时器控制寄存器 1 和 2(timer control registers 1and 2,TCTL1/ TCTL2)中各位的定义如下:

寄存器偏移量:$0008							
Bit7	Bit6	Bit5	Bit4	Bit3	Bit2	Bit1	Bit0
OM7	OL7	OM6	OL6	OM5	OL5	OM4	OL4
0	0	0	0	0	0	0	0

读/写:, 复位值:

寄存器偏移量:$0009							
Bit7	Bit6	Bit5	Bit4	Bit3	Bit2	Bit1	Bit0
OM3	OL3	OM2	OL2	OM1	OL1	OM0	OL0
0	0	0	0	0	0	0	0

读/写:, 复位值:

OMn:输出模式。

OLn:输出电平。

这 8 对控制位被译码后,用于规定通道 OCn 比较成功后产生的输出动作。当 OMn 或 OLn 为 1 时,与 OCn 相关的引脚 PTn 变成与 OCn 相连的输出,而与 DDRT 中的对应位无关。

为了分别运行 16 位脉冲累加器 A 和 B(PACA 和 PACB),而不依赖于输入捕捉或输出比较 7 和 0,必须设置相应的位 IOSn＝1,OMn＝0 和 OLn＝0。OC7M 寄存器中的 OC7M7 位或 OC7M0 位也必须清零。

2. 定时器强制输出比较寄存器

定时器强制输出比较寄存器(timer compare force register,CFORC)中各位的定义如下:

寄存器偏移量:$0001							
Bit7	Bit6	Bit5	Bit4	Bit3	Bit2	Bit1	Bit0
0	0	0	0	0	0	0	0
FOC7	FOC6	FOC5	FOC4	FOC3	FOC2	FOC1	FOC0
0	0	0	0	0	0	0	0

读:, 写:, 复位值:

FOC[7:0]:通道 7:0 强制输出比较操作位。

1—设置为强制输出比较,且立即在引脚 PTn 上产生预定的输出比较动作;

0—禁止使用强制输出比较。

3. 输出比较 7 屏蔽寄存器

输出比较 7 屏蔽寄存器(output compare 7 mask register,OC7M)中各位的定义如下:

寄存器偏移量:$0002	Bit7	Bit6	Bit5	Bit4	Bit3	Bit2	Bit1	Bit0
读: 写:	OC7M7	OC7M6	OC7M5	OC7M4	OC7M3	OC7M2	OC7M1	OC7M0
复位值:	0	0	0	0	0	0	0	0

当相应的 $TIOSn(n=0\sim6)$ 位被设置成输出比较时,置位 $OC7Mn(n=0\sim6)$ 将使相应的端口设置为输出端口,与 DDRT 中的对应位状态无关,但 $OC7Mn$ 并不改变 DDRT 中对应位的状态。

$OC7Mn$:输出比较 7 屏蔽位

1—通道 n 端口引脚输出受 TC7 输出比较事件的控制;

0—通道 n 端口引脚输出不受 TC7 输出比较事件的控制。

4. 输出比较 7 数据寄存器

输出比较 7 数据寄存器(output compare 7 data register,OC7D)中各位的定义如下:

寄存器偏移量:$0003	Bit7	Bit6	Bit5	Bit4	Bit3	Bit2	Bit1	Bit0
读: 写:	OC7D7	OC7D6	OC7D5	OC7D4	OC7D3	OC7D2	OC7D1	OC7D0
复位值:	0	0	0	0	0	0	0	0

若 $OC7Mn=1$,当通道 7 输出比较成功时,OC7D 中的对应位将被传送到定时器端口数据寄存器 PORTT 中。

如果通道 7 输出比较成功的动作与通道 $6\sim0$ 由 OMn 和 OLn 设定的输出比较动作发生在同一个周期,则前者覆盖后者,此时各个通道的动作将依赖于 OC7D 中各位的状态。

5. 定时器溢出触发寄存器 1

定时器溢出触发寄存器 1(timer toggle on overflow register 1,TTOV)中各位的定义如下:

寄存器偏移量:$0007	Bit7	Bit6	Bit5	Bit4	Bit3	Bit2	Bit1	Bit0
读: 写:	TOV7	TOV6	TOV5	TOV4	TOV3	TOV2	TOV1	TOV0
复位值:	0	0	0	0	0	0	0	0

$TOVx$:溢出触发控制位。当定时器溢出时,$TOVx$ 触发输出比较。这个特性仅在输出比较模式下起作用。当 $TOVx=1$ 时,触发输出优先于强制输出比较,但对通道 7 无效。

1—允许根据溢出特性触发输出比较引脚;

0—禁止根据溢出特性触发输出比较引脚。

8.4.2　汽车电子控制技术中输出比较的应用实例

【例 8.4】　输出比较测试程序。

```
/ * -------------------------------------------------------------------- * /
/ * 硬件连接:                                                             * /
/ * LED 灯模块的 D1 端子与 MCU 的 PT0 相接                                 * /
/ * LED 灯模块的 5V 接电源模块的 5V                                        * /
/ * 描述: D1 闪烁                                                         * /
/ * 目的: 输出比较测试                                                    * /
/ * 注意:                                                                * /
/ * ------------------------ 《汽车电子控制原理与技术应用》教学实例 ----------- * /

# include < hidef.h >
# include "derivative.h"

void main(void)
{
    TSCR1 = 0x80;              //允许主定时器开始计数
    TSCR2 = 0x07;              //禁止溢出中断,p = 128;周期时间计算: t = n/(fbus/p) =
                                 1048.576ms,其中 n = 65536,fbus = 8MHz
    TIOS = 0x01;              //设置 ch0 为输出比较
    TCTL2 = 0x01;             //设置 ch0 为输出比较时翻转输出引脚状态
    TTOV = 0x01;              //允许 ch0 通道溢出时输出引脚进行状态翻转
    TC0 = 0x8000;            //初始状态为低电平,占空比

    for(;;)
    {

    }
}
```

8.5　定时器模块的脉冲累加和模数递减功能

　　ECT 模块中的 4 个 8 位脉冲累加器 PAC0~PAC3 与 4 个带缓冲的输入捕捉通道 IC0~IC3 相关联,共享引脚 PT0~PT3、边沿检测和延迟计数电路。4 个 8 位脉冲累加器可以独立使用,也可级联形成 2 个 16 位的脉冲累加器 A 和 B。

　　脉冲累加器的核心是一个计数器 PACNT,用来对输入脉冲进行计数。每个 8 位脉冲累加器都配有 1 个 8 位计数寄存器 PACNx,用来反映计数结果,程序可以随时读取或写入设定的初值。每个 8 位脉冲累加器配有 1 个 8 位保持寄存器 PAxH,用来锁存脉冲累加器中的计数值。由于与输入捕捉共享通道资源,因此当作为脉冲累加器使用时,对应通道的引脚必须通过 TIOS 寄存器设置为 IC 方式。

1.脉冲累加器的计数方式

　　根据工作方式的不同,脉冲累加器的计数脉冲来自不同的渠道。

（1）事件计数方式。当 PACTL 寄存器中的控制位 PAMOD＝0 时，16 位脉冲累加器 A 工作于事件计数方式，即对有效边沿计数。注意，8 位脉冲累加器和 16 位脉冲累加器 B 只能工作于这种方式。

8 位脉冲累加器的计数脉冲来自于引脚 PT0～PT3，16 位脉冲累加器 A 和 B 的计数脉冲分别来自于引脚 PT7 和 PT0。对于 8 位脉冲累加器，有效边沿通过定时器控制寄存器 TCTL4 中的控制位 EDGxA 和 EDGxB 设置（x＝0～3）；对于 16 位脉冲累加器 B，有效边沿通过控制位 EDG0A 和 EDG0B 设置；对于 16 位脉冲累加器 A，有效边沿通过脉冲累加器 A 控制寄存器 PACTL 中的控制位 PEDGE 设置。

输入引脚上每个有效边沿跳变，脉冲累加计数器的值加 1。脉冲累加器未溢出时，程序可以随时读取脉冲累加器计数寄存器来获得计数值，也可以写计数寄存器设定初始值。8 位脉冲累加器的计数寄存器为 PACNx（x＝0～3），16 位脉冲累加器 A 和 B 的计数寄存器分别为 PACN32 和 PACN10。

当脉冲累加器溢出时，将置位 PAFLG 寄存器中的 PAOVF 标志或 PBFLG 寄存器中的 PBOVF 标志。如果允许中断（PACTL 寄存器中的 PAOVI＝1 或 PBCTL 中的 PBOVI＝1），则产生一次溢出中断。向 PAOVF 位或 PBOVF 位写入 1 时，将自动清除对应的标志。当 TSCR1 寄存器中的 TFFCA＝1 时，对 PACN3 和 PACN2 寄存器的任何访问将清除 PAOVF 标志，而对 PACN1 和 PACN0 寄存器的任何访问将清除 PBOVF 标志。其中，PAOVF 标志仅限于 16 位脉冲累加器 A 和 8 位脉冲累加器 PAC3 使用，对应的溢出中断允许位是 PAOVI；而 PBOVF 标志则仅限于 16 位脉冲累加器 B 和 8 位脉冲累加器 PAC1 使用，对应的溢出中断允许位是 PBOVI。PAC2 和 PAC0 没有溢出中断功能。

（2）门控时间累加方式。当脉冲累加器 A 控制寄存器 PACTL 中的控制位 PAMOD＝1 时，脉冲累加器工作于门控时间累加方式，但这种方式仅限于 16 位脉冲累加器 A。

在门控时间累加方式下，门控信号来自引脚 PT7，而时钟信号为 PACLK（总线时钟的 64 分频 ECLK/64），门控信号可通过脉冲累加器 A 控制寄存器 PACTL 中的控制位 PEDGE 设定为高电平有效或低电平有效。在有效电平期间，脉冲累加器对 PACLK 时钟信号进行计数。输入引脚上的有效电平跳变沿将触发脉冲累加器开始计数，而有效电平结束时的跳变沿将停止计数，并使输入有效边沿标志 PAIF 置位。如果允许中断（PACTL 寄存器中的 PAI＝1），则产生一次硬件输入中断。

当脉冲累加器溢出时，将置位寄存器 PAFLG 中的 PAOVF 标志。如果允许脉冲累加器 A 溢出中断（PACTL 寄存器中的 PAOVI＝1），则产生一次溢出中断。对 PAOVF 位写入 1 时，将自动清除该标志。当 TSCR1 寄存器中的 TFFCA＝1 时，对 PACN32 寄存器的任何访问将清除 PAFLG 寄存器中的 PAOVF 标志和 PAIF 标志。在脉冲累加器未溢出时，程序可以随时读取计数寄存器 PACN32 来获得计数值，也可以写计数寄存器 PACN32 设定初始值。

注意，门控时间累加方式的时间基准为 ECLK/64，它来自一个公用的分频器，该分频器受定时器控制寄存器 TSCR1 中控制位 TEN 的控制。因此，这种方式要求定时器必须使能，即设置 TEN＝1，否则脉冲累加器无法得到计数脉冲。

此外，虽然脉冲累加器是 ECT 模块的一个子系统，但是控制位 PAEN 和 PBEN 与 TEN 相互独立。当 TEN＝0 时，只要满足 PAEN＝1 且 PAMOD＝0 或 PBEN＝1，PACNT

仍然可以对引脚的有效边沿计数。而且,即使是 PAEN＝0 和 PBEN＝0 以及 PAxEN＝0,脉冲累加器子系统关闭,脉冲累加器的计数寄存器 PACNx 仍然可以访问。PACNx 支持写操作,这为设置计数初值提供了方便。

2. 8 位脉冲累加器 PACN3～PACN0

4 个 8 位的脉冲累加器独立使用还是级联使用,取决于 16 位脉冲累加器 A 控制寄存器 PACTL 和 16 位脉冲累加器 B 控制寄存器 PBCTL 中的控制位 PAEN、PBEN 以及输入控制脉冲累加器寄存器 ICPAR 中的控制位 PA3EN～PA0EN 的设置。当 PAEN＝PBEN＝0 时,PACN3～PACN0 可独立工作。但 8 位的脉冲累加器只能工作于事件计数方式。

如图 8-5 所示,当 TIOS 中的 IOSx＝0(x＝0～3)时,PTx 引脚信号进入边沿检测电路,有效边沿将被送到延迟计数部分进行窄脉冲消除,然后送到脉冲累加器计数寄存器 PACNx 中。当 ICPAR 寄存器中的 PAxEN＝1 时,对应的 PACNx 通道允许,则脉冲累加器计数寄存器 PACNx 对输入脉冲进行计数。各通道的有效边沿可以通过定时器控制寄存器 TCTL4 中的控制位 EDGxA 和 EDGxB 单独设置,延迟时间则通过延迟计数器控制寄存器 DLYCT 设置。但所有通道共用一个延迟时间,不能分别设置。

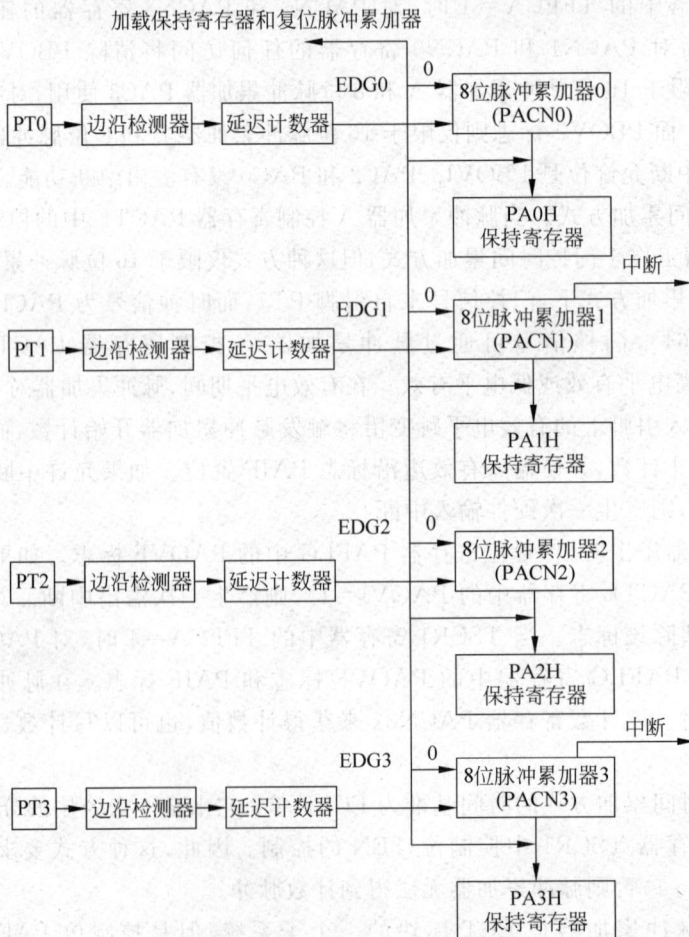

图 8-5　8 位脉冲累加器框图

对于 8 位脉冲累加器 PACNx，引脚 PTx 上出现的信号有效边沿将使主定时器中断标志寄存器 TFLG1 中的标志 CxF 置位。如果允许中断(定时器中断允许寄存器 TIE 中的控制位 CxI＝1)，则产生一次硬件中断。向 CxF 位写入一个 1，将清除该标志。

当计数寄存器 PACNx(x＝3,1)从 ＄FF 溢出到 ＄00 时，寄存器 PAFLG 中的 PAOVF 或 PBFLG 中的 PBOVF 标志置 1；如果 PACTL 寄存器中的 PAOVI＝1 或 PBCTL 中的 PBOVI＝1，且 CCR 中 I＝1，将向 CPU 申请中断。通过程序向 PAOVF 或 PBOVF 写 1，将清除对应的标志。当 TSCR1 寄存器中的 TFFCA＝1 时，读 PACN3 和 PACN2 寄存器将清除 PAOVF 标志，而读 PACN1 和 PACN0 寄存器将清除 PBOVF 标志。注意，只有 PACN3 和 PACN1 具有溢出中断功能，而 PACN2 和 PACN0 则没有。

PACN3～PACN0 通道设置了饱和记忆功能，当输入控制系统控制寄存器 ICSYS 中的控制位 PACMX＝1 时，该功能启动。这时，如果某个通道计数器 PACNx＝＄FF，那么 PACNx 将停止对后续事件的计数，而保持在 ＄FF。因此，如果某个 PACNx＝＄FF，说明其计数值大于或等于 255。如不需要，该功能可以关闭。这可以用来监视某个通道的计数值是否已经达到预定的目标值。当 ICSYS 中的 BUFEN＝1 时，保持寄存器 PAxH 有效，可以保存 PACNx 的累计结果，传送控制信号由 MCCTL 中的 ICLAT 或模数递减计数器 MDC 发出，但与 ICSYS 寄存器中的 LATQ 有关。当 BUFEN＝0 时，保持寄存器无效。

与带缓冲的输入捕捉通道相同，脉冲累加器也有两种工作方式：锁存方式和队列方式。在锁存方式下，保持寄存器 PCxH 的加载依靠 MDC 计数器或者强制命令实现；而在队列方式下，则依靠 IC 通道的 TCxH 读命令。

(1) 脉冲累加器的锁存方式。当 LATQ＝1 时，脉冲累加器处于锁存模式。模数递减计数器回 0、将 ＄0000 写入模数计数器或强制锁存控制位 ICLAT 被置 1 三者之一发生时，脉冲累加器的值将被锁存到对应的保持寄存器中，同时脉冲累加器被清空。

(2) 脉冲累加器的队列方式。当 LATQ＝0 时，脉冲累加器处于队列模式。读输入捕捉保持寄存器 TCxH，将使相应的脉冲累加器的内容锁存到其保持寄存器中。同时，脉冲累加器被清空。

脉冲累加器设置了覆盖限制功能，当保持寄存器为空时，将允许进行结果传送。但当保持寄存器非空时，则禁止覆盖。覆盖控制通过 ICSYS 寄存器实现。

由于 PACN0～PACN3 与带缓冲通道 IC0～IC3 共享相同的引脚，并且共享输入逻辑，因此在锁存工作模式和队列工作模式下，脉冲累加器与输入捕捉可以同时对同一引脚进行记录(前者记录脉冲或边沿的数量，后者记录具体时刻)。

3. 16 位脉冲累加器 PACA 和 PACB

如图 8-6 所示，4 个 8 位脉冲累加器 PACN0～PACN3 可以通过级联形成 2 个 16 位脉冲累加器 PACA、PACB，它们共享边沿检测与延迟电路。

当 PACTL 寄存器中的 PAEN＝1 时，通道 PACN3、PACN2 不复存在。这时，输入控制脉冲累加器寄存器 ICPAR 中的控制位 PAEN3、PAEN2 无效，PACN3 与 PACN2 级联成 16 位脉冲累加器 A，并使用引脚 PT7，而不是引脚 PT2。

16 位脉冲累加器 A 既可以工作在事件计数方式，也可以工作在门控时间累加方式。程序可以随时读取计数寄存器 PACN32 来获得计数值。在事件计数方式下，当检测到引脚

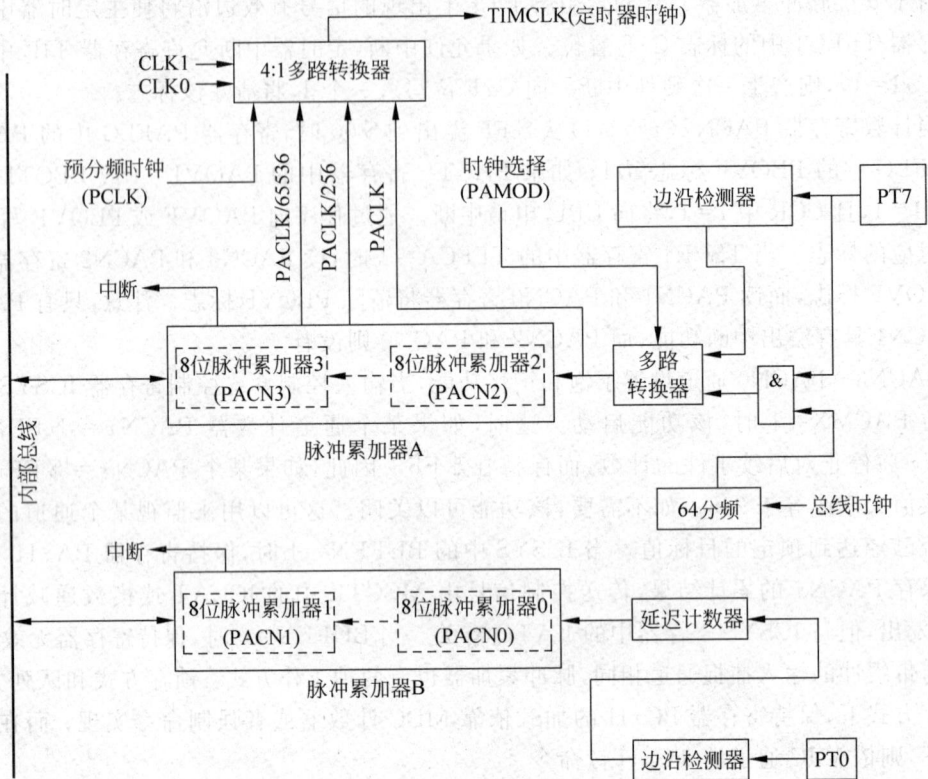

图 8-6　16 位脉冲累加器框图

PT7 出现预定的有效边沿时,输入有效边沿标志 PAIF 置位。而在门控时间累加方式下,要求定时器控制寄存器 TSCR1 中控制位 TEN=1,有效电平结束时的跳变沿将使标志 PAIF 置位。如果允许中断(PACTL 寄存器中的 PAI=1),则产生一次输入中断。向 PAIF 位写入 1 时,将自动清除该标志。

无论在哪种计数方式,当脉冲累加器 A 从 $FFFF 到 $0000 溢出时,将置位寄存器 PAFLG 中的 PAOVF 标志,如果允许中断(PACTL 寄存器中的 PAOVI=1),则产生一次溢出中断。向 PAOVF 位写入 1 时,将自动清除该标志。当 TSCR1 寄存器中的 TFFCA=1 时,对 PACN3 和 PACN2 寄存器的任何访问将自动清除 PAOVF 和 PAIF 标志。

16 位脉冲累加器 B 只有事件计数方式,没有门控时间累加方式。当 PBCTL 寄存器中的 PBEN=1 时,通道 PAC1、PAC0 不复存在,控制位 PAEN1、PAEN0 无效,PACN1、PACN0 级联成 16 位脉冲累加器 B,使用引脚 PT0 及其边沿检测和延迟计数电路。

输入引脚上产生的有效边沿跳变,将使主定时器中断标志寄存器 TFLG1 中的标志 C0F 置位。如果允许中断(定时器中断允许寄存器 TIE 中的控制位 C0I=1),则产生一次硬件输入中断。向 C0F 位写入一个 1,将清除该标志。

当脉冲累加器 B 从 $FFFF 到 $0000 溢出时,将置位 PBFLG 中的 PBOVF 标志。如果允许中断(PBCTL 寄存器中的 PBOVI=1),则产生一次硬件溢出中断。向 PBOVF 位写入 1 时,将自动清除该标志。当 TSCR1 寄存器中的 TFFCA=1 时,对 PACN1 和 PACN0 寄存器的任何访问将清除 PBOVF 标志。程序可以随时读取脉冲累加器计数寄存器

PACN10 来获得计数值。

模数递减计数器(modules down counter，MDC)由一个 16 位的模数递减计数器计数寄存器 MCCNT、一个 4 位预分频器和一个 16 位加载(常数)寄存器组成，可作为一个独立的时基产生周期性的中断。

当模数递减计数器控制寄存器 MCCTL 中的 MCEN 置 0 时，MDC 被复位成 $FFFF，以避免在计数器启动的初期置位中断标志。将 MCEN 置 1，MDC 启动，并从当前值开始递减计数。分频系数由 16 位模数递减计数器控制寄存器 MCCTL 中的控制位 MCPR1 和 MCPR0 确定。

MDC 有两种工作方式：单次计数方式和循环计数方式，由模数递减计数器控制寄存器 MCCTL 中的模数模式允许位 MODMC 决定。

当 MODMC 置 0 时，MDC 为单次计数方式，计数值减到 $0000 后便停止计数。如果再次将定时常数直接写入计数寄存器 MCCNT，MDC 便又开始一次递减计数，减到 0 后停止。

当 MODMC 置 1 时，MDC 为循环工作方式，计数值减到 $0000 后，自动从加载寄存器加载定时常数，并开始新一轮递减计数。

无论在哪种方式下，当 MDC 计数值减到 0 后，立即置位模数递减计数器标志寄存器 MCFLG 中的中断标志 MCZF，若 MCCTL 寄存器中的中断允许位 MCZI＝1，则向 CPU 发出中断请求，向 MCFLG 寄存器的 MCZF 位写 1 将清除该标志。MDC 回 0 的另一个动作是，向输入捕捉通道和脉冲累加器发出数据保持命令，将 IC 寄存器和脉冲累加器中的值锁存到其保持寄存器中。

MDC 的模数递减计数器计数寄存器 MCCNT 与加载寄存器占用相同的 I/O 地址，由控制位 RDMCL 决定每次读操作的具体访问对象。当 RDMCL＝0 时，对计数器的读操作将返回 MDC 当前的计数值；当 RDMCL＝1 时，读操作返回加载寄存器的当前值。对 MCCNT 的写操作要求在 MODMC＝1(模数方式允许)时进行，时间常数被写入加载寄存器，但 MDC 并不立即更新 MCCNT，必须等到计数器回 0 后重新加载。但向 MCCTL 寄存器中的 FLMC 位写 1 可以实现 MDC 的立即加载，同时还要复位预分频器。如果 MODMC＝0 (模数方式禁止)，对 MCCNT 寄存器进行写操作也将复位预分频器，并用写入值更新 MDC，然后开始一次递减计数，减到 $0000 后停止。

当 ICSYS 寄存器中的 LATQ、BUFEN 位均为 1 时，如果将 $0000 写入到 MCCNT 寄存器和模数计数器，输入捕捉和脉冲累加寄存器的内容将被锁存到相应的保持寄存器中。将 $0000 写入到 MCCNT 后，模数计数器将保持为 0，且不会置位寄存器 MCFLG 中的 MCZF 标志。

8.5.1　脉冲累加器寄存器

1. 16 位脉冲累加器 A 控制寄存器

16 位脉冲累加器 A 控制寄存器(16bit pulse accumulator A control register，PACTL)中各位的定义如下：

PAEN：脉冲累加器 A 系统允许位。

寄存器偏移量:$0020	Bit7	Bit6	Bit5	Bit4	Bit3	Bit2	Bit1	Bit0
读: 写:	0	PAEN	PAMOD	PEDGE	CLK1	CLK0	PAOVI	PAI
复位值:	0	0	0	0	0	0	0	0

1—16 位脉冲累加器 A 系统允许；

0—16 位脉冲累加器 A 系统禁止。

PAEN 与 TEN 无关。当定时器禁止时,脉冲累加器仍可以运行,除非脉冲累加器被禁止。

PAMOD:脉冲累加器模式位。只有当脉冲累加器 A 允许(PAEN＝1)时,该位才起作用。

1—门控时间累加模式；

0—事件计数模式。

如果定时器未启用(TSCR 寄存器中的 TEN＝0),此时脉冲累加器只能工作在事件计数模式。

PEDGE:脉冲累加器边沿控制位。只有当脉冲累加器 A 允许(PAEN＝1)时,该位才起作用。

对于 PAMOD 位＝0(事件计数模式),有

1—对 PT7 引脚输入信号的上升沿计数；

0—对 PT7 引脚输入信号的下降沿计数。

对于 PAMOD 位＝1(门控时间累加模式),有

1—PT7 引脚输入的低电平使时钟 ECLK/64 送到脉冲累加器,在随后的上升沿置位 PAIF 标志；

0—PT7 引脚输入的高电平使时钟 ECLK/64 送到脉冲累加器,在随后的下降沿置位 PAIF 标志。

PAMOD 和 PEDGE 两位组合确定脉冲累加器输入信号的有效动作,如表 8-9 所示。

表 8-9　引脚有效动作

PAMOD	PEDGE	动　作
0	0	下降沿
0	1	上升沿
1	0	高电平,允许总线时钟 64 分频输入
1	1	低电平,允许总线时钟 64 分频输入

CLK1、CLK0:时钟选择位。这两位用来选择自由运行计数器的时钟 TIMCLK。时钟源的确定如表 8-10 所示。

表 8-10　时钟源的选择

CLK1	CLK0	时　钟　源
0	0	用定时器预分频时钟 PCLK 作为自由运行计数器时钟 TIMCLK
0	1	用 PACLK 作为自由运行计数器时钟 TIMCLK
1	0	用 PACLK/256 作为自由运行计数器时钟 TIMCLK
1	1	用 PACLK/65536 作为自由运行计数器时钟 TIMCLK

如果脉冲累加器 A 系统被禁止(PAEN＝0),来自主定时器的预分频器时钟总是作为自由运行定时计数器的输入时钟。CLK1、CLK0 两位写入后时钟源的改变立即生效。

PAOVI:脉冲累加器 A 溢出中断允许位。

1—如果 PAOVF 置位,则允许请求溢出中断;

0—禁止溢出中断。

PAI:脉冲累加器输入中断允许位。

1—如果 PAIF 置位,则允许请求输入中断;

0—禁止输入中断。

2. 16 位脉冲累加器 B 控制寄存器

16 位脉冲累加器 B 控制寄存器(16bit pulse accumulator B control register,PBCTL)中各位的定义如下:

寄存器偏移量:$0030								
	Bit7	Bit6	Bit5	Bit4	Bit3	Bit2	Bit1	Bit0
读:	0	PBEN	0	0	0	0	PBOVI	0
写:								
复位值:	0	0	0	0	0	0	0	0

PBEN:脉冲累加器 B 系统允许位。

1—16 位脉冲累加器 B 系统允许;

0—16 位脉冲累加器 B 禁止。

PBEN 位与 TEN 相互独立,即与定时器是否允许无关。当 PBEN＝1 时,启用 PACB。当定时器禁止时,脉冲累加器仍可运行,除非脉冲累加器被禁止。

PBOVI:脉冲累加器 B 溢出中断允许位。

1—如果 PBOVF 置位,则允许请求溢出中断。

0—禁止溢出中断。

3. 输入控制脉冲累加器寄存器

输入控制脉冲累加器寄存器(input control pulse accumulators register,ICPAR)中各位的定义如下:

寄存器偏移量:$0028								
	Bit7	Bit6	Bit5	Bit4	Bit3	Bit2	Bit1	Bit0
读:	0	0	0	0	PA3EN	PA2EN	PA1EN	PA0EN
写:								
复位值:	0	0	0	0	0	0	0	0

ICPAR 寄存器用来确定是否允许 8 位脉冲累加器 PAC3～PAC0 工作。

只有当 PATCL 中的 PAEN＝0 时,才允许 8 位脉冲累加器 PAC3 和 PAC2 单独使用。如果 PAEN＝1,则控制位 PA3EN 和 PA2EN 无效。

只有当 PBTCL 中的 PBEN＝0 时,才允许 8 位脉冲累加器 PAC1 和 PAC0 单独使用。如果 PBEN＝1,则控制位 PA1EN 和 PA0EN 无效。

PAxEN:8 位脉冲累加器"x"允许位。

1—8 位脉冲累加器允许；

0—8 位脉冲累加器禁止。

4. 脉冲累加器计数寄存器 3 和 2

脉冲累加器计数寄存器 3 和 2(pulse accumulators count registers 3 and 2，PACN3/PACN2)用来反映 8 位脉冲累加器 PAC3、PAC2 或 16 位脉冲累加器 A 的计数结果。PACN3、PACN2 寄存器中各位的定义分别如下：

寄存器偏移量:$0022							
Bit7	Bit6	Bit5	Bit4	Bit3	Bit2	Bit1	Bit0
读:写: PACNT7 (15)	PACNT6 (14)	PACNT5 (13)	PACNT4 (12)	PACNT3 (11)	PACNT2 (10)	PACNT1 (9)	PACNT0 (8)
复位值 0	0	0	0	0	0	0	0

寄存器偏移量:$0023							
Bit7	Bit6	Bit5	Bit4	Bit3	Bit2	Bit1	Bit0
读:写: PACNT7	PACNT6	PACNT5	PACNT4	PACNT3	PACNT2	PACNT1	PACNT0
复位值 0	0	0	0	0	0	0	0

两个 8 位脉冲累加器 PAC3 和 PAC2 串联形成 16 位脉冲累加器 PACA。当 PACA 允许(PACTL 中的 PAEN=1)时，PACN3 和 PACN2 寄存器内容分别是 PACA 的高位字节和低位字节。

当 PACN3 寄存器从 $FF 到 $00 溢出时，PAFLG 中的中断标志 PAOVF 置位。

完整的计数寄存器访问应该在一个时钟周期内完成。与作为一个字的访问相比，分别读/写高位和低位将产生不同的结果。

注意：当脉冲计数与写寄存器同时发生时，写操作优先，寄存器不加 1。

5. 脉冲累加器计数寄存器 1 和 0

脉冲累加器计数寄存器 1 和 0(PACN1/PACN0)用来反映 8 位脉冲累加器 PAC1、PAC0 或 16 位脉冲累加器 B 的计数结果。PACN1、PACN0 寄存器中各位的定义分别如下：

寄存器偏移量:$0024							
Bit7	Bit6	Bit5	Bit4	Bit3	Bit2	Bit1	Bit0
读:写: PACNT7 (15)	PACNT6 (14)	PACNT5 (13)	PACNT4 (12)	PACNT3 (11)	PACNT2 (10)	PACNT1 (9)	PACNT0 (8)
复位值 0	0	0	0	0	0	0	0

寄存器偏移量:$0025							
Bit7	Bit6	Bit5	Bit4	Bit3	Bit2	Bit1	Bit0
读:写: PACNT7	PACNT6	PACNT5	PACNT4	PACNT3	PACNT2	PACNT1	PACNT0
复位值 0	0	0	0	0	0	0	0

两个 8 位脉冲累加器 PAC1 和 PAC0 串联形成 16 位脉冲累加器 PACB。当 PACB 允许(PBCTL 中的 PBEN=1)时，PACN1 和 PACN0 寄存器的内容分别是 PACB 的高位字节

和低位字节。

当 PACN1 寄存器从 $FF 到 $00 溢出时,PBFLG 中的中断标志 PBOVF 置位。

完整的计数寄存器访问应该在一个时钟周期内完成。分别读/写高位和低位将产生与作为一个字访问时不同的结果。

注意:当脉冲计数与写寄存器同时发生时,写操作优先,寄存器不加 1。

6. 脉冲累加器 A 标志寄存器

脉冲累加器 A 标志寄存器(pulse accumulator A flag register,PAFLG)中各位的定义如下:

寄存器偏移量:$0021								
	Bit7	Bit6	Bit5	Bit4	Bit3	Bit2	Bit1	Bit0
读: 写:	0	0	0	0	0	0	PAOVF	PAIF
复位值:	0	0	0	0	0	0	0	0

当 TSCR1 寄存器中的 TFFCA=1 时,对 PACNT 寄存器的任何访问将清除 PAFLG 寄存器中的所有标志。

PAOVF:脉冲累加器 A 溢出标志位。

当 16 位脉冲累加器 A 从 $FFFF 到 $0000 溢出或 8 位脉冲累加器 PAC3 从 $FF 到 $00 溢出时,PAOVF 置位。

当输入控制系统控制寄存器 ICSYS 中的 PACMX=1 时,如果 8 位脉冲累加器 PAC3 达到 $FF,随后 PT3 上出现的一个有效边沿时,PAOVF 也置位。

当向 PAOVF 写入 1 时,将自动清除该标志。

PAIF:脉冲累加器输入边沿标志位。

当在引脚 PT7 检测到选择的边沿时,PAIF 置位。在事件模式下,事件边沿触发 PAIF;在门控时间累加模式下,在 PT7 输入引脚门控信号的后沿触发 PAIF。

当向 PAIF 位写入 1 时,将自动清除该标志。当 TSCR1 寄存器中的 TFFCA=1 时,对 PACN3、PACN2 寄存器的任何访问将清除 PAFLG 寄存器中的所有标志。

7. 脉冲累加器 B 标志寄存器

脉冲累加器 B 标志寄存器(pulse accumulator B flag register,PBFLG)中各位的定义如下:

寄存器偏移量:$0031								
	Bit7	Bit6	Bit5	Bit4	Bit3	Bit2	Bit1	Bit0
读: 写:	0	0	0	0	0	0	PBOVF	0
复位值:	0	0	0	0	0	0	0	0

PBOVF:脉冲累加器 B 溢出标志位。

当 16 位脉冲累加器 B 从 $FFFF 到 $0000 溢出时,或当 8 位脉冲累加器 PAC1 从 $FF 到 $00 溢出时,PBOVF 标志被置位。

当向 PBOVF 位写入 1 时,将自动清除该标志。当 TSCR1 寄存器中的控制位 TFFCA=1

时,对 PACN1 和 PACN0 寄存器的任何访问将清除 PBFLG 寄存器中的 PBOVF 标志。

如果 ICSYS 寄存器中的 PACMX＝1,当 8 位脉冲累加器 PAC1 等于 ＄FF,且 PT1 上随后到来一个有效边沿时,PBOVF 位也被置位。

8. 8 位脉冲累加器保持寄存器

8 位脉冲累加器保持寄存器(8bit pulse accumulators holding registers,PA3H～PA0H)中各位的定义如下:

寄存器偏移量:＄0032~＄0035								
	Bit7	Bit6	Bit5	Bit4	Bit3	Bit2	Bit1	Bit0
读: 写:	PAxH7	PAxH6	PAxH5	PAxH4	PAxH3	PAxH2	PAxH1	PAxH0
复位值:	0	0	0	0	0	0	0	0

当 ICPAR 寄存器中的相应位 PAxEN＝1 时,PA3H～PA0H 寄存器用来锁存相应脉冲累加器中的值。

8.5.2　模数递减计数器寄存器

1. 16 位模数递减计数器控制寄存器

16 位模数递减计数器控制寄存器(16bit modulus down-counter control register,MCCTL)中各位的定义如下:

寄存器偏移量:＄0026								
	Bit7	Bit6	Bit5	Bit4	Bit3	Bit2	Bit1	Bit0
读: 写:	MCZI	MODMC	RDMCL	0 ICLAT	0 FLMC	MCEN	MCPRI	MCPR0
复位值:	0	0	0	0	0	0	0	0

MCZI:模数计数器下溢中断允许位。当 MDC 计数值减到 0 时,标志 MCZF 置位,是否允许中断取决于 MCZI 的设置。

1—允许模数计数器中断;

0—禁止模数计数器中断。

MODMC:模数模式允许位。该位用来设置 MDC 的工作方式,即选择单次计数方式或循环计数方式。

1—允许模数模式。当计数值减到 ＄0000 时,用写入模数计数寄存器中的最新值装载计数器,并开始新一轮计数。

0—计数器从写入的值开始计数,减到 ＄0000 时停止计数。

注意:在修改 MODMC 位之前,应该清除 MCEN 位使模数计数器复位到 ＄FFFF。

RDMCL:读模数递减计数器装载值控制位。

1—读模数计数寄存器将返回加载寄存器的内容;

0—读模数计数寄存器将返回计数寄存器当前的值。

ICLAT:输入捕捉强制锁存动作控制位。当允许输入捕捉锁存模式(ICSYS 中的 LATQ＝BUFEN＝1)时,向该位的写 1 操作,立即强制输入捕捉寄存器 TC0～TC3 及其相应的 8 位脉冲累加器的内容锁存到对应的保持寄存器中。当锁存动作发生时,脉冲累加器将自动清除。向该位写 0 无效。读该位将总是返回 0。

FLMC:把加载寄存器内容强制加载到模数计数器计数寄存器控制位。只有当模数递减计数器允许(MCEN=1)时,该位才有效。向该位的写 1 操作,将加载寄存器的内容装填到模数计数器计数寄存器中,并使模数计数器预分频器复位。向该位写 0 无效。读该位将总是返回 0。

MCEN:模数递减计数器允许位。

1—模数计数器允许;

0—模数计数器禁止。

当 MCEN=0 时,计数器预设为 $FFFF。当模数递减计数器启动时,这将防止以前的中断标志引起中断。

MCPR1、MCPR0:模数计数器预分频选择位。这两位规定了模数计数器预分频器的分频因子,如表 8-11 所示。

只有当加载寄存器的内容装填到模数计数器计数寄存器时,新选择的预分频因子才有效。

表 8-11　模数计数器预分频选择

MCPR1	MCPR0	预分频率
0	0	1
0	1	4
1	0	8
1	1	16

2. 模数递减计数器计数寄存器

模数递减计数器计数寄存器(modulus down-counter count register,MCCNT)中各位的定义如下:

寄存器偏移量:$0036~$0037															
	Bit15	Bit14	Bit13	Bit12	Bit11	Bit10	Bit9	Bit8	Bit7	Bit6	Bit5	Bit4	Bit3	Bit2	Bit1	Bit0
读: 写:	MCCNT15	MCCNT14	MCCNT13	MCCNT12	MCCNT11	MCCNT10	MCCNT9	MCCNT8	MCCNT7	MCCNT6	MCCNT5	MCCNT4	MCCNT3	MCCNT2	MCCNT1	MCCNT0
复位值:	1	1	1	1	1	1	1	1	1	1	1	1	1	1	1	1

完整地访问计数寄存器 MCCNT 应该在一个时钟周期内完成。分别读/写高位字节和低位字节可能产生与读/写一个字时不同的结果。

如果 MCCTL 寄存器中的 RDMCL=0,读 MCCNT 寄存器将返回计数寄存器的当前值。如果 RDMCL=1,读 MCCNT 寄存器将返回加载寄存器中的内容。

当向 MCCNT 寄存器写入 $0000 时,模数计数器将保持为 0,不置位 MCFLG 寄存器中的 MCZF 标志。

如果模数模式允许(MODMC=1),对该地址的写操作将用已写入的值更新加载寄存器。到下一次计数器向下溢出,计数寄存器才被用新值更新。

如果希望立即加载,可以用 MCCTL 寄存器中的 FLMC 位将新值立即加载到计数寄存器中。

如果模数模式被禁止(MODMC=0),对该地址的写操作将清除预分频器,并用写入的值立即更新计数寄存器,然后开始一次递减计数,减到 $0000 时停止。

3. 16 位模数递减计数器标志寄存器

16 位模数递减计数器标志寄存器(16bit modulus down-counter flag register,MCFLG)中各位的定义如下:

寄存器偏移量:$0027							
Bit7	Bit6	Bit5	Bit4	Bit3	Bit2	Bit1	Bit0
读:MCZF 写:	0	0	0	POLF3	POLF2	POLF1	POLF0
复位值:0	0	0	0	0	0	0	0

MCZF:模数计数器向下溢出标志位。当模数递减计数器递减到 $0000 时,该标志置位。向该位写 1 时将清除该标志,写 0 无效。当 TSCR 寄存器中的 TFFCA=1 时,对 MCCNT 寄存器的任何访问将清除 MCZF 标志。

POLF3~POLF0:第一次输入捕捉极性状态位。

1—由上升沿引发第一次输入捕捉。

0—由下降沿引发第一次输入捕捉。

第 9 章　微控制器的A/D转换模块

在汽车电子控制技术的实际应用中,经常要对一些模拟量进行测量和控制,这些模拟量往往是连续变化的物理量。微控制器(MCU)在消费电子或工业控制的实际应用中,经常要对一些模拟量(如温度、压力、流量等)进行处理,而 MCU 本身只能接收和处理数字量。因此,就需要将模拟量转换为数字量,也即模/数(A/D)转换。

9.1　A/D 转换模块概述

在计算机过程控制和数据采集等系统中,经常要对一些过程参数进行测量和控制,这些参数往往是连续变化的物理量,如温度、压力、流量和速度等。这里所指的连续变化即数值是随时间连续可变的,通常称这些物理量为模拟量,然而计算机本身所能识别和处理的都是数字量。这些模拟量在进入计算机之前必须转换成二进制数码表示的数字信号。能够把模拟量变成数字量的器件称为模/数(A/D)转换器。

MC9S12DG128 单片机内置的 ATD(也记作 A/D)模块是 8 通道、10 位精度、多路输入复用、逐次逼近型的 A/D 转换器。本章首先介绍 ATD 模块的知识、寄存器功能及设置,并通过简单的测试程序,让读者掌握 ATD 模块在汽车电子控制技术中的应用及编程方法。

9.2　ATD 模块的原理

MC9S12DG128 单片机内置的 ATD 模块如图 9-1 所示。

由图 9-1 可知,ATD 模块由一个总线时钟预分频器、逐次逼近寄存器、A/D 转换器、采样保持器、比较器和 8 通道多路开关等部分组成。ATD 模块共有 12 个外部引脚,其中有 4 个电源相关引脚和 8 路模拟量输入引脚。VRH、VRL 两个引脚为 A/D 转换提供参考电源的参考高电压和参考低电压。VDDA 和 VSSA 两个引脚为 ATD 模块提供电源正和电源地。AN7/PAD7～AN0/PAD0 是模拟量输入通道 7～0,并且也可以被配置为数字输入口。另外,AN7/PAD7 还可以被配置为 A/D 转换的外部触发引脚。

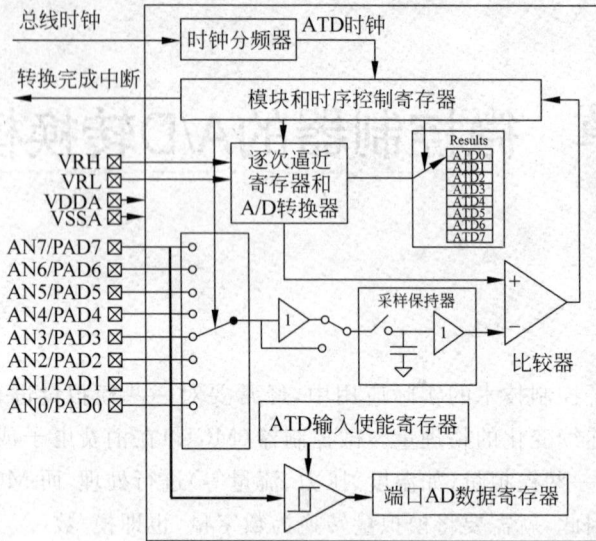

图 9-1　ADT 模块的组成原理

ATD 模块具有以下基本特征：

（1）8 位/10 位可选转换精度；

（2）10 位精度的单通道转换时间为 7ms；

（3）可编程的采样时间；

（4）左对齐/右对齐，有符号/无符号转换结果；

（5）外部触发控制；

（6）转换完成中断请求；

（7）A/D 输入引脚复用；

（8）转换序列长度为 1~8；

（9）连续转换模式；

（10）多通道扫描。

9.2.1　A/D 转换基本问题

A/D 转换过程就是以一定的时间间隔对模拟信号进行采样，然后将采集到的模拟值转换为相应的二进制代码。为了得到真实而稳定的转换数据，A/D 转换过程就要满足基本的性能指标，以使从离散的采样点数据可以最大限度地表征连续模拟信号。A/D 转换器有 3 个主要技术指标：采样频率、分辨率和转换精度。

（1）采样频率。A/D 完成一次转换所需的时间 T_s 的倒数，记为 f_s。依据奈奎斯特（Nyquist 定律），采样频率 f_s 的最低值要求为

$$f_s \geqslant 2f_h$$

其中：f_h 为被采样信号的最高频率。

（2）分辨率。分辨率是指 A/D 转换器的量化精度，常用二进制数或 BCD 码表示。MCU 的 A/D 转换器的分辨率大小，直接影响被测信号的动态范围。并且，由于运算放大

器通常无法提供轨到轨的满度输出,在选择 MCU 的 A/D 转换器分辨率时应留些余量。S12 的 A/D 转换器具有 10 位精度,也即将采集到的模拟量值转换为一个 10 位二进制数,可以表示 $2^{10}=1024$ 个不同的电平级别,它的分辨率为 $1/2^{10}$。

(3) 转换精度。一个实际 A/D 转换器在量化值上的差值,可用绝对误差或相对误差表示。S12A/D 转换器的精度为 $\pm 2LSB$。

9.2.2　ATD 模块的采样通道与转换序列

S12 有 2 组 ATD 模块(ATD0 和 ATD1),共 16 个模拟量输入通道,其中 AN0～AN7 属 ATD0,AN8～AN15 属 ATD1。16 个模拟输入端 PORTAD00～15 共享引脚。ATD 控制寄存器 ATDCTL5 的 CA、CB、CC 三位用来选择哪个引脚作为模拟信号的输入通道。当引脚用作 ATD 模块的输入口时,该引脚作为普通 I/O 口的相关寄存器的配置将不起作用,而那些不用作 ATD 模块的引脚仍可以用作普通的 I/O 口。对于被选作 ATD 通道的引脚,写端口数据寄存器或数据方向寄存器对 A/D 采样没有影响。当 DDR=0 时,读到的数据是引脚的状态;当 DDR=1 时,读到的是端口数据寄存器的值。

ATD 模块的每次启动要进行若干次扫描循环,每个扫描循环称为一个转换序列。一个序列中的转换可以针对某一个单一通道,也可以针对几个相邻通道。每个通道可以是外部模拟输入,也可能是参考电压或其他保留信号。每次转换包括哪些通道由 ATDCTL5 寄存器决定。对单一通道连续进行多次转换有利于实现信号滤波;一次转换多个通道则可以通过一次启动命令快速浏览多个信号。

ATD 模块电压转换范围有一定限制。当 ATD 模块输入的电压大于或等于 V_{RH} 时,ATD 模块转换结果是 \$3FF(10 位精度时的满量程);当 ATD 模块输入的电压小于或等于 V_{RL} 时,ATD 模块转换结果是 \$000;当 ATD 模块输入电压在 V_{RH} 和 V_{RL} 之间时,ATD 模块的转换结果和采样电压呈线性关系。出于安全考虑,ATD 模块输入电压不能超出 S12MCU 的供电电压。

9.2.3　转换时间与转换方式

ATD 模块转换所需要的时钟周期数是固定不变的(如在 8 位模式下,为 18 个周期),但采样时间和时钟频率可以通过 ATDCTL4 寄存器在一定范围内选择。因此转换时间也可以选择。转换时间为

$$转换时间 = \frac{时钟周期数 \times ATD\ 时钟周期}{ATD\ 时钟频率}$$

为了满足 ATD 模块的特性,S12 的 ATD 模块正常工作所要求的时钟频率范围为 500kHz～2MHz,总线时钟的设计最高频率为 8MHz。因此,当 MCU 选定晶体的频率后,总线时钟已经确定(等于晶体频率的一半)。这时,对分频因子的使用受到限制(只能使用部分分频因子),这是因为有些分频因子可能导致 ATD 模块的工作频率超出范围。

ATD 模块的转换方式分为单次方式和连续方式:

(1) 在单次方式下,每个转换序列完成后,ATD0STAT0 寄存器中的 SCF 置位,然后 ATD 模块暂停。

（2）在连续方式下，转换以转换序列为单位连续进行。当第一个转换序列完成后，SCF置位，同时 ATD 模块开始下一个转换序列。ATD 连续转换所选的 ATD 通道，在转换后就把新的转换结果放入数据寄存器中。如果在此之前的转换结果还没有读出，它将被新的转换结果覆盖，直到 SCAN 位被清零时转换才会结束，转换结束后 SCF 位置位。

9.2.4   电源与低功耗模式

ATD 模块电源的相关引脚有以下几个。

V_{DDA}：ATD 模块模拟部分用 V_{DDA} 作为它的供电引脚。V_{DDA} 应该连接到和 V_{DD} 有相同电压的地方。

V_{SS}：ATD 模块的接地引脚。V_{SS} 需与 V_{SS} 等电位。

V_{RH}：ATD 模块的参考高电压。可以把 V_{RH} 接到 V_{DDA}。

V_{RL}：ATD 模块的参考低电压。可以把 V_{RL} 和 V_{SS} 相连。

需要说明的是，PORTAD 的 I/O 功能和 ATD 模块的模拟输入功能共用引脚。为保证高的输入电阻，PORTAD 口无内部上拉功能，因此使用该口的 I/O 功能时如果需要，可在外部增加上拉电阻。此外，PORTAD 口没有 I/O 输出功能，自然也就没有方向控制寄存器。

使用 STOP 和 WAIT 指令可使 MCU 进入低功耗待机模式。

在 MCU 等待模式下，ATD 模块仍可正常工作，ATD 的中断都能使 MCU 跳出等待模式。

在 MCU 停止模式下，ATD 模块处于非激活状态，任何未结束的转换都被取消。只有当 MCU 退出停止模式后，ATD 模块才恢复工作。在退出停止模式后，需要等一个转换周期来稳定模拟电路，然后再启动 ATD 模块。

9.2.5   转换结果对齐方式

ATD 模块的转换结果存储有两种模式：左对齐和右对齐，这两种模式由 ATD0CTIL5 寄存器的 DJM 位来控制。A/D 转换的结果存放在两个 8 位寄存器中，分别为 ATD0DRxH 和 ATD0DRxL（以 ATD0 为例）：

左对齐：当选择转换精度为 8 位时，转换结果存放在 ATD0DRxH 中；当选择转换精度为 10 位时，ATD0DRxH 存放转换结果的高 8 位，ATD0DRxL 存放低 2 位。

右对齐：当选择转换精度为 8 位时，转换结果存放在 ATD0DRxL 中；当选择转换精度为 10 位时，ATD0DRxH 存放高 2 位，ATD0DRxL 存放低 8 位。

9.3   ATD 模块寄存器

MC9S12DG128 的 ATD 模块共有 20 个寄存器，如表 9-1 所示。其中 ATD 控制寄存器 0（ATDCTL0）、ATD 控制寄存器 1（ATDCTL1）和 ATD 测试寄存器 0（ATDTEST0）在普通模式下未定义，所以后文不对其进行说明。对于 112 引脚的 MC9S12DG128，内部有两个

ATD 模块,分别是 ATD0 和 ATD1,表 9-11 中分别列出了 ATD0 和 ATD1 两个模块中各寄存器地址。

表 9-1　ATD 模块寄存器

寄存器用途	访问方式	ATD0 地址	ATD1 地址
ATD 控制寄存器 0(ATDCTL0)	读	$0080	$0120
ATD 控制寄存器 1(ATDCTL1)	读	$0081	$0121
ATD 控制寄存器 2(ATDCTL2)	读/写	$0082	$0122
ATD 控制寄存器 3(ATDCTL3)	读/写	$0083	$0123
ATD 控制寄存器 4(ATDCTL4)	读/写	$0084	$0124
ATD 控制寄存器 5(ATDCTL5)	读/写	$0085	$0125
ATD 测试寄存器 0(ATDTEST0)	读	$0088	$0128
ATD 测试寄存器 1(ATDTEST1)	读/写	$0089	$0129
ATD 状态寄存器 0(ATDSTAT0)	读/写	$0086	$0126
ATD 状态寄存器 1(ATDSTAT1)	读	$008B	$012B
ATD 输入使能寄存器(ATDDIEN)	读/写	$008D	$012D
ATD 端口使能寄存器(PORTAD)	读	$008F	$012F
ATD 转换结果寄存器 0(ATDDR0H,ATDDR0L)	读/写	$0090, $0091	$0130, $0131
ATD 转换结果寄存器 1(ATDDR1H,ATDDR1L)	读/写	$0092, $0093	$0132, $0133
ATD 转换结果寄存器 2(ATDDR2H,ATDDR2L)	读/写	$0094, $0095	$0134, $0135
ATD 转换结果寄存器 3(ATDDR3H,ATDDR3L)	读/写	$0096, $0097	$0136, $0137
ATD 转换结果寄存器 4(ATDDR4H,ATDDR4L)	读/写	$0098, $0099	$0138, $0139
ATD 转换结果寄存器 5(ATDDR5H,ATDDR5L)	读/写	$009A, $009B	$013A, $013B
ATD 转换结果寄存器 6(ATDDR6H,ATDDR6L)	读/写	$009C, $009D	$013C, $013D
ATD 转换结果寄存器 7(ATDDR7H,ATDDR7L)	读/写	$009E, $009F	$013E, $013F

1. ATD0 控制寄存器 2

ATD0 控制寄存器(ATD0 control register2,ATD0CTL2)主要控制 ATD0 的启动、状态标志以及上电模式。该寄存器用于启动 ATD0、触发及控制 ATD0 中断。对 ATD0CTL2 寄存器进行写操作时,将中止当前的转换过程。ATD0CTL2 寄存器中各位的定义如下:

	Bit7	Bit6	Bit5	Bit4	Bit3	Bit2	Bit1	Bit0
定义	ADPU	AFFC	AWAI	ETRIGLE	ETRIGP	ETRIGE	ASCIE	ASCIF
复位值	0	0	0	0	0	0	0	0

ADPU:此位控制 ATD 电源开关。提供 ATD 模块的开关控制允许降低单片机功耗。当重新打开模块电源时,ATD 模块需要一定的恢复时间才能正常工作。

1—打开模块电源;

0—关闭模块电源。

AFFC:ATD 模块标志快速清除位。

1—对结果寄存器的访问将自动清除相应 CCF 标志位;

0—在访问结果寄存器之前读取状态寄存器 1(ATDSTAT1),可以正常清除相应 CCF

标志位。

AWAI：在等待模式下 ATD 电源开关控制位。当单片机处于等待模式时，此位可以控制 ATD 电源的开关，以降低单片机功耗。

1—单片机处于等待模式，A/D 转换停止并关闭 ATD 电源，以降低单片机功耗；

0—单片机处于等待模式，A/D 转换继续进行。

ETRIGP、ETRIGLE：AN7 外部触发方式选择位，具体设置如表 9-2 所示。

表 9-2　电平触发方式设置

ETRIGLE	ETRIGP	触发方式
0	0	下降沿触发
0	1	上升沿触发
1	0	低电平触发
1	1	高电平触发

ETRIGE：外部触发模式使能位。

1—允许 ATD 通道 7 引脚的外部触发，允许在外部触发信号到来同时进行采样和 A/D 转换；

0—禁止外部触发。

ASCIE：ATD 转换序列完成中断使能位。

1—当标志位 ASCIF＝1 时，允许 ATD 序列转换完成后引发中断；

0—禁止中断。

ASCIF：ATD 转换序列完成中断标志。如果 ASCIE＝1，ASCIF 标志等同于 SCF 标志（详见 ATDSTAT0 寄存器介绍）。此位写入无效。

1—ATD 转换序列完成中断挂起；

0—没有 ATD 中断发生。

2. ATD0 控制寄存器 3

ATD0 控制寄存器 3（ATD0 control register 3，ATD0CTL3）用来设置 A/D 转换序列长度、结果寄存器的先进先出模式和冻结模式下的状态。对 ATD0CTL3 寄存器写入数据会中止当前的 A/D 转换序列，但不会启动新的 A/D 转换序列。ATD0CTL3 寄存器中各位的定义如下：

	Bit7	Bit6	Bit5	Bit4	Bit3	Bit2	Bit1	Bit0
定义	0	S8C	S4C	S2C	S1C	FIFO	FRZ1	FRZ0
复位值	0	0	1	0	0	0	0	0

S8C、S4C、S2C、S1C：A/D 转换序列长度定义位，这 4 位定义了一个 A/D 转换序列的长度。A/D 转换序列长度定义如表 9-3 所示。单片机复位后，S4C 默认为 1，所以默认的 A/D 转换序列的长度为 4。

表 9-3 转换序列长度设置

S8C	S4C	S2C	S1C	转换序列长度
0	0	0	0	8
0	0	0	1	1
0	0	1	0	2
0	0	1	1	3
0	1	0	0	4
0	1	0	1	5
0	1	1	0	6
0	1	1	1	7
1	×	×	×	8

FIFO：结果寄存器先进先出模式选择位。

1—先进先出模式。转换结果依次放在连续的结果寄存器中,当使用完最后一个结果寄存器后,会重新回到第一个结果寄存器存放转换结果。可以根据转换完成标志位的值判断哪个寄存器中的结果数据有效。

0—非先进先出模式。A/D转换结果在寄存器中的存放位置和转换序列中的顺序相关联。第一次转换的结果放在第一个结果寄存器中,第二次转换的结果放在第二个结果寄存器中,依次类推。

FRZ1、FRZ0：冻结模式的背景调试使能控制位。当调试程序时,如果遇到断点,有时希望此时 ATD 模块停止。这两位共同决定了在冻结模式下遇到断点时 ATD 模块的状态,如表 9-4 所示。

表 9-4 背景调试冻结设置

FRZ1	FRZ0	冻结模式下
0	0	继续转换
0	1	保留
1	0	完成转换后冻结
1	1	立刻冻结

3. ATD0 控制寄存器 4

ATD0 控制寄存器 4(ATD0 control register 4,ATD0CTL4)用来选择转换的时钟频率、第二个阶段的采样时间长度和 A/D 转换的精度(8 位或者 10 位)。对 ATD0CTL4 寄存器写入数据会中止当前的 A/D 转换序列,但不会启动新的 A/D 转换序列。ATD0CTL4 寄存器中各位的定义如下：

	Bit7	Bit6	Bit5	Bit4	Bit3	Bit2	Bit1	Bit0
定义	SRES8	SMP1	SMP0	PRS4	PRS3	PRS2	PRS1	PRS0
复位值	0	0	0	0	0	1	0	1

SRES8：A/D 转换精度选择位。此选择 A/D 转换结果是 8 位或者 10 位。ATD 模块

可以具有 10 位的精度；但是，如果低精度能够满足需要，可以选择 8 位精度提高转换速度。

1—8 位精度；

0—10 位精度。

SMP1、SMP0：采样时间选择位。这两位用来选择第 2 个阶段的采样时间，以 A/D 转换时钟周期为单位。A/D 转换时钟周期通过时钟预分频位（PRS4~PRS0）设置。A/D 采样时间包括两个阶段：第 1 阶段是 2 个 A/D 转换时钟周期，采样后通过放大器存储到存储节点；第 2 阶段是直接把外部模拟信号连接到存储节点上，实现最终高精度的转换。表 9-5 列出了第 2 阶段的采样时间。

表 9-5　采样时间选择设置

SMP1	SMP0	采样时间
0	0	2×A/D 时钟周期
0	1	4×A/D 时钟周期
1	0	8×A/D 时钟周期
1	1	16×A/D 时钟周期

PRS0~PRS4：A/D 转换预分频设置控制位。该位用于选择分频系数，从而选择相应的采样频率。

PRS4~PRS0：ATD 时钟预分频因子选择位。这 5 位定义了 ATD 时钟的预分频因子，ATD 转换时钟频率计算公式为

$$ATDclock = (BusClock/(PRS+1)) \times 0.5$$

注：最大 ATD 转换时钟频率为总线周期的 1/2。默认（复位后）预分频因子的值为 5，也就是说，默认 ATD 转换时钟频率为总线时钟的 1/12。表 9-6 中列出了部分 ATD 时钟预分频因子设置值。

表 9-6　预分频设置

PRS4~PRS0	总分频系数	总线时钟频率允许范围/MHz
00000	2	1~4
00001	4	2~8
00010	6	3~12
00011	8	4~16
00100	10	5~20
00101	12	6~24
00110	14	7~28
00111	16	8~32
01000	18	9~36
⋮	⋮	⋮
$n(n<=11111)$	$2n+2$	$(n+1)\sim[4(n+1)]$

设 A/D 转换的时钟预设值为 PRS，则此时要求的最小总线时钟频率 $f_{min} = (PRS+1)$ MHz，最大总线时钟频率 $f_{max} = 4(PRS+1)$ MHz。假设已知 PRS=00001，则最小总线时钟 $f_{min} = (1+1)MHz = 2MHz$，最大总线时钟 $f_{max} = 4(1+1)MHz = 8MHz$。

4. ATD0 控制寄存器 5

ATD0 控制寄存器 5（ATD0 control register 5，ATD0CTL5）用来 A/D 选择转换序列类型和采样的模拟量输入通道。对 ATD0CTL5 寄存器写入数据会中止当前的 A/D 转换序列，并启动一个新的 A/D 转换序列。ATD0CTL5 寄存器中各位的定义如下：

	Bit7	Bit6	Bit5	Bit4	Bit3	Bit2	Bit1	Bit0
定义	DJM	DSGN	SCAN	MULT	0	CC	CB	CA
复位值	0	0	0	0	0	0	0	0

DJM：转换结果对齐方式控制位。

1—右对齐。A/D 转换的结果存放在 2 个 8 位寄存器中，分别为 ATD0DRxH 和 ATD0DRxL（以 ATD0 为例）。当选择转换精度为 8 位时，转换结果存放在 ATD0DRxL 中；当选择转换精度为 10 位时，ATD0DRxH 存放高 2 位，ATD0DRxL 存放低 8 位。

0—左对齐。当选择转换精度为 8 位时，转换结果存放在 ATD0DRxH 中；当选择转换精度为 10 位时，ATD0DRxH 存放高 8 位，ATD0DRxL 存放低 2 位。

DSGN：转换结果有无符号控制位。

0—转换结果无符号；

1—转换结果有符号。

SRESS、DJM 和 DSGN 三位共同决定了结果寄存器中的数据格式，一共 6 种情况，如表 9-7 所示。

表 9-7　结果寄存器可用的数据格式

SRESS	DJM	DSGN	结果寄存器可用的数据格式
1	0	0	8 位精度、左对齐、无符号数据位 8～15
0	0	1	8 位精度、左对齐、有符号数据位 8～15
1	1	×	8 位精度、右对齐、无符号数据位 0～7
0	0	0	10 位精度、左对齐、无符号数据位 6～15
0	0	1	10 位精度、左对齐、有符号数据位 6～15
0	1	×	10 位精度、右对齐、无符号数据位 0～9

SCAN：连续转换序列模式选择位。此位决定 A/D 转换序列是连续执行还是只执行一次。

1—连续转换序列模式（扫描模式）；

0—单次转换序列模式。

MULT：多通道采样模式选择位。当 MULT 为 0 时，ATD0 的序列控制器只从指定的模拟输入通道采样作为一个完整的转换序列，模拟通道由通道选择代码（ATD0CTL5 寄存器中的 CC、CB 和 CA 位）选择。当 MULT 为 1，ATD0 序列控制器从多个通道采样数据，采样的通道数目由转换序列长度定义位数值决定（ATD0CTL3 寄存器中的 S8C、S4C、S2C 和 S1C），其中第一个采样通道由通道选择代码（ATD0CTL5 寄存器中的 CC、CB 和 CA 位）

决定,之后队列中的采样通道由递增的通道选择代码 CC、CB 和 CA 决定。

1—多通道采样;

0—单通道采样。

CC、CB、CA:模拟量输入通道选择代码位。这 3 位用来预设 A/D 转换的模拟量输入通道。如果在单通道采样模式(MULT=0)下,这 3 位指定了转换的目标通道;在多通道采样模式(MULT=1)下,这 3 位指定了转换序列中的第一个通道,之后的通道由选择代码递增决定(当选择代码达到最大值时,会回到最小值重新进行递增操作)。模拟量输入通道选择代码如表 9-8 所示。

表 9-8　通道选择设置

CC	CA	CB	输入通道	CC	CA	CB	输入通道
0	0	0	AN0	1	0	0	AN4
0	0	1	AN1	1	0	1	AN5
0	1	0	AN2	1	1	0	AN6
0	1	1	AN3	1	1	1	AN7

5. ATD0 状态寄存器

ATD0 状态寄存器 0(ATD0 status register 0,ATD0STAT0)包含转换序列完成标志位、外部触发中断溢出标志位、先入先出模式位和 A/D 转换计数器。ATD0STAT0 寄存器中各位的定义如下:

	Bit7	Bit6	Bit5	Bit4	Bit3	Bit2	Bit1	Bit0
定义	SCF	0	ETORF	FIFOR	0	CC2	CC1	CC0
复位值	0	0	0	0	0	0	0	0

SCF:转换序列完成标志位。当一次转换序列完成后,该标志位置位。如果转换序列连续进行(SCAN=1),在每一次完成后都会置位此标志位。当发生以下情况时,此标志位被清零。

(1) 对 SCF 标志位手动置 1。

(2) 写 ATD0CTL5 寄存器(启动一个新的转换序列)。

(3) 当 AFFC=1 时,读取结果寄存器。

1—转换序列完成;

0—转换序列未完成。

ETORF:外部触发溢出标志位。当处于边沿触发模式(ETRIGLE=0)时,如果当序列转换正在进行时又检测到一个有效边沿触发信号,此标志位置位。当发生以下情况时,此标志位被清零。

(1) 对 ETORF 标志位手动置 1。

(2) 写 ATD0CTL2、ATD0CTL3 或者 ATD0CTL4 (转换序列被中止)。

(3) 写 ATD0CTL5 寄存器(启动一个新的转换序列)。

1—发生外部触发溢出错误；

0—未发生外部触发溢出错误。

FIFOR：先入先出溢出标志位。此标志位表示在 A/D 转换完成标志(CCF)还没有被清零时,结果寄存器又被写入了数据。在先入先出模式下,此标志位表示结果寄存器中的数据和输入通道是否处于同步状态;在非先入先出模式下,此标志位标志结果寄存器中的数据在读出之前已经被新数据覆盖。当发生以下情况时,此标志位被清零。

(1) 对 FIFOR 标志位手动置 1。

(2) 启动一个新的转换队列(写 ATD0CTL5 或者外部触发)。

1—发生先进先出溢出；

0—未发生先进先出溢出。

CC2、CC1、CC0：转换计数器。这 3 位是只读位,表示存储转换结果的结果寄存器标号的二进制数值。如果在非先进先出模式(FIFO=0)下,转换计数器在转换队列的开始和结束时被初始化为 000;如果在先进先出模式(FIFO=1)下,转换计数器不被初始化,当达到最大值时转换计数器又被重新置为最小值。表 9-9 列出了 CC2~CC0 与结果寄存器序号之间的对应关系。

表 9-9　CC2~CC0 与结果寄存器序号对应关系

CC2	CC1	CC0	结果寄存器序号
0	0	0	0
0	0	1	1
0	1	0	2
0	1	1	3
1	0	0	4
1	0	1	5
1	1	0	6
1	1	1	7

6. ATD 测试寄存器 1

ATD 测试寄存器 1(ATD test register 1,ATDTEST1)中只有 SC 位,用于允许特殊通道的转换。ATDTEST1 寄存器中各位的定义如下：

	Bit7	Bit6	Bit5	Bit4	Bit3	Bit2	Bit1	Bit0
定义	U	U	0	0	0	0	0	SC
复位值	0	0	0	0	0	0	0	0

U：未定义。

SC：特殊通道转换位。如果此位置位,可以通过设置 ATDCTL5 寄存器中的 CC、CB 和 CA 选择对特殊通道进行 A/D 转换,如表 9-10 所示。

1—允许特殊通道转换；

0—禁止特殊通道转换。

表 9-10　特殊通道选择代码

SC	CC	CB	CA	模拟量输入通道
1	0	×	×	保留
1	1	0	1	V_{RH}
1	1	1	0	V_{RL}
1	1	1	1	$(V_{RH} + V_{RL})/2$
1	1	0	0	保留

7. ATD0 状态寄存器 1

ATD0 状态寄存器 1(ATD0 status register 1,ATD0STAT1)包含 8 个转换完成标志。ATD0STAT1 寄存器中各位的定义如下:

	Bit7	Bit6	Bit5	Bit4	Bit3	Bit2	Bit1	Bit0
定义	CCF7	CCF6	CCF5	CCF4	CCF3	CCF2	CCF1	CCF0
复位值	0	0	0	0	0	0	0	0

CCFx:转换完成标志 $x(x = 7$、6、5、4、3、2、1、0)。在完成转换序列中的某个 A/D 转换时,相应的 CCFx 位会被置位,x 的值与完成的转换在序列中的位置相关(也和结果寄存器数相关)。因此,当转换序列中第 1 个转换完成后,转换结果放在 ATD0DR0 寄存器中,CCF0 被置位;当转换序列中第 2 个转换完成后,转换结果放在 ATD0DR1 寄存器中,CCF1 被置位,依次类推。当发生以下情况时,标志 CCF$x(x = 7$、6、5、4、3、2、1、0)被清零。

(1) 写 ATD0CTL5 寄存器(启动一个新的转换序列),对 ETORF 标志位手动置 1。

(2) 如果 AFFC=0,读取 ATD0STAT1 寄存器,然后读取结果寄存器 ATD0DRx。

(3) 如果 AFFC=1,读取结果寄存器 ATD0DRx。

1—完成序列中的第 x 个转换,转换结果存储在 ATD0DRx 寄存器中;

0—转换未完成。

8. ATD0 输入使能寄存器

	Bit7	Bit6	Bit5	Bit4	Bit3	Bit2	Bit1	Bit0
定义	IEN7	IEN6	IEN5	IEN4	IEN3	IEN2	IEN1	IEN0
复位值	0	0	0	0	0	0	0	0

IENx:通道 $x(x = 7$、6、5、4、3、2、1、0)的 ATD0 数字输入使能位。ATD0DIEN 寄存器控制着从模拟输入引脚(ANx)到 PTADx 数字寄存器的数字输入缓冲。

1—允许引脚的数字输入缓冲;

0—禁止引脚的数字输入缓冲。

注意,当 IENx 为 1 时,相应的 ANx 引脚可以作为普通输入口使用;但仅能够作为输入口,不能够作为普通输出口使用,和第 6 章介绍的基本输入/输出口有所区别。

9. 端口数据寄存器

	Bit7	Bit6	Bit5	Bit4	Bit3	Bit2	Bit1	Bit0
定义	PTAD7	PTAD6	PTAD5	PTAD4	PTAD3	PTAD2	PTAD1	PTAD0
复位值	1	1	1	1	1	1	1	1

PTADx：A/D 转换通道 x(ANx)的数字输入($x = 7$、6、5、4、3、2、1、0)。如果允许 ANx 引脚上的数字输入缓冲(IENx=1)，读取该位返回 ANx 引脚上的逻辑电平值；如果禁止数字输入缓冲器(IENx=0)，读取该位返回 1。复位时，所有 PORTAD 位为 1。

10. ATD0 结果寄存器

A/D 转换结果存储在 8 个只读的 ATD0 转换结果寄存器(ATD0 conversion result registers，ATD0DRxH/ATD0DRxL)中。结果寄存器中的数据有 2 种存放方式：首先是左对齐或者右对齐，通过 ATD0CTL5 寄存器中的 DJM 位设置；然后是有符号或者无符号，通过 ATD0CTL5 寄存器中的 DSGN 位设置。有符号数据以二进制补码形式存储，并只能存在于左对齐格式中。

(1) 左对齐结果数据如下：

ATD0DRxH	Bit7	Bit6	Bit5	Bit4	Bit3	Bit2	Bit1	Bit0
读(10 位)	Bit9 MSB	Bit8	Bit7	Bit6	Bit5	Bit4	Bit3	Bit2
写(8 位)	Bit7 MSB	Bit6	Bit5	Bit4	Bit3	Bit2	Bit1	Bit0
复位值	0	0	0	0	0	0	0	0
ATD0DRxL	Bit7	Bit6	Bit5	Bit4	Bit3	Bit2	Bit1	Bit0
读(10 位)	Bit1	Bit0	0	0	0	0	0	0
写(8 位)	U	U	0	0	0	0	0	0
复位值	0	0	0	0	0	0	0	0

U：未定义。如采用 10 位精度，在左对齐方式下，转换结果 10 位数据使用 ATD0DRxH 寄存器的 8 位和 ATD0DRxL 的高 2 位存放，结果数据最高位存放在 ATD0DRxH 的 Bit7，最低位存放在 ATD0DRxL 的 Bit6。读取时可以使用双字节访问方式，直接读取 16 位结果寄存器。

如采用 8 位精度，在左对齐方式下，转换结果 8 位数据使用 ATD0DRxH 寄存器的 8 位存放。结果数据最高位存放在 ATD0DRxH 的 Bit7，读取时可以只访问 ATD0DRxH。

(2) 右对齐结果数据如下：

ATD0DRxH	Bit7	Bit6	Bit5	Bit4	Bit3	Bit2	Bit1	Bit0
读(10 位)	0	0	0	0	0	0	Bit9 MSB	Bit8
写(8 位)	0	0	0	0	0	0	0	0
复位值	0	0	0	0	0	0	0	0

ATD0DRxL	Bit7	Bit6	Bit5	Bit4	Bit3	Bit2	Bit1	Bit0
读(10 位)	Bit7	Bit6	Bit5	Bit4	Bit3	Bit2	Bit1	Bit0
写(8 位)	Bit7 MSB	Bit6	Bit5	Bit4	Bit3	Bit2	Bit1	Bit0
复位值	0	0	0	0	0	0	0	0

U：未定义。如采用 10 位精度，在右对齐方式下，转换结果 10 位数据使用 ATD0DRxH 寄存器的低 2 位和 ATD0DRxL 的 8 位存放，结果数据最高位存放在 ATD0DRxH 的 Bit1，最低位存放在 ATD0DRxL 的 Bit0。读取时可以使用双字节访问方式，直接读取 16 位结果寄存器。

如采用 8 位精度，在右对齐方式下，转换结果 8 位数据使用 ATD0DRxL 寄存器的 8 位存放。结果数据最高位存放在 ATD0DRxL 的 Bit7，读取时可以只访问 ATD0DRxL。

9.4 汽车电子控制技术中 ATD 模块的应用实例

本节给出一个基于 MC9S12DG128B 实验板的 A/D 转换 C 语言程序。采样电路如图 9-2 所示。

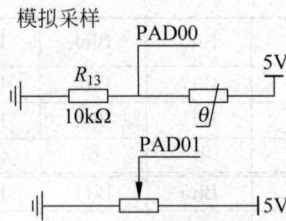

图 9-2 采样电路

【例 9.1】 A/D 采样测试程序。

```
/* ------------------------------------------------------------ */
/* 硬件连接:                                                     */
/*    热敏电阻的采样端与 PAD00 相接                               */
/*    滑动变阻器的采样端与 PAD01 相接                             */
/* 描述: 检测温度传感器的采样电压                                 */
/* 目的: 测试采样电路                                            */
/* 注意:                                                        */
/* ----------------------- 《汽车电子控制原理与技术应用》教学实例 ----------- */
# include < hidef.h >
# include < mc9s12dg128.h >
# pragma LINK_INFO DERIVATIVE "mc9s12dg128b"

void main(void)
{
    unsigned char LedTab[10] = {0xC0,0xF9,0xA4,0xB0,0x99,0x92,0x82,0xF8,0x80,0x90};
    int i,j;
```

```
unsigned int wTemp;
unsigned char qw,bw,sw,gw;

DDRB = 0xFF;
DDRK| = 0x0F;

ATD0CTL2 = 0b11000000;
ATD0CTL3 = 0b00001011;
ATD0CTL4 = 0b00000011;

//ATD0CTL5 = 0b00000000;

for(;;)
{
  ATD0CTL5 = 0b00000000;
  while(1)
  {
    if(ATD0STAT0_SCF!= 0)
    {
        wTemp = ATD0DR0;
        wTemp = (wTemp >> 6);
        break;
    }
  }

  qw = wTemp/1000;
  bw = wTemp/100 % 10;
  sw = wTemp/10 % 10;
  gw = wTemp % 10;

  PORTB = LedTab[qw];
  PORTK| = 0b00000001;
  for(i = 0;i < 10;i++);
  PORTK& = 0b11111110;
  for(i = 0;i < 10;i++);
  PORTB = LedTab[bw];
  PORTK| = 0b00000010;
  for(i = 0;i < 10;i++);
  PORTK& = 0b11111101;
  for(i = 0;i < 10;i++);
  PORTB = LedTab[sw];
  PORTK| = 0b00000100;
  for(i = 0;i < 10;i++);
  PORTK& = 0b11111011;
  for(i = 0;i < 10;i++);
  PORTB = LedTab[gw];
  PORTK| = 0b00001000;
```

```
        for( i = 0; i < 10; i++ );
        PORTK& = 0b11110111;
        for( i = 0; i < 10; i++ );

        for( i = 0; i < 100; i++ )
            for( j = 0; j < 1000; j++ );
    }
}
```

第
4
篇

汽车电子控制应用基础

第10章 汽车电子控制综合应用实验

实验 1 模拟汽车照明与信号系统

1.实验目的

(1) 掌握 MC9S12DG128B 单片机实验箱的数码管模块、键盘模块的编程方法。
(2) 利用继电器模块电路来模拟汽车照明与信号系统。

2.所需仪器及设备

所需仪器及设备包括 MC9S12DG128B 单片机实验箱、CodeWarrior for S12 V5.1 集成开发环境、汽车双丝灯泡及灯座、汽车转向灯、导线和数字万用表。

3.实验方法及步骤

(1) 如图 10-1 所示,观察"继电器模块"的原理图,了解该电路的基本工作原理。
(2) 硬件电路的接线连接如表 10-1 所示,将模块 1 和模块 2 中同一行的两个引脚用 PIN 或导线连接。

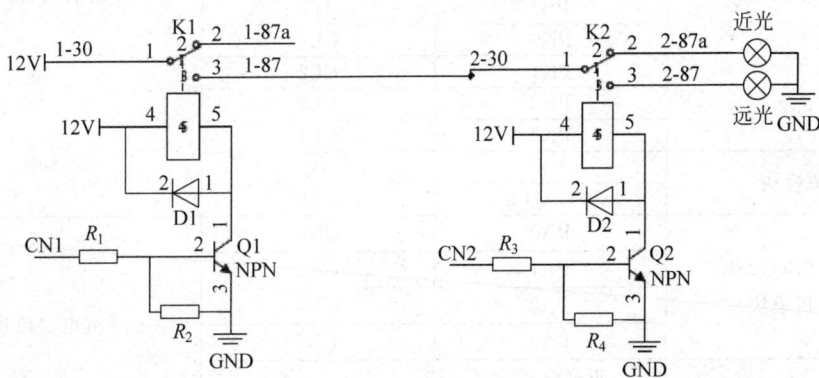

图 10-1 继电器模块接线图

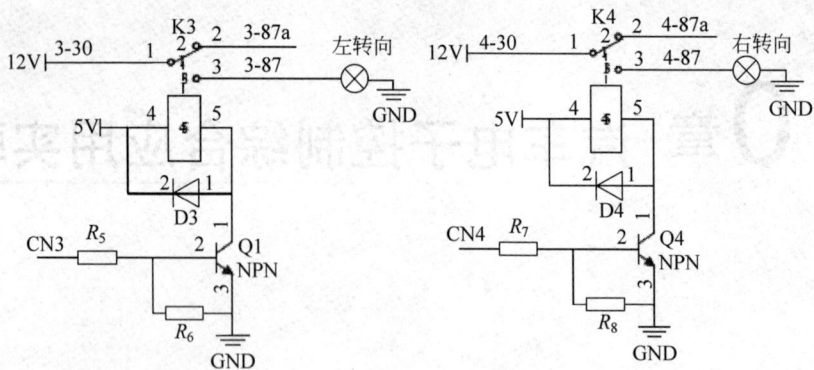

图 10-1(续)

表 10-1　硬件电路的接线连接示意表

模块 1		模块 2	
模块名称	引脚	引脚	模块名称
MC9S12DG128B 单片机模块	PH0	L1	按键模块
	PH1	L2	
	PH2	L3	
	PH3	L4	
	PH4	L5	
	PH5	H1	
	PH6	H2	
	PH7	H3	
电源模块	5 V	5 V	
	GND	GND	
MC9S12DG128B 单片机模块	PB0	D0	4 位数码管模块
	PB1	D1	
	PB2	D2	
	PB3	D3	
	PB4	D4	
	PB5	D5	
	PB6	D6	
	PB7	D7	
	PK0	CL1	
	PK1	CL2	
	PK2	CL3	
	PK3	CL4	
电源模块	5 V	5 V	
	GND	GND	
MC9S12DG128B 单片机模块	PA0	CN1	继电器模块
	PA1	CN2	
	PA2	CN3	
	PA3	CN4	
双丝灯泡	近光灯丝端	K2-87a	
	远光灯丝端	K2-87	
	公共端	GND	电源

续表

模块 1			模块 2	
模块名称	引脚	引脚	模块名称	
左转向灯	1	K3-87	继电器模块	
	2	GND	电源	
右转向灯	1	K4-87	继电器模块	
	2	GND	电源	
继电器模块	K2-30	K1-87		
电源	12V	K1-30	继电器模块	
	12V	K3-30		
	12V	K4-30		
	12V	12V		
	5V	5V		
	GND	GND		

（3）编写一个程序，要求模拟出汽车照明与信号系统。具体要求如表 10-2 所示。

表 10-2　模拟汽车照明与信号系统的功能表

按键	按键功能	模拟功能	4 位数码管显示			
1 号键	大灯开关	大灯关				
		大灯开，默认近光	L			
2 号键	远/近光切换开关	近光	L			
		远光	H			
3 号键	超车开关	远光	H			
6 号键	左转向开关	左转向信号灯灭				
		左转向信号灯闪烁				
7 号键	右转向开关	右转向信号灯灭				
		右转向信号灯闪烁	∃			E
8 号键	危险报警开关	左右转向信号灯都灭				
		左右转向信号灯一起闪烁	∃			E

注意：

（1）照明灯与信号灯互不干扰。

（2）超车灯优先级高于大灯；大灯开关开时，远/近光可切换，反之切换键不起作用。

（3）危险报警信号优先级高于左转向灯和右转向灯；左转向灯按下时，右转向信号不起作用，反之亦然。

（4）用 CodeWarrior for S12 V5.1 集成开发环境编译、调试。

（5）下载程序到 MCU，观察程序运行情况。重复调试运行程序，直到结果满意为止。

4. 实验中应注意事项

（1）MC9S12DG128B 单片机实验箱开箱后，箱盖切不可倚靠在计算机屏幕上，以免损坏屏幕。

（2）注意接线要正确，尤其电源线不可接错。注意区分 12V 与 5V 的电源线。

（3）正负极之间不可接反，不可短路。

（4）不要带电插拔元器件。

（5）实验结束后，注意将仪器、设备、导线都整理好。

5. 实验报告要求

实验报告应包括以下内容：

（1）实验名称。

（2）实验目的。

（3）所需仪器、设备。

（4）实验项目内容和步骤。

（5）简单的电路示意图。

（6）写出实验的程序，记录实验情况、实验过程出现的问题及修改方法。

（7）总结、经验、体会等。

6. 思考题

若要调整转向灯信号闪烁的频率，如何修改程序？

实验 2　电磁阀控制系统

1. 实验目的

（1）掌握 MC9S12DG128B 单片机实验箱的数码管模块、键盘模块的编程方法。

（2）利用电磁阀模块电路来实现汽车喷油嘴的控制。

2. 所需仪器及设备

所需仪器及设备包括 MC9S12DG128B 单片机实验箱、CodeWarrior for S12 V5.1 集成开发环境、喷油嘴、导线和数字万用表。

3. 实验方法及步骤

（1）如图 10-2 所示，观察"电磁阀模块"的原理图，了解该电路的基本工作原理。

（2）硬件电路的接线连接如表 10-3 所示，将模块 1 和模块 2 中同一行的两个引脚用 PIN 或导线连接。

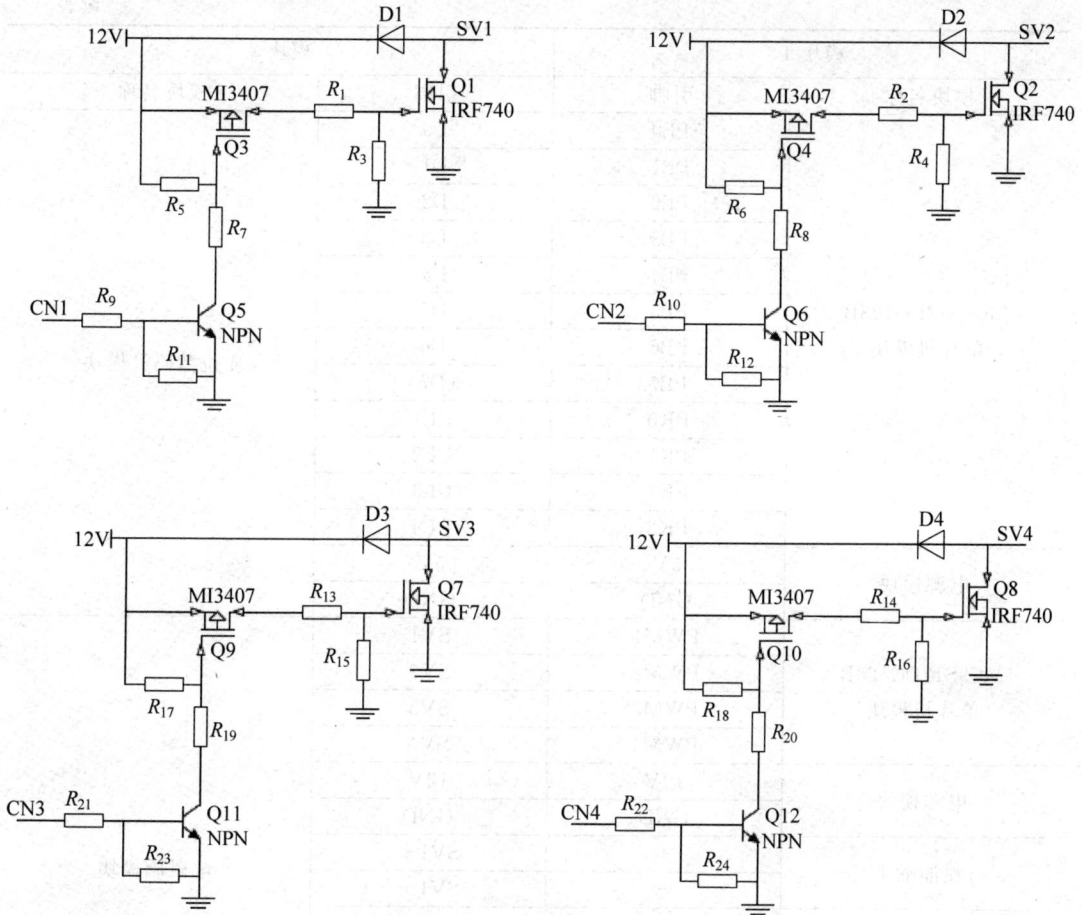

图 10-2 电磁阀模块接线图

表 10-3 硬件电路的接线连接示意表

模块 1			模块 2
模块名称	引脚	引脚	模块名称
MC9S12DG128B 单片机模块	PH0	L1	按键模块
	PH1	L2	
	PH2	L3	
	PH3	L4	
	PH4	L5	
	PH5	H1	
	PH6	H2	
	PH7	H3	
电源模块	5 V	5 V	
	GND	GND	

续表

模块1		模块2	
模块名称	引脚	引脚	模块名称
MC9S12DG128B 单片机模块	PB0	D0	4位数码管模块
	PB1	D1	
	PB2	D2	
	PB3	D3	
	PB4	D4	
	PB5	D5	
	PB6	D6	
	PB7	D7	
	PK0	CL1	
	PK1	CL2	
	PK2	CL3	
	PK3	CL4	
电源模块	5V	5V	
	GND	GND	
MC9S12DG128B 单片机模块	PWM1	SV1	电磁阀模块
	PWM2	SV2	
	PWM3	SV3	
	PWM4	SV4	
电源模块	12V	12V	
	GND	GND	
喷油嘴1	＋	SV1＋	
	－	SV1－	
喷油嘴2	＋	SV2＋	
	－	SV2－	
喷油嘴3	＋	SV3＋	
	－	SV3－	
喷油嘴4	＋	SV4＋	
	－	SV4－	

（3）编写一个程序，要求实现喷油控制系统。具体要求如表10-4所示。

表10-4　模拟电磁阀系统的功能表

按键	按键功能	数码管显示			
功能键1	开启	0			
	关闭				
功能键2	开启		0		
	关闭				
功能键3	开启			0	
	关闭				
功能键4	开启				0
	关闭				

注意：

（1）4 位数码管显示模块显示电磁阀的状态，只有在开启状态才能显示。

（2）用 CodeWarrior for S12 V5.1 集成开发环境编译、调试。

（3）下载程序到 MCU，观察程序运行情况。重复调试运行程序，直到结果满意为止。

4. 实验中应注意事项

（1）MC9S12DG128B 单片机实验箱开箱后，箱盖切不可倚靠在计算机屏幕上，以免损坏屏幕。

（2）注意接线要正确，尤其电源线不可接错。注意区分 12V 与 5V 的电源线。

（3）正负极之间不可接反，不可短路。

（4）不要带电插拔元器件。

（5）实验结束后，注意将仪器、设备、导线都整理好。

5. 实验报告要求

实验报告应包括以下内容：

（1）实验名称。

（2）实验目的。

（3）所需仪器、设备。

（4）实验项目内容和步骤。

（5）简单的电路示意图。

（6）写出实验的程序，记录实验情况、实验过程出现的问题及修改方法。

（7）总结、经验、体会等。

6. 思考题

若要实现让喷油嘴按照发动机的工况而自动喷油的功能，如何修改流程？

实验 3　L298 模块控制系统

1. 实验目的

（1）掌握 MC9S12DG128B 单片机实验箱的数码管模块、键盘模块的编程方法。

（2）利用 L298 模块电路来控制直流电动机。

2. 所需仪器及设备

所需仪器及设备包括 MC9S12DG128B 单片机实验箱、CodeWarrior for S12 V5.1 集成开发环境、直流电动机、导线和数字万用表。

3. 实验方法及步骤

（1）如图 10-3 所示，观察"L298 模块"的原理图，了解该电路的基本工作原理。

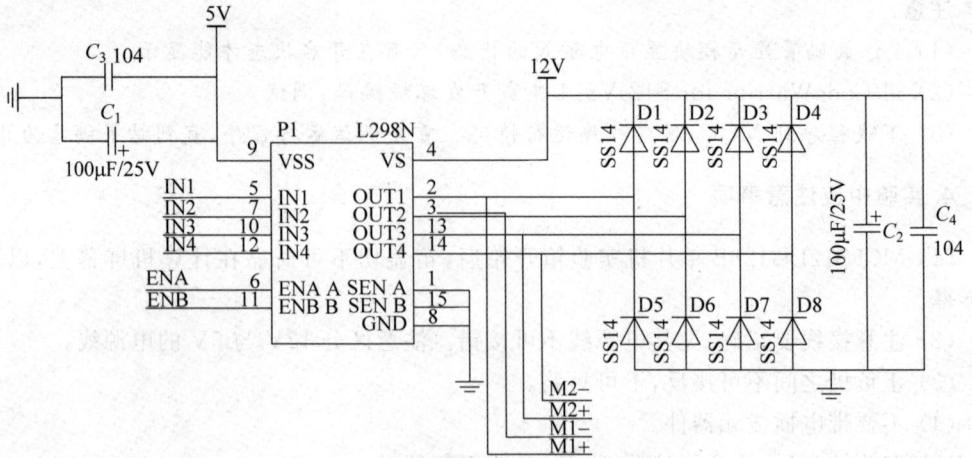

图 10-3　直流电动机驱动模块接线图

（2）硬件电路的接线连接如表 10-5 所示，将模块 1 和模块 2 中同一行的两个引脚用 PIN 或导线连接。

表 10-5　硬件电路的接线连接示意表

模块 1		模块 2	
模块名称	引脚	引脚	模块名称
MC9S12DG128B 单片机模块	PH0	L1	按键模块
	PH1	L2	
	PH2	L3	
	PH3	L4	
	PH4	L5	
	PH5	H1	
	PH6	H2	
	PH7	H3	
电源模块	5V	5V	
	GND	GND	
MC9S12DG128B 单片机模块	PB0	D0	4 位数码管模块
	PB1	D1	
	PB2	D2	
	PB3	D3	
	PB4	D4	
	PB5	D5	
	PB6	D6	
	PB7	D7	
	PK0	CL1	
	PK1	CL2	
	PK2	CL3	
	PK3	CL4	
电源模块	5V	5V	
	GND	GND	

续表

模块 1		模块 2	
模块名称	引脚	引脚	模块名称
MC9S12DG128B 单片机模块	PP4	IN1	
	PP5	IN2	
	PP6	IN3	
	PP7	IN4	
	PWM1	ENA	
	PWM2	ENB	
电源模块	12V	12V	L298 模块
	5V	5V	
	GND	GND	
直流电动机 1	＋	M1＋	
	－	M1－	
直流电动机 2	＋	M2＋	
	－	M2－	

（3）编写一个程序，要求实现直流电动机控制系统。具体要求如表 10-6 所示。

表 10-6　直流电动机控制系统的功能表

按键	按键功能	数码管显示			
功能键 1	选择正转	L	L		
	选择反转	H	H		
功能键 2	运行			×	×
	停止				
功能键 3	加速			×	×
功能键 4	减速			×	×

注意：

（1）按键模块的功能键 1 为正反转选择按键，功能键 2 为运行停止切换按键，功能键 3 为加速按键，功能键 4 为减速按键。

（2）4 位数码管显示模块的第 1 位和第 2 位显示：LL 表示正转状态，HH 为反转状态。

（3）4 位数码管显示模块的第 3 位和第 4 位显示 duty 值（最大值为 250/20＝12，最小值为 00，表示速度等级），只有在运行状态才能显示。

（4）用 CodeWarrior for S12 V5.1 集成开发环境编译、调试。

（5）下载程序到 MCU，观察程序运行情况。重复调试运行程序，直到结果满意为止。

4. 实验中应注意事项

（1）MC9S12DG128B 单片机实验箱开箱后，箱盖切不可倚靠在计算机屏幕上，以免损坏屏幕。

（2）注意接线要正确，尤其电源线不可接错。注意区分 12V 与 5V 的电源线。

（3）正负极之间不可接反，不可短路。

（4）不要带电插拔元器件。

（5）实验结束后，注意将仪器、设备、导线都整理好。

5. 实验报告要求

实验报告应包括以下内容：

（1）实验名称。

（2）实验目的。

（3）所需仪器设备。

（4）实验项目内容和步骤。

（5）简单的电路示意图。

（6）写出实验的程序，记录实验情况、实验过程出现的问题及修改方法。

（7）总结、经验、体会等。

6. 思考题

为何低速挡时电动机仍然不运行，如何规避这种情况？

实验 4　LCD12864 模块测试

1. 实验目的

（1）掌握 MC9S12DG128B 单片机实验箱的数码管模块、键盘模块的编程方法。

（2）利用 LCD12864 模块来模拟汽车仪表。

2. 所需仪器及设备

所需仪器及设备包括 MC9S12DG128B 单片机实验箱、CodeWarrior for S12 V5.1 集成开发环境和数字万用表。

3. 实验方法及步骤

（1）如图 10-4 所示，观察"LCD12864 模块"的原理图，了解该电路的基本工作原理。

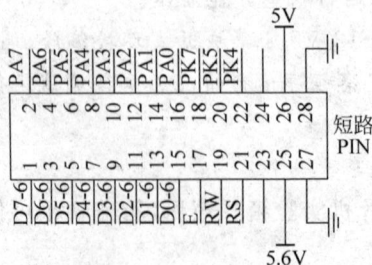

图 10-4　LCD12864 模块接线图

（2）硬件电路的接线连接如表 10-7 所示，将模块 1 和模块 2 中同一行的两个引脚用 PIN 或导线连接。

表 10-7　硬件电路的接线连接示意表

模块 1			模块 2
模块名称	引脚	引脚	模块名称
电源模块	5V	5V	
	GND	GND	
MC9S12DG128B 单片机模块	PA0	D0	LCD12864 模块
	PA1	D1	
	PA2	D2	
	PA3	D3	
	PA4	D4	
	PA5	D5	
	PA6	D6	
	PA7	D7	
	PK4	RS	
	PK5	RW	
	PK7	E	

（3）编写一个程序，要求实现 LCD12864 显示"中央控制单元 ECU"。

4. 实验中应注意事项

（1）MC9S12DG128B 单片机实验箱开箱后，箱盖切不可倚靠在计算机屏幕上，以免损坏屏幕。

（2）注意接线要正确，尤其电源线不可接错。注意区分 12V 与 5V 的电源线。

（3）正负极之间不可接反，不可短路。

（4）不要带电插拔元器件。

（5）实验结束后，注意将仪器、设备都整理好。

5. 实验报告要求

实验报告应包括以下内容：

（1）实验名称。

（2）实验目的。

（3）所需仪器设备。

（4）实验项目内容和步骤。

（5）简单的电路示意图。

（6）写出实验的程序，记录实验情况、实验过程出现的问题及修改方法。

（7）总结、经验、体会等。

6. 思考题

LCD 一共可以显示几行汉字，如何调整显示的位置？

附录A 计算机的数制

1. 数制及转换

所谓进位计数制，就是按进位方式实现计数的一种规则，简称进位制。在日常生活中人们就是按这种进位制计数的，如十进制、二进制、十六进制等。

1) 几种常用的数制

（1）十进制

十进制有 10 个数字符号，即 0、1、2、3、4、5、6、7、8、9。将若干个这样的符号并列在一起可以表示一个十进制数。十进制的特点是：每位不超过"9"，由低位向高位进位是"逢十进一"。

这里要引用"位权"或"权"的概念，它表示某种进位制的数中不同位置上数字的单位数值。根据权的概念，可以将任何一个数表示成多项式的形式，例如：

$$十进制数\ 135.79 = 1 \times 10^2 + 3 \times 10^1 + 5 \times 10^0 + 7 \times 10^{-1} + 9 \times 10^{-2}$$

（2）二进制

二进制只有数字 0 和 1，一个二进制数的位称为"比特"（bit）。二进制是"逢 2 进 1"，例如：

$$二进制数\ 1011.1 = 1 \times 2^3 + 0 \times 2^2 + 1 \times 2^1 + 1 \times 2^0 + 1 \times 2^{-1}$$

同样，这里的 2^3、2^2、2^1、2^0、2^{-1} 也是相应位的"权"。

（3）十六进制

十六进制的每位可取 16 个不同的数字符号，即 0、1、2、3、4、5、6、7、8、9、A、B、C、D、E、F，分别表示 0、1、…、9、10、11、12、13、14、15。它的进位规则是"逢 16 进 1"，例如：

$$十六进制数\ 1F3C = 1 \times 16^3 + 15 \times 16^2 + 3 \times 16^1 + 12 \times 16^0$$

2) 数制间的转换

（1）二-十进制数之间的转换

将一个二进制数转换成对应的十进制数，可能按加权的概念，将各位数值加起来。例如：

$$二进制数\ 10101001 = 1 \times 2^7 + 1 \times 2^5 + 1 \times 2^3 + 1 \times 2^0 = 128 + 32 + 8 + 1 = 169$$

将一个十进制数转换成对应的二进制数，可以使用"除 2 取余"方法。

例如要将十进制数 11 转换成二进制数。按照连除的方法列出如下页图所式，将每次除以 2 后的余数写在右边。再将所有的余数排列在一起(最末一个余数作最高位),就是计算结果。所以可以得到十进制数 11＝二进制数 1011。

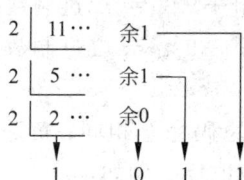

$$
\begin{array}{r}
2\ \underline{|\ 11\ \cdots\ \ \text{余}1} \\
2\ \underline{|\ 5\ \cdots\ \ \text{余}1} \\
2\ \underline{|\ 2\ \cdots\ \ \text{余}0} \\
1 \quad\quad 0 \quad 1 \quad 1
\end{array}
$$

在积累了一定的经验以后,也可以将十进制数分解为一系列 2 的幂之和,直接得出结果。

(2) 二-十六进制数之间的转换

二进制数与十六进制数之间有着简单的对应关系:4 位二进制数对应 1 位十六进制数。表 A-1 给出了 4 位二进制数与十六进制数和十进制数之间的对应关系。

表 A-1　4 位二进制数与十进制数、十六进制数的对应关系

十进制数	二进制数	十六进制数	十进制数	二进制数	十六进制数
0	0000	0	8	1000	8
1	0001	1	9	1001	9
2	0010	2	10	1010	A
3	0011	3	11	1011	B
4	0100	4	12	1100	C
5	0101	5	13	1101	D
6	0110	6	14	1110	E
7	0111	7	15	1111	F

对于较大的数仍然采用上述原则,由低位到高位,每 4 位二进制数与 1 位十六进制数对应起来即可。

(3) 十-十六进制数之间的转换

与前述十进制数与二进制数转换的做法类似。

若将一个十六进制数转换为对应的十进制数,可将十六进制数按定义展开后相加。若将一个十进制数转换成对应的十六进制数,可以使用"除 16 取余"方法。

2. 带符号数的表示方法

前述二进制数均未涉及正负号问题,称为无符号数。

在需要表示带正负号的数时,依据计算机规定,二进制数的最高位为符号位,用 0 表示正数,1 表示负数。这样,对于 8 位二进制数来说,D7 位为符号位,余下的 D0～D6 表示数值位,其格式如下:

D7	D6	D5	D4	D3	D2	D1	D0
符号位	数值位						

带符号数在计算机中有 3 种表示方法:原码、反码和补码。

1）原码

带符号数的原码就是这个数本身。例如：

$$+9 \text{ 的原码}[+9]_原 = \text{二进制数 } 00001001$$
$$-9 \text{ 的原码}[-9]_原 = \text{二进制数 } 10001001$$

2）反码

对反码的规定：正数的反码与原码完全相同；负数的反码符号位与原码相同保持不变，数值位等于将原码的数值位逐位取反。例如：

$$+12 \text{ 的原码}[+12]_原 = \text{二进制数 } 00001100$$
$$+12 \text{ 的反码}[+12]_反 = \text{二进制数 } 00001100$$
$$-12 \text{ 的原码}[-12]_原 = \text{二进制数 } 10001100$$
$$-12 \text{ 的原码}[-12]_反 = \text{二进制数 } 11110011$$

3）补码

补码与原码具有互补的关系。对于 8 位单片机来说，模（mod）$= 2^8 = 256$。可以推算如下：

$$\text{正数的补码} = \text{正数本身}$$
$$\text{负数的补码} = 256 - \text{该负数的绝对值} = \text{负数的反码} + 1$$

4）补码的加减运算

在计算机中，不论加法和减法，都化为补码的加法运算，结果也是补码形式。

例如：求 $(-20) + (+16) = ?$

解：相当于计算 $[-20]_补 + [+16]_补$。

$$[-20]_补 = \text{二进制数 } 11101100$$
$$+) \quad [+16]_补 = \text{二进制数 } \underline{00010000}$$
$$[\text{结果}]_补 = \text{二进制数 } 11111100$$

计算机给出结果的补码形式。要求出原码，可按求补码的思路，先将补码减 1 求得反码：$[\text{结果}]_反 = \text{二进制数 } 11111011$；再写出对应的原码：$[\text{结果}]_原 = \text{二进制数 } 10000100B = -4$。

附录 B　操作符优先级

优先级	操作符				结合性
1	（　）	[ ]	→	.	自左向右
2	！	～	＋＋	−−	自右向左
	＋/−（取正取负）		＊（取内容）		
	＆（取地址）		sizeof		
3	＊（乘）	/		％	自左向右
4	＋		−		自左向右
5	＜＜		＞＞		自左向右
6	＜	＜＝	＞	＞＝	自左向右
7	＝＝		！＝		自左向右
8	＆（位与）				自左向右
9	＾				自左向右
10	∣				自左向右
11	＆＆				自左向右
12	∣∣				自左向右
13	？：				自右向左
14	＝	＋＝	−＝	etc.	自右向左
15	，				自左向右

附录C ASCII码表

下面的 ASCII 码表包含数值在 0～127 之间的字符的十进制、八进制以及十六进制表示。

十进制	八进制	十六进制	字符	描　述
0	0	00	NUL	空
1	1	01	SOH	标题开始
2	2	02	STX	正文开始
3	3	03	ETX	本文结束
4	4	04	EOT	传输结束
5	5	05	ENQ	询问
6	6	06	ACK	承认
7	7	07	BEL	报警
8	10	08	BS	退一格
9	11	09	HT	横向列表
10	12	0A	LF	换行
11	13	0B	VT	垂直列表
12	14	0C	FF	走纸控制
13	15	0D	CR	回车
14	16	0E	SO	移位输出
15	17	0F	SI	移位输入
16	20	10	DLE	数据链换码
17	21	11	DC1	设备控制 1
18	22	12	DC2	设备控制 2
19	23	13	DC3	设备控制 3
20	24	14	DC4	设备控制 4
21	25	15	NAK	否定
22	26	16	SYN	空转同步
23	27	17	ETB	信息组传送结束
24	30	18	CAN	作废
25	31	19	EM	纸尽
26	32	1A	SUB	减
27	33	1B	ESC	换码
28	34	1C	FS	文字分隔符

续表

十进制	八进制	十六进制	字符	描述
29	35	1D	GS	组分隔符
30	36	1E	RS	记录分隔符
31	37	1F	US	单元分隔符
32	40	20	SPC	空格
33	41	21	!	
34	42	22	"	
35	43	23	#	
36	44	24	$	
37	45	25	%	
38	46	26	&	
39	47	27	'	
40	50	28	(	
41	51	29	)	
42	52	2A	*	
43	53	2B	+	
44	54	2C	,	
45	55	2D	-	
46	56	2E	.	
47	57	2F	/	
48	60	30	0	
49	61	31	1	
50	62	32	2	
51	63	33	3	
52	64	34	4	
53	65	35	5	
54	66	36	6	
55	67	37	7	
56	70	38	8	
57	71	39	9	
58	72	3A	:	
59	73	3B	;	
60	74	3C	<	
61	75	3D	=	
62	76	3E	>	
63	77	3F	?	
64	100	40	@	
65	101	41	A	
66	102	42	B	
67	103	43	C	
68	104	44	D	
69	105	45	E	
70	106	46	F	

十进制	八进制	十六进制	字符	描　述
71	107	47	G	
72	110	48	H	
73	111	49	I	
74	112	4A	J	
75	113	4B	K	
76	114	4C	L	
77	115	4D	M	
78	116	4E	N	
79	117	4F	O	
80	120	50	P	
81	121	51	Q	
82	122	52	R	
83	123	53	S	
84	124	54	T	
85	125	55	U	
86	126	56	V	
87	127	57	W	
88	130	58	X	
89	131	59	Y	
90	132	5A	Z	
91	133	5B	[	
92	134	5C	\	
93	135	5D	]	
94	136	5E	^	
95	137	5F	_	
96	140	60	`	
97	141	61	a	
98	142	62	b	
99	143	63	c	
100	144	64	d	
101	145	65	e	
102	146	66	f	
103	147	67	g	
104	150	68	h	
105	151	69	i	
106	152	6A	j	
107	153	6B	k	
108	154	6C	l	
109	155	6D	m	
110	156	6E	n	
111	157	6F	o	
112	160	70	p	

十进制	八进制	十六进制	字符	描　述
113	161	71	q	
114	162	72	r	
115	163	73	s	
116	164	74	t	
117	165	75	u	
118	166	76	v	
119	167	77	w	
120	170	78	x	
121	171	79	y	
122	172	7A	z	
123	173	7B	{	
124	174	7C	|	
125	175	7D	}	
126	176	7E	~	
127	177	7F	DEL	delete

附录D 微控制器常用术语

1. 与硬件相关的术语

1) 封装

集成电路的封装(package)是指用塑料、金属或陶瓷材料等把集成电路封在其中。封装可以保护芯片,并使芯片与外部世界连接。常用的封装形式可分为通孔封装和贴片封装两大类。

通孔封装主要有单列直插(single in-line package,SIP)、双列直插(dual in-line package,DIP)、Z字形直插式封装(zigzag in-line package,ZIP)等。

常见的贴片封装主要有小外形封装(small outline package,SOP)、紧缩小外形封装(shrink small outline Package,SSOP)、四方扁平封装(quad flat package,QFP)、塑料薄方封装(plastic-low-profile quad flat package,LQFP)、塑料扁平组件式封装(plastic flat package,PFP)、带载封装(tape carrier package,TCP)、插针网格阵列封装(ceramic pin grid array package,PGA)、球栅阵列封装(ball grid array package,BGA)等。

2) 印制电路板

印制电路板(printed circuit board,PCB)是组装电子元件用的基板,是在通用基材上按预定设计形成点间连接及印制元件的印制板,是电路原理图的实物化。PCB的主要功能是提供集成电路等各种电子元器件固定、装配的机械支撑;实现集成电路等各种电子元器件之间的布线和电气连接(信号传输)或电绝缘;为自动装配提供阻焊图形,为元器件插装、检查、维修提供识别字符和图形等。

3) 动态可读/写随机存储器与静态可读/写随机存储器

动态可读/写随机存储器(dynamic random access memory,DRAM)由一个MOS管组成一个二进制存储位。MOS管的放电导致表示"1"的电压会慢慢降低。一般每隔一段时间就要控制刷新信息,给其充电。DRAM价格低,但控制烦琐,接口复杂。

静态可读/写随机存储器(static random access memory,SRAM),一般由4个或者6个MOS管构成一个二进制位。当电源有电时,SRAM不用刷新,可以保持原有的数据。

4) 只读存储器

只读存储器(read only memory,ROM)中数据可以读出,但不可以修改,所以称之为只读存储器。通常 ROM 存储一些固定不变的信息,如常数、数据、换码表、程序等。它具有断电后数据不丢失的特点。ROM 有固定 ROM、可编程 ROM(即 PROM)和可擦除 ROM(即 EPROM)3 种。

PROM 的编程原理是通过大电流将相应位的熔丝熔断,从而将该位改写成 0,熔丝熔断后不能再次改变,所以只改写一次。

EPROM(eraser PROM)是可以擦除和改写的 ROM,它用 MOS 管代替了熔丝,所以可以反复擦除、多次改写。擦除是用紫外线擦除器来完成的,很不方便。有一种用低电压信号即可擦除的 EPROM 称为电可擦除 EPROM,简写为 E^2PROM 或 EEPROM。

5) 闪速存储器

闪速存储器(flash memory)简称闪存,是一种新型快速的 E^2PROM。由于工艺和结构上的改进,闪存比普通的 E^2PROM 的擦除速度更快,集成度更高。闪存相对于传统的 EPROM 来说,其最大的优点是系统内编程,也就是说不需要另外的器件来修改内容。闪存的结构随着时代的发展而有些变动,尽管现代的快速闪存是系统内可编程的,但是仍然没有 RAM 使用起来方便。擦写操作必须通过特定的程序算法来实现。

6) 模拟量与开关量

模拟量是指时间连续、数值也连续的物理量,如温度、压力、流量、速度、声音等。在工程技术上,为了便于分析,常用传感器、转换器将模拟量转换为电流、电压或电阻等电学量。

开关量是指一种二值信号,用两个电平(高电平和低电平)分别来表示两个逻辑值(逻辑 1 和逻辑 0)。

2. 与通信相关的术语

1) 并行通信

并行通信是指数据的各位同时在多根并行数据线上进行传输的通信方式,数据的各位同时由源到达目的地,适合近距离、高速通信。常用有 4 位、8 位、16 位、32 位等同时传输。

2) 串行通信

串行通信是指数据在单线(电平高低表征信号)或双线(差分信号)上按时间先后一位一位地传送,其优点是节省传输线,但相对于并行通信来说速度较慢。在嵌入式系统中,串行通信一般特指用串行通信接口(serial communication interface,SCI)与 RS232 芯片连接的通信方式。下面介绍的 SPI、I^2C、USB 等通信方式也属于串行通信,但由于历史发展和应用领域的不同,它们分别使用不同的专用名词来命名。

3) 串行外设接口

串行外设接口(serial peripheral interface,SPI)也是一种串行通信方式,主要用于 MCU 扩展外围芯片使用。这些芯片可以是具有 SPI 接口的 A/D 转换、时钟芯片等。

4) 集成电路互连总线

IIC(另一种简写为 I^2C,inter-integrated circuit)是一种由 NXP 公司开发的两线式串行总线,主要用于用户电路板内 MCU 与其外围电路的连接。

5）通用串行总线

通用串行总线（universal serial bus，USB）是 MCU 与外界进行数据通信的新方式，其速度快，抗干扰能力强，在嵌入式系统中得到了广泛的应用。USB 不仅成为通用计算机上最重要的通信接口，也是手机、家电等嵌入式产品的重要通信接口。

6）控制器局域网

控制器局域网（controller area network，CAN）是一种全数字、全开放的现场总线控制网络，目前在汽车电子中应用最广。

7）背景调试模式

背景调试模式（background debug mode，BDM）是 Freescale 半导体公司提出的调试接口，主要用于嵌入式 MCU 的程序下载与程序调试。

8）边界扫描测试协议

边界扫描测试协议（joint test action group，JTAG）是由国际联合测试行动组开发、对芯片进行测试的一种方式，可将其用于对 MCU 的程序进行载入与调试。JTAG 能获取芯片寄存器等内容，或者测试遵守 IEEE 规范的器件之间引脚连接情况。

3. 与功能模块及软件相关的术语

1）通用输入/输出

通用输入/输出（general purpose I/O，GPIO）即基本的输入/输出，有时也称并行 I/O。作为通用输入引脚时，MCU 内部程序可以读取该引脚，知道该引脚是"1"（高电平）或"0"（低电平），即开关量输入，作为通用输出引脚时，MCU 内部程序向该引脚输出"1"（高电平）或"0"（低电平），即开关量输出。

2）A/D 与 D/A

A/D 转换模块的功能是将电压信号（模拟量）转换为对应的数字量。在实际应用中，这个电压信号可能由温度、湿度、压力等实际物理量经过传感器和相应的转换电路转化而来。经过 A/D 转换，MCU 就可以处理这些物理量。而与之相反，D/A 转换则是将数字量转换为电压信号（模拟量）。

3）脉冲宽度调制器

脉冲宽度调制器（pulse width modulator，PWM）是一个 D/A 转换器，可以产生一个高电平和低电平之间重复交替的输出信号，这个信号就是 PWM 信号。

4）看门狗

看门狗（watch dog）是一个为了防止程序跑飞而设计的自动定时器。当程序跑飞时，由于无法正常执行清除看门狗定时器，看门狗定时器会自动溢出，使系统程序复位。

5）液晶显示

液晶显示（liquid crystal dispaly，LCD）是电子信息产品的显示器件，可分为字段型、点阵字符型、点阵图形型 3 类。

6）发光二极管

发光二极管（light emitting diode，LED）是一种加上正向电压后，在 PN 结附近能产生自发辐射荧光的器件。发光二极管常用于家电指示灯、汽车灯和交通警示灯。

7) 键盘

键盘是嵌入式系统中最常见的输入设备。识别键盘是否有效被按下的方法有查询法、定时扫描法与中断法等。

8) 实时操作系统

实时操作系统(real time operating system,RTOS)是指一种运行于嵌入式系统上的操作环境,可以提供建立多任务的能力。RTOS 为每个任务建立一个可执行的环境,可以很方便地在任务之间传递消息,在一个中断处理程序和任务之间传递事件,区分任务执行的优先级,并协调多个任务对同一个 I/O 设备的调用。通常一个规模大、结构复杂的嵌入式系统可以分解为一系列较小、较简单的并行任务来实现,各个任务之间互不干扰,使用 RTOS 排除并行任务中的人为因素,降低复杂度,增强模块化,使工程由更简易和标准化的模块组成,处理起来更加轻松、快捷。

参 考 文 献

[1] 王宜怀,刘晓升.嵌入式系统——使用 HCS12 微控制器的设计与应用[M].北京:北京航空航天大学
     出版社,2008.
[2] 吴晔,张阳,滕勤.基于 HCS12 的嵌入式系统设计[M].北京:电子工业出版社,2010.
[3] 曹家喆,董铸荣.汽车电子控制基础[M].北京:机械工业出版社,2007.
[4] 邵贝贝.单片机嵌入式应用的在线开发方法[M].北京:清华大学出版社,2004.
[5] 王宜怀,刘晓升.嵌入式技术基础与实践[M].北京:清华大学出版社,2007.
[6] BARRETT S F,PACK D J.嵌入式系统——使用 68HC12 和 HCS12 的设计与应用[M].郑扣根,唐
     杰,何通能,等译.北京:电子工业出版社,2006.